安徽省领军人才团队项目"大数据视角下城市经济与区域发展"
安徽省哲社规划项目（AHSKQ2020D66；AHSKY2022D102）资助
浙江工商大学"消费促进"专项研究课题（2023XFCJ11）

# 基于人与自然关系的钱塘潮旅游胜地意象演变及主客情感研究

陈麦池 著

南京大学出版社

# 序

钱塘江涌潮作为一种特殊的自然现象,是地月系统重河口水文和地貌乃至人工地貌互动的结果,钱塘江涌潮被苏东坡赞为"壮观天下无",这个情境下钱塘江涌潮就不仅仅是一个自然现象了。在现代旅游业,钱塘江涌潮被观潮游客称为"中国最震撼的自然景观"。然而,自钱塘江涌潮春秋初期诞生至中华人民共和国成立前夕的两千余年间,钱塘江河口两岸强潮灾害不断,民众深受其害。所以,朝廷修建悍海石塘,民间和官方祭拜潮神,举办潮神节和观潮节,开展"弄潮"娱乐活动,杭州和海宁相继成为观潮第一胜地,"钱江秋涛""海宁观潮"等名景也闻名于天下。因此,钱塘江涌潮集自然灾害、自然景观(包括声景观)于一体,在历史进程中与人文过程互动而形成一种特殊的自然和人文互动相融的宝贵特殊景观资源与自然人文遗产,具有重要的科学价值、历史价值、文化价值和游憩价值。面临钱塘江涌潮与海塘申报世界文化遗产的重大历史机遇,钱塘江涌潮亟待从人地互动角度对这种综合性遗产的价值进行发掘论证和研究,以便后面有针对性地保护、开发和利用。

恋地情结(Topophilia)和恐惧景观(Landscape of Fear)是人文主义地理学创始人段义孚(Yi-Fu Tuan,1930—2022)经典人文地理学体系中人地关系的两大基本构成和主导情感。运用段义孚人地情感关系的恋地情结正向人地情感和恐惧景观负向人地情感,本书全面探讨了钱塘江涌潮从令人恐惧和敬畏的潮灾自然灾害到赋予人"恋潮情结"的文化景观遗产的演变过程,跨越了正向与负向人地情感的人文地理研究鸿沟。针对钱塘江涌潮从灾害负向情结到潮文化地方象征正向情结演变过程这一研究对象,本书应用段义孚地方理论中的恋地情结、敬地情结、地方感、恐地情结、逃避主义和恐惧景观等核心概念,开展全面而深入的理论阐释和案例分析。通过归纳梳理历史记录的潮文化景观和文献文学资料,本书归纳了历时记录的人与自然关系经历的"自然灾害—自然景观—旅游吸引物—地方象征—文化遗产"的潮景观意象演变序列过程,钱塘江涌潮可作为研究人地情感、空间地方理论和人与自然关系的典型案例。总体来看,钱塘江涌潮旅游胜地意象演变展现的是观潮胜地人地情感关系的历史演变维度,观潮旅游胜地敬畏记忆展现的是感潮区人地情感关系的居民情感维度,视听魅力(VALF)展现的是观潮旅游胜地人地情感关系的游客感知维度。

本书是陈麦池博士在其博士论文基础上修改完成的。陈麦池博士是我指导的南京大学"旅游地理与旅游规划"研究方向的博士研究生。在我主持的国家自然科学基金项目"自然声景观的资源分类体系、地理空间结构及评价模型研究"(41571136)研究过程中,他试探性研究了乡村声景观等声景观后,在与我研究讨论过程中对钱塘江涌潮声景观的综合属性产生了兴趣,并以此作为博士毕业论文的研究对象,几经调研、多次调整和深入研究,最后完成了题为《人地情感驱动下钱塘江涌潮旅游地的景观意象演变机制研究》的博士学位论文,答辩通过后又几经修改形成本书。

段义孚关于人地情感关系中的正向人地情感(即恋地情结)及负向人地情感(即恐惧景观)是经典人文地理概念。恋地情结及地方感在多个学科领域产生了深远的影响,但人与自然关系的恐惧景观及其从恐惧到恋地情结的演变研究目前仍然较为匮乏和薄弱。本书运用人地情感关系的相关理论,探讨了钱塘江涌潮从令人恐惧和敬畏的潮灾自然灾害到赋予人"恋潮情结"的文化景观遗产的演变过程,人地情感从对抗、选择到适应和征服的社会文化发展机制,分析了观潮地居民三位一体的敬畏记忆的形成及影响机制,构建了视听魅力的概念和量表,为旅游地魅力和声景魅力的定量研究提供理论创新和测度工具,建立了结构方程模型研究景观视觉魅力和声景听觉魅力对地方依恋和游客忠诚度的影响机制,研究成果具有一定的创新性和较为突出的学术价值、现实意义。值得注意的是,陈麦池博士首创提出了"视听魅力"(Visual-Auditory Landscape Fascination, VALF)概念理论,初步开发了视听魅力的测量量表和调查问卷,并建构和验证了视听魅力的观潮游客感知模型。

  本书是我国第一本以观潮旅游地为研究对象的旅游学和地理学专著。实际上,我以为本书的价值远远不止于此,陈麦池博士撰写博士论文进程中,我每每提醒麦池博士,这个研究是将人文与自然过程综合分析一个自然现象是如何从作为恐惧景观的自然灾害演化为具有地方文化象征和具有地方依恋的人文遗产景观的,绝对是一个人文地理和遗产地理的开拓性的研究,而且我当时就说这本书的章节可以发多篇国际论文,全书还应该翻译成英文发表,作为中国式的地理学、旅游学、遗产学研究的特色专著。虽然本书也难免还有一些不足之处,如整体逻辑框架还可进一步优化和完善,潮灾变潮景变潮文化吸引物的理论机制还可进一步凝练和深入,居民调研质性研究的科学性有待强化和提升,等等。但本书的完成足以表明作者经过多年的努力已经具备了良好的学术素养和扎实的学术功底,我相信他能够在这一极具挑战性的研究领域取得更多更好的成果。

  是为序。

张　捷

2024 年 3 月 9 日于南京大学桐竹园

# 目　录

**第一章　绪　论** …………………………………………… 001
　1.1　研究背景与研究意义 ………………………………… 002
　　1.1.1　研究背景 ………………………………………… 002
　　1.1.2　研究意义 ………………………………………… 004
　1.2　研究目标与关键科学问题 …………………………… 005
　　1.2.1　研究对象 ………………………………………… 005
　　1.2.2　研究目标 ………………………………………… 007
　　1.2.3　关键科学问题 …………………………………… 008
　1.3　研究内容与研究方法 ………………………………… 008
　1.4　研究思路与技术路线 ………………………………… 012

**第二章　理论基础和相关研究进展** ……………………… 014
　2.1　理论基础 ……………………………………………… 014
　　2.1.1　人与自然关系理论 ……………………………… 014
　　2.1.2　段义孚学术思想 ………………………………… 017
　　2.1.3　地方理论 ………………………………………… 022
　　2.1.4　景观理论 ………………………………………… 025
　2.2　钱塘潮研究进展 ……………………………………… 026
　2.3　旅游地魅力研究进展 ………………………………… 028

## 第三章　概念构建与研究设计 ·············· 032
### 3.1 理论框架 ·············· 032
### 3.2 概念构建 ·············· 035
#### 3.2.1 景观意象 ·············· 035
#### 3.2.2 敬畏记忆 ·············· 038
#### 3.2.3 视听魅力 ·············· 040
### 3.3 数据来源 ·············· 042
#### 3.3.1 地方志书与咏潮诗词 ·············· 042
#### 3.3.2 半结构化深度访谈 ·············· 043
#### 3.3.3 结构化调查问卷 ·············· 043
#### 3.3.4 记忆场景绘画和手绘意象图 ·············· 044

## 第四章　钱塘潮观潮旅游胜地与景观遗产属性 ·············· 045
### 4.1 案例地说明 ·············· 045
### 4.2 钱塘潮观潮旅游胜地形成演变 ·············· 048
### 4.3 钱塘潮的景观遗产属性分析 ·············· 052
#### 4.3.1 钱塘潮自然遗产 ·············· 054
#### 4.3.2 钱塘潮文化遗产 ·············· 058
#### 4.3.3 钱塘潮文化景观遗产 ·············· 061

## 第五章　钱塘潮旅游胜地意象演变机制 ·············· 065
### 5.1 旅游胜地(旅游地)形成演变简论 ·············· 065
### 5.2 钱塘潮旅游胜地意象演变 ·············· 068
#### 5.2.1 钱塘潮旅游胜地意象 ·············· 069
#### 5.2.2 钱塘潮景观意象演变阶段 ·············· 076
#### 5.2.3 文化景观旅游胜地时空演变 DLCH 模型的三个讨论
·············· 087

5.3 钱塘潮旅游胜地意象演变驱动机制 ················· 088
　　　　5.3.1 自然变迁驱动因子 ························· 089
　　　　5.3.2 科学技术驱动因子 ························· 092
　　　　5.3.3 历史文化驱动因子 ························· 095
　　　　5.3.4 社会经济驱动因子 ························· 097
　　5.4 小结与讨论 ····································· 099

**第六章 观潮旅游胜地居民敬畏记忆形成及影响机制** ············ 102
　　6.1 旅游胜地居民情感简论 ··························· 103
　　6.2 敬畏记忆调研设计 ······························· 106
　　6.3 观潮旅游胜地居民调研过程 ······················· 109
　　6.4 居民敬畏记忆形成机制 ··························· 113
　　　　6.4.1 自然灾害(潮灾)敬畏记忆形成机制 ··········· 113
　　　　6.4.2 民间信仰(潮神)敬畏记忆形成机制 ··········· 118
　　　　6.4.3 自然景观(观潮)敬畏记忆形成机制 ··········· 121
　　6.5 观潮旅游胜地居民敬畏记忆影响机制 ··············· 125
　　　　6.5.1 敬畏记忆影响地方依恋 ····················· 125
　　　　6.5.2 敬畏记忆影响主观幸福感 ··················· 127
　　　　6.5.3 敬畏记忆影响旅游支持态度 ················· 129
　　6.6 小结与讨论 ····································· 131

**第七章 钱塘潮视听魅力的游客感知理论模型** ················· 134
　　7.1 旅游地游客感知简论 ····························· 134
　　7.2 视听魅力(VALF)量表开发 ························· 138
　　7.3 概念模型与研究假设 ····························· 141
　　7.4 问卷调查 ······································· 143

7.5 研究结果 ······ 146
 7.5.1 量表的信度与效度检验 ······ 146
 7.5.2 结构方程模型拟合与假设验证 ······ 148
 7.5.3 研究结论 ······ 149
7.6 小结与讨论 ······ 153

**第八章 总结与展望** ······ 156
8.1 主要结论 ······ 156
8.2 主要创新点 ······ 158
8.3 研究不足与展望 ······ 159
8.4 对策建议 ······ 160

**参考文献** ······ 167

**附录 A 海宁潮居民敬畏访谈提纲** ······ 197

**附录 B 钱塘江大潮魅力度盐官游客调查问卷** ······ 198

**后　　记** ······ 201

# 第一章
# 绪论

**七绝·观潮**①

毛泽东（1957）

千里波涛滚滚来，雪花飞向钓鱼台。

人山纷赞阵容阔，铁马从容杀敌回。

2023年9月23日—10月8日，浙江省杭州市举办了第19届亚洲夏季运动会。"八月十八潮，壮观天下无。"（北宋·苏轼《催试官考较戏作》）此届亚运会举办期间，恰逢中国农历八月十八钱塘潮"秋潮"最佳观潮期和第三十届钱江（海宁）观潮节。杭州亚运会会徽被命名为"潮涌"，它把钱塘江和钱塘潮头作为核心意象，象征着"勇立潮头"的浙江精神和"弄潮儿"体育精神。目前，钱塘潮和钱塘江海塘正在申报"人与自然共同作品"的世界文化景观遗产。

由此可见，钱塘潮不仅是一个自然现象和自然遗产，随之演化而成的"海宁潮""钱江潮"等历史称谓更使之成为满赋人文意象的文化景观和文化遗产。在这一发展历程中，钱塘潮旅游景观、旅游吸引物和旅游胜地是如何形成的？或者说是如何被建构出来的呢？钱塘潮这一自然灾害、自然景观和文化景观兼具的"天下奇观"，可谓是研究文化景观型旅游地、居民情感与游客感知、人与自然动态关系的典型案例。本书从人与自然关系出发，对钱塘潮文化景观和观潮旅游胜地形成演变中的人地情感关系这一科学问题，在

---

① 1957年9月11日（农历八月十八），毛泽东主席在杭州视察工作时适逢钱塘江传统的观潮节，前往最佳观潮胜地海宁市盐官镇的镇郊七里庙观潮。《七绝·观潮》最早发表在《党的文献》1993年第6期。

人地情感关系的历史时空维度上探讨钱塘潮旅游胜地意象的时空演变和驱动机制,并在人地情感关系的居民情感与游客感知维度上实证研究观潮旅游胜地的居民敬畏记忆机制和游客视听魅力感知模型,这对完善和重构旅游目的地研究、景观研究、敬畏研究、魅力研究的理论体系,提升旅游目的地的文化景观资源管理和景观魅力游客管理,均具有一定的重要意义。

## 1.1 研究背景与研究意义

### 1.1.1 研究背景

新时代人与自然和谐共生关系研究亟待系统化。人与自然关系贯穿于人类社会的历史进程,人与自然灾害的冲突关系也从未终止过,我们务必反思此次新冠疫情中人与自然关系的变异问题。崇尚"天人合一"的中国古人,一直追求人与自然的和谐发展。国内外的古代灾害史,多根源于人与自然的关系变异,或表现为天灾,或表现为人祸。而每次自然灾害的发生,以及抗灾救灾的胜败,都会引发我们深刻反思并重新认识人与自然的关系问题。在人类从屈服于自然到控制自然、征服自然的历史变迁中,"人类在自然中的角色"正在超越人与自然的主体与客体、征服与被征服、敬畏与被敬畏等二元对立关系(叶立国,2021),人与自然关系正从对立和矛盾走向和谐与共生。尤其是进入生态文明新时代,"从自然是'无尽宝藏'到'绿水青山就是金山银山',人们意识到自然资源也有自己的价值体系"(束锡红、叶毅,2021:58),人与自然的新型关系亟待重构。为了有效推进新时代的生态文明建设,中国经济已转向高质量发展阶段,"需要以为人民提供美好生活的空间品质提升为核心目标"(石爱华、赵迎雪,2020:49)。而全面实现生态文明和美丽中国的基本建设目标,要求我们进一步挖掘景观的自然价值与文化含义,深入探讨国土景观的产生渊源、演变机制、现状问题和发展趋势(王向荣,2016)。国际社会把自然景观作为空间治理工具,这对有效推动美丽中国建设和人与自然和谐共生具有重要借鉴意义,如英国的卓越自然景观区(AONBs),尤其是在国土政策中整合了景观维度的《欧洲景观公约》实施导则。自然景观是阐释与建构人与自然关系最具操作性的中等尺度,也是提供生态环境服务、实现人类休憩福祉较为重要的地理空间。作为一种重要的人类—生态系统,自然景观的多样化和多功能化,更能凸显其生态、社会、经济和文化等多重价值。具有极大生态活力的自然景观,也愈来愈作为城乡公众的康体和审美首选,成为日益重要的自然资源、游憩环境和旅游吸引物,以此满足人类的福祉需求。

旅游地理学的"情感转向"与"具身转向"日益凸显。传统的人与自然关系正被赋予新的研究内容,人对环境透过人地情感相互作用和影响的科学问题得以确立。在人文主义地理学者眼中,空间在历史时空演变中成为满怀情感、记忆和想象的地方。因此,旅游地理学者开始关注地理空间的情感、审美和感官等方面,由此凸显出旅游地理学的"情感转向"和"具身转向"(朱竑、高权,2015)。尤其是"情感地理学"(emotional geographies),着力探讨人与空间、地方、时空的人地情感联结机制(Anderson & Smith,2001)。段义孚所创立的人文主义地理学研究人与地理环境的关系,并以人地情感和人的生存为核心,把焦点置于人直接经验的生活世界上,强调人的情感、意义、价值与目的。创导通过身体、感官和地方建构"感官地理"的罗德威(Paul Rodaway)评述道:"段义孚重新把人文地理学界定为人与环境关系的研究,强调从人与世界的身体与情感联系出发探讨人的存在意义这一基本问题。"(Hubbard,2004:306)段义孚由此提炼和阐释出"恋地情结"(Topophilia)、"敬地情结"(Geopiety)、"恐惧景观"(Landscapes of Fear)和"逃避主义"(Escapism)等学术概念,它们均关注到人对于特定地方的情感知觉与依恋认同,而且涵盖着人与自然关系的依恋、敬重和恐惧等正向和负向二维人地情感。

钱塘潮文化景观的保护开发与地方情感亟待重视。2019年,"海宁海塘·潮文化景观"被列入《中国世界文化遗产预备名单》。自春秋初期涌潮形成以来,钱塘江感潮区民众惧潮、捍潮、祭潮、镇潮、观潮、听潮、咏潮、崇潮、控潮、用潮,对钱塘潮萌生出敬畏、崇拜、喜爱、审美、震撼、自豪、依恋等地方情感,钱塘潮从自然现象和自然灾害逐渐演变为自然景观和自然遗产,并不断衍生出钱塘潮文化遗产和钱塘潮文化景观遗产。段义孚空间地方思想包括地理知识在人生活中的作用、地方对人行为的影响及地方意义建构、以文化为中介的个体与群体关系、宗教对人活动的影响等研究主题(宋秀葵,2012)。由于人的美好生活"既需地方也需空间,人类生活就是庇护与冒险、依附固着与自由的辩证运动"(段义孚,2011:10),在钱塘潮从潮灾到潮景、潮灾地到观潮旅游胜地的历史时空中,居民对此生成敬畏和认同情感,游客对此产生震撼和魅力感知,感潮区"蛮荒地带"(wild land)的空间成为观潮胜地"美景名胜"(beauty spot)的地方,钱塘潮演变为文化景观,其保护开发与地方情感亟待重视。

### 1.1.2 研究意义

钱塘潮景观演变可为阐释人地情感关系和世界文化景观遗产价值判定提供全面生动的剖析案例。钱塘潮文化景观被列入《中国世界文化遗产预备名单》。钱塘潮与海塘作为充分体现人与自然和谐共生的代表性典范,必须加快推进世界自然和文化遗产(文化景观遗产)的申报工作(钟玮、韩嫣薇、庄欣等,2017)。本书以钱塘潮和观潮旅游胜地盐官为例,从段义孚地方理论角度出发,阐释钱塘潮从潮灾海难演变成为自然景观和文化景观,以及盐官从潮灾地逐步成为观潮旅游胜地的人地情感关系时空演变机制过程,可为钱塘潮文化景观申报世界文化景观遗产提供理论支撑和观点借鉴。本书基于人与自然关系视角,从旅游胜地意象演变机制出发,深度解读钱塘潮的复合性景观形成和多元性人文影响,并以此作为从空间到地方和人地情感的时空响应案例和文化景观样本。人与自然交互融合的文化景观架设起自然与人文系统的时空连接,本书着眼于人与自然关系视角,深层次剖析钱塘潮文化景观生成、发展、演变的渊源和机制,对世界文化景观遗产申报、美丽中国建设、国土景观独特性保护、文化景观保护开发、自然旅游规划管理、国土空间规划治理等均具有一定的启迪意义和借鉴价值。

钱塘潮案例可用来解读自然景观和文化景观的生态、资源、游憩与旅游等多元功能及其影响机制。传统旅游景观研究过于关注其旅游吸引物属性，忽视了旅游景观特别是文化景观，作为人与自然关系的地理景观表征，必然与历史文化环境相互影响的人地情感及其演变机制有关。为了有效推进新时代的生态文明建设，中国经济已转向高质量发展阶段，需要以为人民提供美好生活的空间品质提升为核心目标。

观潮胜地居民敬畏记忆和游客视听魅力（Visual-Auditory Landscape Fascination, VALF）等学术概念是对已有人地情感与旅游地魅力理论体系的重要补充。在从空间到地方的全时空历程中，历时性的人地情感对钱塘潮文化景观的形成和演变起到关键作用，公众（居民与游客）的人地情感包括观潮胜地居民的敬畏记忆情感和游客的视听魅力感知。基于敬畏感的三维结构，本书把敬畏记忆划分为自然灾害（潮灾）敬畏、民间信仰（潮神）敬畏、自然景观（观潮）敬畏等三类，通过深度访谈发现观潮胜地居民敬畏记忆的形成及影响机制。基于旅游地魅力和声景观等理论基础，本书整合构建出视听魅力的学术概念，科学开发视听魅力的测量量表，构建和实证检验视听魅力的理论模型。这对充实与拓展地理学、旅游学、景观研究具有一定的科学价值，同时对开展更为精准的文化景观环境规划、旅游地魅力营销和旅游体验游客管理，均具有重要的综合指导意义。

## 1.2 研究目标与关键科学问题

### 1.2.1 研究对象

"浙江之潮，天下之伟观也。"（南宋·周密《观潮》）浙江和杭州的母亲河钱塘江，又称为浙江、之江、罗刹江，在漫长的历史长河中，钱塘江文化成为吴越文化的源头，而今"勇立潮头、大气开放、互通共荣"的浙江时代精神，都与钱塘潮的产生、演变和发展休戚相关、密不可分,如捍潮、镇潮、祭潮、控潮、用潮、观潮、崇潮等人潮互动方式(海宁潮志,2014)。作为世界上最典型的一个强潮河口,钱塘江河口杭州湾外形呈喇叭形,湾口两岸南北相距大约为100千米,至起潮地澉浦急剧变窄为21千米,至盐官和杭州则只有2.5千米和1千米(张霞、林春明、杨守业等,2018)。此外,钱塘江自乍浦以上,河道隆起庞大的钱塘江沙坎,当东海潮波传入漏斗状杭州湾后,潮差迅速增大,加之河床沙坎迅速抬升,浅水效应显现并趋强,致使潮波的非线性变形逐步剧烈,潮波在澉浦上游形成钱塘江水位骤升的涨潮波前锋线,即为钱塘潮(韩曾萃、戴泽蘅、李光炳等,2003)。钱塘江河口潮汐是非正规半日潮,盐官水文站的多年涌潮监测平均潮差为3.23米,澉浦站平均潮差为5.66米,最大潮差高达9.15米,居我国河口潮汐潮差之首(潘存鸿、郑君、陈刚等,2019)。对比世界三大强潮河口涌潮,巴西亚马逊涌潮和孟加拉国恒河涌潮虽强度稍高于钱塘潮,但因为它们河口较宽、河床较深,所以潮势较小、潮景单一,而杭州湾更为特殊的漏斗状、钱塘江河道地形的复杂以及河床沙坎的抬升,使得钱塘潮变化多端,潮景优美,声势浩大,堪称绝世无双。

根据《旅游资源分类、调查与评价》(GB/T 18972 - 2017),"BEB涌潮与击浪现象"属于自然旅游资源"水域景观"主类的基本类型。"涌潮对冲浪者和皮划艇手以及河口居民和游客来说,是一种极具魅力的地球物理现象"(Chanson,2011:96),同时也是组织一些著名节事的独特自然与文化遗产(Chanson,2010)。"八月十八潮,壮观天下无。"(北宋·苏轼《催试官考较戏作》)钱塘潮自然奇观,以其一线潮、交叉潮和回头潮等多种潮景的磅礴壮观气势闻名于世,实属独特性极强的视觉自然景观;此外,钱塘潮因其"声如雷鸣"(尤其夜潮),可归属于自然声中的"地球声"(geophonies)范畴(Schafer,1994),是典型而神奇的自然声景观;尤其是著名的观潮胜地"潮城"海宁,被赋予了"猛进如潮"(孙中山,1916)的城市精神,加之数百首中国历代咏潮诗词,钱塘潮这一自然景观和自然声景观成为一个兼具地标和声标志、具有重要社会文化内涵的文化景观遗产。

然而,"飓风拔木浪如山,振荡乾坤顷刻间。临海人家千万户,漂流不见一人还"(明·朱淑贞《海上纪事》)。钱塘江在国际地理学界被称为"世界三大强涌潮河流"之一,钱塘潮凶猛多变,流速和潮差巨大,致使其破坏力惊人,加之钱塘江主流不稳定,以及风暴台风加剧影响,钱塘江感潮区自古成为海潮灾害频发区,民众生命和财产安全深受其害(钱塘江志编辑委员会,1995)。"大历十年(775年)七月己未夜,杭州大风,海水翻潮,飘荡州郭五千余家,船千余只,全家陷溺者百余户,死者四百余人。苏、湖、越等州亦然。"(后晋·刘昫《旧唐书·五行志》)在明清之际的小冰河时期,钱塘江潮灾最为频繁,潮灾造成溺人、毁房、决海塘、沉舟船、没盐场、淹农田等主要危害。为抵御潮灾,历代政府都重视兴修海塘,并推崇潮神信仰,修建潮神庙。1723年,清代雍正皇帝下谕旨告诫地方官吏和百姓对钱塘潮神灵务必"心存敬畏",方获"永庆安澜"。围绕钱塘潮和海潮灾害,历史形成了诸如明清鱼鳞石塘、海神庙、占鳌塔、六和塔、镇海铁牛、中山亭、毛泽东诗碑亭等钱塘潮文化遗产,以及海塘文化、潮论诗文、海潮神话、潮神信仰、民俗风情、观潮文化等钱塘潮非物质文化遗产。总之,自2 500余年前钱塘潮形成以来,感潮区民众敬畏潮水、抵御潮水、利用潮水,在与大自然潮灾抗争的漫长历史中,钱塘潮不仅遗留下来规模宏伟、构筑精巧的宝贵历史文化遗迹,而且传承了植根民间、源远流长的重要社会文化记忆,它们都成为人与潮水相互适应、相偕而行、和谐共处的文化遗产和历史见证(顾希佳,2008)。本书中,"钱塘潮"在不同语境下会有其他表述,"钱塘江涌潮"较为正式和偏自然科学性;在居民敬畏情感研究中,我们采用具有人文色彩的"钱塘潮";在居民和游客的调查或访谈中,我们采用更口语化的"钱塘江大潮"或"大潮";在海宁市居民调查中,我们采用对受访者更具认同感的"海宁潮"。

### 1.2.2 研究目标

(1) 本书选取观潮旅游胜地海宁市盐官古城为典型案例地,以段义孚空间地方理论为切入点,以人地情感和地方理论为理论基础,尝试梳理和厘清钱塘潮自然景观与钱塘潮文化景观的世界遗产属性,并划分出钱塘潮从自然灾害到自然景观、从自然景观到文化景观、从旅游景观地到观潮旅游胜地的景观意象演变阶段。针对观潮胜地居民的钱塘潮敬畏记忆（Awe Memory）情感感知，本书对自然灾害（潮灾）敬畏、自然崇拜（潮神）敬畏、自然景观（观潮）敬畏等三维敬畏记忆进行半结构化访谈和绘画草绘分析，探究钱塘潮居民敬畏记忆的形成与影响机制。

（2）本书运用注意力恢复理论（Attention Restoration Theory, ART）中的魅力概念，借鉴旅游地魅力（Destination Fascination, DF）和声景观理论，从视听感官视角对钱塘潮自然景观进行魅力评估，构建视听魅力的学术概念，编制视听魅力量表体系，并在观潮旅游胜地开展观潮游客的结构化问卷调查，建构和验证景观视觉魅力、声景听觉魅力、地方依恋和游客忠诚度的结构方程模型。

### 1.2.3 关键科学问题

通过对以上研究对象和研究目标的分析，本书旨在阐释人地情感关系这一总的科学问题，具体解决以下三个关键科学问题：

（1）在人地情感关系的历史演变维度上，如何理解和梳理钱塘潮的灾害、景观、遗产和观潮旅游吸引物等多重属性？如何在历史时空中具体分析自然灾害和自然山水的景观演变？

（2）在人地情感关系的居民人地情感维度上，居民对钱塘潮的恐惧、敬畏和"恋潮情结"如何呈现？其具体的产生和影响机制是怎样的？

（3）在人地情感关系的游客人地情感维度上，从视觉和听觉的多感官角度，如何界定和测量自然景观的旅游魅力？自然景观的视听魅力，对游客/游憩者的地方依恋、满意度和忠诚度是否存在影响？其影响机制是什么？

## 1.3 研究内容与研究方法

围绕以上研究目标和关键科学问题，本书的主要研究内容包括四个方面：

（1）学术概念重构和理论体系梳理。理论重构与概念反思是本书开展的基础与起点。本书运用旅游地理学、文化地理学、历史地理学、环境心理学和文化人类学等学科的基本理论和研究方法，综述和梳理段义孚学术思想、空间地方理论、景观理论、魅力等研究文献，应用人地情感、景观演变、声景观、敬畏记忆、旅游地魅力等学术观点，厘清段义孚地方理论视角下灾害、景观、地方、魅力等理论关联，尝试构建和重构景观意象、敬畏记忆和视听魅力等学术概念(见表1-1)。

表1-1 钱塘潮旅游胜地人地情感的关注侧重点

|  | 历史维度 | 文化维度 | 旅游维度 |
| --- | --- | --- | --- |
| 作用主体 | 人地综合影响因素 | 当地居民 | 观潮游客 |
| 作用时段 | 长期 | 长期 | 短时段 |
| 作用方式 | 自然环境演化和社会经济发展 | 社会文化传承 | 具身感官体验 |
| 人地情感动力 | "文脉化" | "遗产化" | "景观化" |
| 作用结果 | 地方文脉 | 恋潮情结 | 视听魅力 |
| 对应内容 | 钱塘潮旅游胜地意象演变机制 | 观潮胜地居民敬畏记忆形成及影响机制 | 钱塘潮视听魅力的游客感知模型 |
| 所在章节 | 第五章 | 第六章 | 第七章 |

（2）钱塘潮旅游胜地意象演变机制。在人与自然(海、江、潮、地等)互动关系的历史时空中，钱塘潮衍生出辉煌灿烂的钱塘潮自然遗产、钱塘潮文化遗产和钱塘潮文化景观遗产。追溯其地理形成和历史演化，钱塘潮在整个景观意象演变过程中，产生了大量的咏潮诗词，从而形成了罗刹潮灾意象、观潮听涛意象、怒涛家国意象、弄潮儿意象等钱塘潮景观意象。基于人与自然关系视角，本书参考有关咏潮的诗词文献资料，把文化景观旅游胜地发展演变总结为自然景观形成阶段、文化景观形成阶段、旅游地形成阶段、旅游胜地形成阶段等四大阶段，尝试提出"自然灾害地—景观所在地—地标文化区—文化遗产旅游胜地"的文化景观旅游胜地时空演变DLCH模型，文化景观旅游胜地发展演变主要受到自然环境变迁、科学技术发展、历史文化演化和社会经济发展等四种驱动因子的影响。

(3) 观潮胜地居民敬畏记忆的形成与影响机制。根据敬畏情感的三维结构和钱塘潮的基本属性,本书把观潮胜地居民对钱塘潮的敬畏记忆区分为自然灾害(潮灾)敬畏、民间信仰(潮神)敬畏、自然景观(观潮)敬畏等三维结构的敬畏记忆。针对居民敬畏记忆的形成机制,本书引入段义孚的空间地方理论与人地情感关系,审视钱塘潮的潮灾、潮神和潮景等敬畏记忆诱发源的作用机制。其中,自然灾害敬畏记忆源于灾害发生地居民的地方知识,民间信仰敬畏记忆形成于居民代际传承的祭祀仪式,而自然景观敬畏记忆则形成于居民长期体验钱塘潮的景观视觉魅力、声景听觉魅力和文化景观魅力。对于居民敬畏记忆的影响机制,观潮胜地居民敬畏记忆会影响其地方依恋、主观幸福感和旅游支持态度。

(4) 钱塘潮视听魅力(VALF)的量表开发与理论模型。利用注意力恢复理论(ART),本书借鉴和整合魅力、旅游地魅力、多感官景观、声景观等概念理论,系统建构出视听魅力(VALF)的学术概念和理论体系。本书开发出视听魅力(VALF)的测量量表,其中景观视觉魅力量表包括神秘性、丰富性、吸引力、独特性、适合性等五个维度,声景听觉魅力量表包括愉悦度、唤醒度、和谐度等三个维度。根据 Wang、Liu 和 Huang(2020)构建并验证的旅游地魅力理论模型,Agapito、Mendes 和 Valle(2013)所建构的旅游行为多感官体验理论模型,以及声景观、地方依恋、忠诚度等相关文献,本书构建了景观视觉魅力、声景听觉魅力、地方依恋、忠诚度的关系模型。在观潮胜地海宁市盐官古城案例地,本书开展针对观潮游客的问卷调查,使用 SPSS 和 AMOS 软件对所获数据进行统计分析,定量验证视听魅力理论模型。

为完成以上研究目标和研究内容,本书综合采用人文主义地理学和实证主义地理学的方法论,在具体研究方法层面主要采用文献分析法、深度访谈法、数理统计法和认知绘画法等四种手段,具体介绍如下:

(1) 文献分析法

文献分析法是地理学研究创新的重要研究方法,通过研究文献可以掌握地理学科学问题的研究前沿、科学理论、新概念和新方法(李容全、贾铁飞,2011)。本书收集整理与钱塘潮、潮论、潮灾、潮神和咏潮诗相关的史料记载,地方志、口述史、咏潮诗选集等,以及钱塘江河口演变和钱塘江海塘修筑的史料文献、古地图、老照片等。此外,通过中国知网(CNKI)和 Web of Science、Elsevier Science Direct 等主流数据库,本书深入研究国内外相关文献,检索、搜集和梳理段义孚、地方、景观、敬畏、集体记忆等相关理论,以及钱塘潮、旅游地魅力和声景观等相关文献,重构景观意象、敬畏记忆、视听魅力等基本概念,并设计敬畏记忆的半结构化居民访谈提纲和视听魅力的结构化游客调查问卷,构建验证视听魅力游客感知的理论模型和研究假设。

(2) 深度访谈法

实地调查是获取第一手资料的重要手段。深度访谈包括结构化访谈和半结构化访谈。对相关专家学者、景区管理人员和观潮游客开展有针对性的非结构化访谈,获取观潮胜地的专业认知和剖析案例,作为结构化问卷调查的基础工作和半结构化深度访谈的前期准备;对案例地居民开展半结构化深度访谈,针对钱塘潮的潮灾、潮神和观潮等敬畏记忆的研究主题,提前拟定半结构化的采访提纲,进行正式和开放的深度访谈,质性分析所获取的访谈文本资料。

(3) 数理统计法

本书采用规范的量表开发程序,编制视听魅力的测量量表,设计并完善视听魅力的观潮游客调查问卷后,在选定案例地观潮胜地盐官古城开展结构化问卷调查。问卷调查采用预调研与正式调研相结合的方式,以获取更准确和更充分的视听魅力观潮游客感知数据。运用 SPSS 21.0 和 AMOS 17.0 软件,本书对结构化问卷调查数据进行结构方程模型(SEM)的统计分析,检验、修正和完善视听魅力的理论模型和研究假设。

(4) 认知绘画法

借鉴旅游地理学研究所用的认知地图方法和儿童绘画方法,本书采用观潮胜地居民对钱塘潮进行深刻记忆和自由描绘的认知绘画法。通过分析观潮胜地居民历经 40 余年的潮文化绘画作品和受访居民手绘的钱塘潮意象草绘图,本书挖掘居民头脑中的空间意象和景观记忆,以探讨人与自然(涌潮与潮灾)、人与景观(潮神与潮景)等人地情感关系中居民的钱塘潮敬畏记忆和景观空间意象。

## 1.4 研究思路与技术路线

遵循"研究基础及理论构建—意象演变机制—居民情感访谈调查—游客感知问卷调查"的研究思路，本书探讨钱塘潮的旅游胜地意象演变机制与人地情感影响机制，具体思路如下：以理论和实践发展的新形势和新需求为切入点，在段义孚学术思想、地方理论、景观理论等理论基础上，梳理并分析钱塘潮研究、旅游地魅力研究、敬畏研究、地方研究等国内外相关文献，建构出敬畏记忆、景观意象、视听魅力（VALF）等学术概念；凝练和归纳出钱塘潮的景观意象演变阶段及其影响机制；确定敬畏记忆概念提出的必要性与合理性，进一步界定敬畏记忆的内涵与定义，并通过半结构化深度访谈探讨观潮胜地居民敬畏记忆的形成与影响机制；明确视听魅力（VALF）的概念和维度，开发视听魅力的观潮游客调查量表，并通过结构化问卷调查，构建和检验视听魅力、地方依恋和忠诚度之间的结构方程模型。主客情感是观潮旅游地居民和游客对观潮旅游胜地和钱塘潮的心理感知与情感体验。其中，居民包括感潮区先民和观潮旅游胜地居民，居民情感涉及当地居民在长时间的成长、生活和观潮等日常经验中，形成对潮灾、潮神和潮景的敬畏记忆；游客（visitor）既包括不能随时观潮、专程计划观潮的外地旅游者，也包括有过多次观潮经历的本地观潮者，游客情感涉及观潮者在观潮过程中所体验的视觉与听觉魅力，以及地方依恋和忠诚度等地方情感。

根据研究目标、研究内容以及拟解决的关键科学问题，并参照上述研究思路，本书拟采取"研究基础—理论构建—量表开发—调查研究—机制模型"的技术路线（见图1-1）。

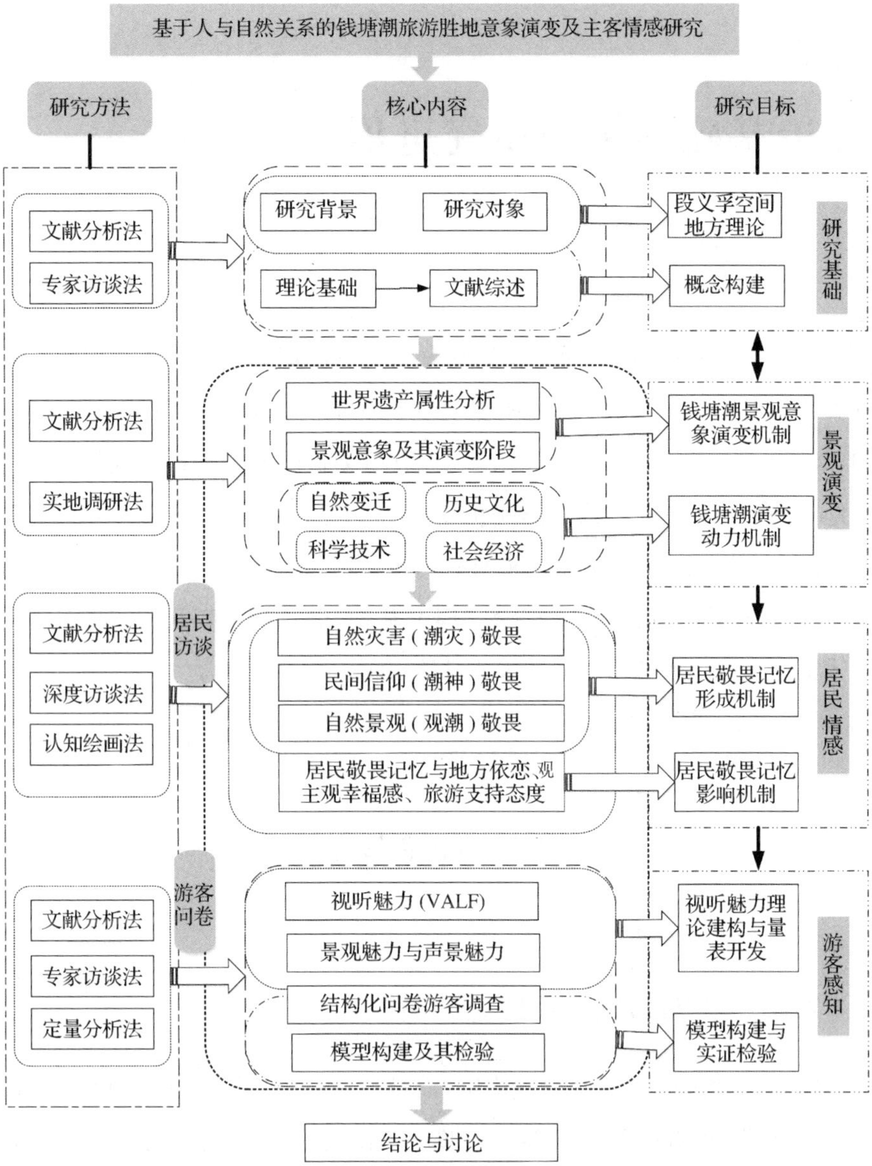

# 第一章 绪 论

```
基于人与自然关系的钱塘潮旅游胜地意象演变及主客情感研究

研究方法          核心内容              研究目标

┌─────────┐    ┌──研究背景──研究对象──┐    ┌─段义孚空间─┐   研
│文献分析法│ →  │                      │ →  │ 地方理论   │   究
│专家访谈法│    │  理论基础─→文献综述   │    │ 概念构建   │   基
└─────────┘    └──────────────────────┘    └────────────┘   础

┌─────────┐    ┌──世界遗产属性分析─────┐    ┌─钱塘潮景观─┐   景
│文献分析法│    │  景观意象及其演变阶段  │ →  │ 意象演变机制│   观
│实地调研法│ →  │  自然变迁  历史文化   │    │ 钱塘潮演变 │   演
└─────────┘    │  科学技术  社会经济   │ →  │ 动力机制   │   变
               └──────────────────────┘    └────────────┘

┌─────────┐居   ┌──自然灾害(潮灾)敬畏──┐    ┌─居民敬畏记忆┐   居
│文献分析法│民   │  民间信仰(潮神)敬畏  │ →  │ 形成机制   │   民
│深度访谈法│访→ │  自然景观(观潮)敬畏  │    │            │   情
│认知绘画法│谈   │居民敬畏记忆与地方依恋、│ →  │居民敬畏记忆│   感
└─────────┘    │主观幸福感、旅游支持态度│    │ 影响机制   │
               └──────────────────────┘    └────────────┘

┌─────────┐游   ┌──视听魅力(VALF)──────┐    ┌─视听魅力理─┐   游
│文献分析法│客   │  景观魅力与声景魅力   │ →  │ 论建构与量 │   客
│专家访谈法│问→ │                      │    │ 表开发     │   感
│定量分析法│卷   │  结构化问卷游客调查   │ →  │模型构建与 │   知
└─────────┘    │  模型构建及其检验     │    │ 实证检验   │
               └──────────────────────┘    └────────────┘

                    结论与讨论
```

图 1-1 钱塘潮旅游胜地意象演变机制及人地情感研究技术路线图

# 第二章
## 理论基础和相关研究进展

运用人地情感的理论视角,关注和探索特定地理空间中人与自然的互动关系和情感关联,这是人文地理学研究的重要科学问题和学术贡献(黄向,2020)。本书从人与自然关系出发,采用文献研究方法探讨钱塘潮旅游胜地意象演变的发展阶段和影响机制,并采用调查研究方法探索观潮胜地居民的敬畏记忆机制和游客的视听魅力机制等人地情感研究主题。通过人与自然关系、地方理论、景观理论等理论基础,以及钱塘潮和旅游地魅力等学术概念来解决人地情感关系这一科学问题。

## 2.1 理论基础

### 2.1.1 人与自然关系理论

"人与自然的关系并非静止固定,而是处于一个连续发展与动态流变的状态之中。"(胡友峰、贾珊红,2023:136)自然环境的形成演变,通常与人类社会的发展演化交相影响。在自然界的长期演变进程中,人与自然关系是个持续发展变化的时空过程,它体现了自然演变同人类文明的交互作用及其结果。总体上讲,人与自然关系在我国表现为"天人关系"或者"人地关系";具体而言,人与自然关系则表现为"人水关系"或者"人海关系"。上述人与自然关系中的"天""地""水""海",既涵盖着马克思主义自然观中的"自在自然"和"人化自然"等二元属性(耿言虎,2014),又蕴含着生活世界(Lifeworld)、资源(Resource)、世外桃源(Arcadia)等三元类型(Van Koppen,2000)。

人与自然的关系演变,可以追溯到先民对自然环境和自然灾害的互动方式和文化模式。在人与自然的关系演变历史时空中,由于人类干预自然的认知能力和科技手段,人与自然关系经历了原始经验形态下人对自然的"崇拜"与"敬畏"、近代实体形态下对自然的"统治"与"征服",以及现代知识形态下对自然的"合作"与"和谐"。原始社会,由于生产力极其低下,人类依赖并受制于自然,无法科学解释某些自然现象,更不知如何抵御或预防自然灾害,一旦遭遇自然灾害,唯有听天由命。正因如此,原始社会的先民认为必须敬畏、祈求和崇拜自然,并"人格化"塑造出诸多自然神灵,如雷神、雨神、山神、火神、水神、海神、潮神、树神、土地神等。进入农耕社会,从采集野果到种植庄稼,从捕猎野兽到养殖家畜,人类愈来愈多地去认识、利用和改造自然。但总体上,古代先民在依赖自然环境获取生存资料的同时,恶劣的生存环境和频发的自然灾害,大自然的神秘、未知和恐怖,让他们产生对自然环境的恐惧、敬畏和崇拜之情。如果多遭洪水,某地便会产生水神和河神崇拜,形成水灾神话和河神传说,建立河神庙祭祀河神,并演化出相应节日仪式和民风民俗;与之伴随,当地民众也会学习治水和用水,建造水利工程,如大禹治水、都江堰等,遗留下相关历史文化遗产。因此,区域文化正是产生于人与自然的相互影响过程中,并呈现为人对自然的社会生活地方实践。此外,中国古人会把自然灾害的发生归因于灾异和"天谴",深信此为天人关系和人神关系的"天人感应"(王咏,2015),必须举行占卜、谶语、祭祀、立庙等祭祀仪式,才能实现"天人合一"的人与自然和谐关系。

然而,近代工业社会以来,人成为控制自然的主体,致使信奉"人类中心主义"的"人定胜天"愈演愈烈,"有机体自然"(Organic Nature)则逐步变成"资本化自然"(Capitalist Nature)(Escobar,1999)。进入技术理性支配下的现代社会,随着科学技术异化不断加剧,人类"征服自然"变本加厉,更加具有"向大自然进军"的主动性和技术性,人与自然的关系转型剧烈,发生了功能性的人地失衡,人与自然关系走向分裂和对立,由此造成严重的生态危机。尤其是面对此前席卷全球的新冠肺炎(COVID-19)疫情,人与自然关系这一重大问题,亟待我们重新审视和合理调适。马克斯·韦伯把工业社会的整体理性化称为祛魅(deenchantment),"我们再也不必像相信有神灵存在的野人那样,以魔法支配神灵或向神灵祈求。取而代之的,是技术性的方法与计算"(韦伯,2010:168)。回顾历史时空中人与自然的关系演变,人类对自然存在着"赋魅""祛魅""返魅"等态度倾向。农耕社会之前,人屈服于自然,先民敬畏和神圣化自然,人与自然被动和谐,这被称为"赋魅"自然;在工业社会,科学技术逐渐为自然"祛魅",自然不再神秘和神圣,人开始掌握和控制自然,人与自然主动冲突;进入当前的生态文明时代,全球生态危机和可持续发展目标迫切期待人对自然应该"返魅",以重建人与自然的双向和谐关系(牛庆燕,2010)。

从"综合利用、化害为利"(《关于保护和改善环境的若干规定》,1973)、"实现经济与社会相互协调和可持续发展"(中共十四届五中全会,1995)、"全面发展、协调发展和可持续发展的科学发展观"(中共十六届三中全会,2003),发展到新时代的"实现人与自然和谐共生",呈现出人与自然关系的渐进发展,并逐步完善和持续制度化的中国智慧和政府方略(陆波、方世南,2021)。"绿水青山就是金山银山""人与自然生命共同体"的新时代生态文明建设思想"两山论",是自然"返魅"的最新理念和中国方案。"绿水青山既是自然财富、生态财富,又是社会财富、经济财富"(习近平,2020:361),根源在于:"人因自然而生,人与自然是一种共生关系,对自然的伤害最终会伤及人类自身。"(习近平,2017:394)党的十八大以来一系列的生态文明建设方针政策,为人与自然和谐共生提供了实践遵循,已经有效保障了我国的生态安全和人民健康,并有力推动了可持续发展和美丽中国建设。而在人文地理学视野下,"自然的社会建构"成为审视人与自然关系的新范式,涵盖着地理层面的物质变迁、历史层面的景观演变、社会层面的文化表征等动态系统。一方面,我们必须重视重新连接人与自然关系,保护生物多样性,促进人类身心健康,维持生态系统服务;另一方面,我们必须重视地方自然景观的形态演变,使之成为映射人地关系演变历程、保存居民记忆与身体实践、维系居民地方感和认同感的重要场域和空间载体(王敏、赵美婷、朱竑,2019)。

## 2.1.2 段义孚学术思想

"系统人文主义地理学"(Systematic Humanistic Geography)创始人段义孚,笔耕不辍,著作等身,蜚声于世界人文地理学界。段义孚人文主义地理学思想对西方地理学界乃至相关人文学术界,产生了重大的学术影响,"在西方人文地理学界,无论是谁,不拜读段义孚的书,就不能完全融入20世纪后20年的学术话语"(唐晓峰,2005:305)。这位华裔地理学家在中国地理学界的学术影响也在不断加深,近年来,段义孚的大部分代表作被翻译成汉语引进出版,国内地理学界、景观学界和旅游学界越来越重视段义孚的学术思想和地方理论,但迄今尚无系统研究段义孚地理学思想的学术专著,只有宋秀葵(2012)以其博士学位论文出版的专著《地方、空间与生存——段义孚生态文化思想研究》,国内以段义孚地方理论为研究专题的学术论文较少,且多局限于他的某一部专著的理论观点,系统化的段义孚研究尚显不足(宋秀葵,2012)。"段义孚与著名地理学家David Lowenthal、Edward C. Relph和Anne Buttimer一起开创了地理研究的新领域:人的态度与价值观、人的感官感知环境的方式,以及这些现象怎样体现在广泛的文化中并被文化所左右。"(Monaghan,2001:14)总体而言,人与地理环境关系是段义孚"系统人文主义地理学"思想的永恒主题,段义孚在对人与地理环境做人文主义的理解、解释和说明,基于此形成的人地情感、空间与地方观,有助于树立崇尚人文精神的空间规划思想。更深层面上说,段义孚把人与空间环境的关系与人的美好生存联系起来,关注人地情感和人的终极命运,因此,有必要整体解读段义孚空间与地方理论,深入挖掘和系统提炼人地情感关系的学科体系和当代价值。

如上所述,段义孚创建了"系统人文主义地理学",他对于空间与地方的诠释学研究,在国际人文地理学界独树一帜,甚至被赞誉为"段氏地理学"(Tuanian Geography)(苗德岁,2021)。段义孚的地方与空间思想主要包含在他的人文主义地理学专著中,如《逃避主义》(*Escapism*,1998)、《恐惧景观》(*Landscape of Fear*,1979)、《经验透视中的空间与地方》(*Space and*

*Place: The Perspective of Experience*,1977)、《恋地情结:环境感知、态度和价值研究》(*Topophilia: A Study of Environmental Perception, Attitudes and Values*,1974)、《人文主义地理学:对于意义的个体追寻》(*Humanist Geography: An Individual's Search for Meaning*,2012)和《浪漫地理学:追寻崇高景观》(*Romantic Geography: In Search of the Sublime Landscape*,2013)等,以上经典著作集中论述一个空间(Space)和地点(Site)如何转变成为一个可以被感知的价值中心和价值凝聚地的地方(Place)(见图2-1)。段义孚终其一生的心血力作,皆紧密围绕着地方的感受价值、作为想象力的文化、权力的心理学等其空间地方理论的三大核心(宋秀葵,2012),也在多重层面和多个角度开拓出人地情感关系的人文主义地理学新领地和新旗帜。但落实到人地情感关系的人地情感层面,段义孚在《恋地情结:环境感知、态度和价值研究》一书中提出:"人作为一个个体,他认识世界,就是从调动各个感官去感知环境开始的。通过调动所有感官,人们才形成了空间与地方的概念。"(段义孚,2018:204)

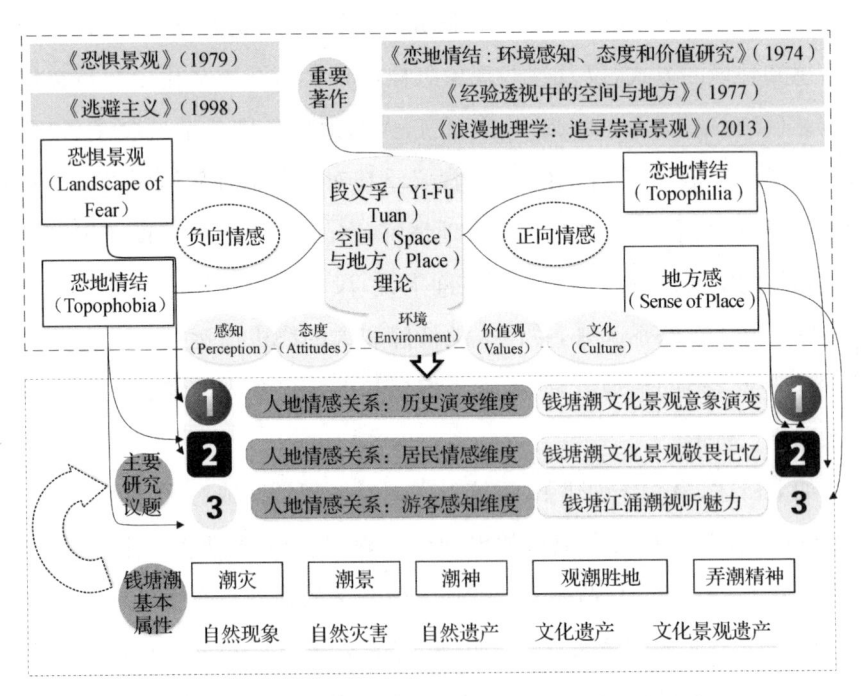

图2-1 段义孚地方理论及钱塘潮旅游胜地研究思路

就人文主义旅游地理学的方法论而言,段义孚认为,人文主义地理学旨在诠释(interpreting)处在模糊、矛盾和复杂性中的人类经验,"对一个地方生动或逼真的描述,也许就是人文主义地理学的最高成就"(段义孚,2021:17)。

(1) 人文主义地理学彰显地理学想象力。突破了"重地轻人"的地理学学术窠臼,段义孚围绕"人"奠基起人文主义地理学,他关注人的情感和思想,联结人地情感的人类经验和人类表现,诠释其内蕴的主体性,关怀人的生存意义与价值。段义孚把中国传统思想文化融入人文地理学研究中,成功创建了融合中西方文化特色和思想智慧的人文主义地理学研究体系,同时,他也主张"敢于将想象力推向幻想边缘的是人文主义思想"(段义孚,2021:5),推崇将环境认知的过程与结果相结合的"基模"(schemata),从而萌发出地理学的想象力(张骁鸣,2016),人文主义地理学家正是运用地理学想象力解读空间地方的文化意义和景观符号。

(2) 世界感知呈现多重人地情感关联。段义孚的"每一本著作,都为我们展现了有关人类生存状态的全新而独特的洞察,强调对'作为整体的人'的感知的探究,探索'人类是如何经验世界、理解世界的'"(陆小璇,2014:17)。为刻画物质空间被赋予的人文意义,段义孚提出了恋地情结(Topophilia)、敬地情结(Geopiety)、地方感(Sense of Place)、恐地情结(Topophobia)、逃避主义(Escapism)和恐惧景观(Landscape of Fear)等核心概念(段义孚,2020),以及感知、态度、环境、价值观和文化等正向及负向人地情感关联的关键要素(段义孚,2018)(见图2-1)。

(3) 时间尺度被引入空间地方研究。在人文主义地理学家看来,空间地方可同时具备空间性、时间性和结构性,人类的经验空间具有历时性的时间意义。作为研究空间地方的时空重要组成元素,时间不仅会影响人对空间地方的感知体验,更会进一步形塑人对空间地方的认知意象,从而导致了地方感的生成演变(Tuan,1998)。正是因为关注人地情感纵向的时间维度,空间地方才逐渐演变成为一个充满情感、记忆和想象的地方。

人文主义地理学通过研究人与自然关系、人地关系、地理行为和人在空间和地方的感知和情感来理解世界。段义孚的重要论著都关涉人与自然、人地情感、空间与地方、环境与景观等,尤其是在人与自然的复杂关系上,他更多关注到人的脆弱与局限,如恐惧、逃避以及地方依恋等态度情感(叶超,2014)。段义孚从恋地情结和恐惧/逃避出发,阐释出人与自然关系的喜爱和恐惧两大基本情感(段义孚,2020),以及恋地情结、敬地情结、地方感等正向情感和恐地情结、逃避主义、恐惧景观等负向情感(见图2-1),可理解和解读人与家、家乡、生活环境之间的人地情感关系。据此产生地方感这种最典型而复杂的人地情感(Nogué & Vela,2018),空间也由于被赋予地方性(placeness)成为地方,自然被赋予文化演化而成为文化景观(唐晓峰,2002)。这也符合国际遗产学界的新动向,即文化遗产评价必须重视其所处不同自然环境和社会文化体系"代际叠加传播"(Cumulative Transmission)的历史动态历程。正值新冠肺炎疫情2019年12月起长达三年有余的全球灾害大流行期间,段义孚认为这种巨大灾害所导致的恐惧心理和逃避行为,会对空间和地方的个人认同、集体记忆产生深远而持久的社会文化影响(Smith,2020)。那么,空间到底是怎样成为特定的地方的呢?一方面,人对自然环境的恐惧不可抗,对社会文化的惶恐不可知,会迫使人做出逃避意向,这种逃避主义,表现在空间逃避、自然改造、信仰慰藉、精神创造等方面(段义孚,2005)。另一方面,人与地理环境的关系和人与自然情感纽带的恋地情结,"强调从人与世界的身体与情感联系出发,探讨人的存在意义这一更基本的问题"(宋秀葵,2014:22)。由此,系统探讨人的特定地理行为背后的喜爱、恐惧、依恋等人地情感及人与自然关系的联结机制,至关重要。

针对钱塘潮旅游胜地这一研究对象,段义孚地方理论可用来开展全面而深入的理论阐释和案例分析。《恋地情结:环境感知、态度和价值研究》即基于规范性与整体性视角实现了人居环境研究的综合性,从人出发的存在性视角和从环境出发的处境性视角,便是人文主义地理学探索人与自然关系的两种基本视角(刘苏,2017)。基于环境视角,钱塘潮历经2 500余年的历史演变,从一种纯粹的自然现象和自然灾害逐渐演化为内容丰富的自然遗产和文化景观遗产;基于人的视角,感潮区民众日常经验的价值与意义,构成了观潮胜地的人地情感纽带,"当空间获得定义和意义的时候,空间转变为地方。这种意义和定义便是亲切经验"(段义孚,2018:136)。即便是对同一个环境空间,本地居民和外来游客的感知和态度也存在着显著的主客差别,外来游客侧重于具身感知地方景观,而本地居民长期或世代生活在居住环境中,所产生的感知和态度更为深刻和复杂(段义孚,2018)。"当一个人的身体感知到环境,感受到束缚感,那就是地方;当一个人的思维摆脱了地方感的约束,这就是空间"(Tuan,2014),可分别基本对应于居民和游客对环境空间的感知体验(见图2-1)。

对钱塘潮旅游胜地,感潮区居民敬畏之推崇之自古产生了"恋潮情结",而游客观潮时则会深感其视听魅力,旅游胜地居民和游客(不管是过去还是当前,居民也是观潮客)推动感潮区空间成为观潮胜地和旅游地的地方,作用非凡,影响深远。

(1) 人地情感关系的历史演变维度:钱塘潮旅游胜地意象演变。"研究人与自然关系必须重视它的时间和空间变化关系"(魏伟、张轲、周婕,2020:26),人文主义地理学观照下的地方是历时性和过程性的,具有整体性、动态性、复杂性等特征,人地情感关系这一议题须要历史演变维度;此外,环境和景观能为"恋地情结"提供地方意象(孟锴,2019),"重到钱塘异昔时,潮头东击远洲移。人间莫住三千岁,沧海桑田几许悲"(元·张以宁《浙江亭沙涨十里》),2 500余年的钱塘潮旅游胜地意象演变是纷繁复杂,亟待爬梳条分缕析(见图2-1)。

(2) 人地情感关系的居民情感维度:钱塘潮文化景观敬畏记忆。人地熟悉使人对所处环境产生安全感和归属感,但在一个缺乏足够安全感的地方生活,人时常会担心、恐惧和害怕(林拓、虞阳,2016),也会产生恐地情结(Topophobia从字面上理解也可译为"地方恐惧"),会形成多种形式的逃避主义或者恐惧景观(周尚意、张春梅,2009)。正是由于人对所处环境赋予了正向和负向的情感属性,空间才会变成"有温度、有情怀"的地方。"嵌空石面标罗刹,压捺潮头敌子胥。神鬼曾鞭犹不动,波涛虽打欲何如。"(唐·白居易《微之重夸州居其落句有西州罗刹之谑因嘲兹石聊以寄怀》)面对凶恶可怕的潮灾,感潮区民众通过逃灾避难、改造钱塘江道、修建海塘,以及祭拜潮神、修建

(造)潮神庙、镇海塔和镇海铁牛等多种方式,逃避自然、自身恐惧和安全不确定性,以实现"恋地情结"的理想模式(张卓源,2021)。历史上外在恐惧和不安全感反映在观潮胜地文化景观中,这种或隐或显的恐惧景观,基于感潮区民众对潮灾事件的记忆和回忆(Henderson,Nolin & Peccerelli,2014),会形成与地方和景观有关的情感联结——敬畏记忆(见图2-1)。

(3) 人地情感关系的游客感知维度:钱塘潮视听魅力。恋地情节的人地情感联结既是美学意义和情感方面的,更是源于身体感官层面的。段义孚提问和解答了"什么能作为一个地方的认同身份?"这一议题,解析出身体能感受和分享的情感作用于地方建构,地方感来源于人在地方体验的视觉、听觉、嗅觉、味觉、触觉等日常经验(段义孚,2018)。因此,身体、感官、感情和展演成为人文地理学理解、阐释和解读特定空间、地方、景观和文化的重要维度(王敏、林铷、江荣灏等,2017)。"洪涛奔逸势,骇浪驾丘山。旬隐振宇宙,潝礚津云连"(东晋·苏彦《西陵观涛》)、"千里波涛滚滚来"(毛泽东《七绝·观潮》)和"海门急鼓声初发"(清·曹溶《满江红·钱塘观潮》)的钱塘潮,在视觉和听觉方面均具备较高的景观魅力(见图2-1)。

### 2.1.3 地方理论

地理学是关于空间和地方的学问,在《人文地理学词典》(*The Dictionary of Human Geography*)中,地方(place)首先在地理层面上包含位置、场所和区域,也在人文层面上意味着时空演化、意义生成和去中心化的情感空间(Gregory,Johnston,Pratt,et al.,2009)。因此,作为人类基本的生产和生活场所,地方既是人与自然的共存之地和关联纽带,也是人类审视自我价值和存在意义的核心指标,人类经验的空间地方与环境时空密切相关。在人文地理学的传统视野中,地方被概化而成为空间、空间关系、空间行为和空间过程(Batty,1997),具体而言,空间和时间通过人类行为和交互作用进行构建,致使地理空间中社会的生产与自然的生产相互依存、密不可分(Gregory,2000)。人文主义地理学则更加关注人"环境感知"的"经验",人对空间的偏爱与逃避便是段义孚学术思想的人地情感基础,出于对"恋地情结"理想空间的不断追求,段义孚重新发展了地方与空间等核心概念。"对于所有动物而言,空间是一种生物需要;对于人类而言,空间是一种心理需要,是一种社会特权,甚至是一种精神属性。"(段义孚,2017:47)在段义孚看来,对于地方的稳定和安全,人们会感知到空间的自由感和开阔性,当然也有恐惧感,反之也是如此(蔡霞,2016)。段义孚将地方定义为"人与环境关系的研究。……从人与环境的身体与情感联系出发,探讨人的社会意义这一最基本的问题"(Hubbard,Kitchin & Valentine,2004:306)。而人文主义地理学的另一位重要代表人物 Edward Relph(1976)提出了"地方与无地方"(Place and Placelessness)的研究议题,他认为人受到自然和社会环境的交互影响,会产生对某些空间环境的人地情感和地方精神(雷尔夫,2021)。总体上说,人文主义地理学将地方视为动态化、可变、尺度多样的空间客体,更注重个体的主观体验,因此,地方研究不仅要关注客观的物质空间,更重视动态演变的人文环境(李如铁、朱竑、唐蕾,2017)。

作为人的"感知价值中心"和社会文化意义载体,地方具有物质、功能和意义等三重属性(雷尔夫,2021)。地方是一个能引发特定个体内心注意力(attention)的稳固对象、凝聚特定群体价值观念使其栖居其中的地理对象,以及价值观形成、社会化成长和文化支撑的中心源泉(段义孚,2018)。进而,在社会文化层面上,经过社会建构和历史沉淀之后,地理空间、自然景观甚至居民生活逐渐演化为文化景观(高权、钱俊希,2016)。在从空间到地方的演化过程中,Scannell 和 Gifford(2010)提出人(person)、过程(process)、地方(place)的地方依恋结构框架,这一框架较为简练地诠释出人地情感主体、客体及其情感认知的动态互动过程。具体而言,人不断赋予自然和空间以可接触性、情感性和公共性等人文属性,自然和空间均可被附上神圣性或人文性,通过自然景物、建筑园林、神话传说、社会习俗、文学艺术、宗教信仰、节事仪式等景观载体,储存下民间和官方的集体记忆,以可识别的地方精神强化主体的地方认同。与此同时,当地居民和外地游客对特定空间的感知、情感和认同迥然相异,旅游地的地方性(placeness)不断得到发现、建构和重构(高权、钱俊希,2016)。对于地方性生成的正向侧面,人对特定地理场所会产生地方依恋（Place Attachment）、地方意象（Place Image）和地方记忆（Place Memory）等人地情感，其中地方依恋由作为情感性依恋的地方认同（Place Identity）和功能性依恋的地方依赖（Place Dependence）两个维度构成（唐文跃、张捷、罗浩等，2007），以及游客对旅游地产生地方审美和情感关联的地方迷思（Place Myth）（李彦辉、朱竑，2013）、地方想象（Place Imagination）等；对于地方性生成的负向侧面，段义孚在其专著《逃避主义》中有专题论述，人会对某些自然环境、人文环境和未知环境产生恐惧感或不安全感，因而会做出居住迁移、改造自然、创造新的物质与精神世界等逃避行为（段义孚，2011）。为了逃避自然或者逃向自然，人类不断迁徙和改造自然环境，也正是通过这种人地交互影响的各类时空过程，自然和空间演变成具有特定人文意义的地方和景观。

基于现象学的哲学基础，人文主义地理学日益重视人的身体感官和日常生活对地方营造的重要价值。地方营造（Place-making）本来就与日常生活和主观体验密切相关（雷尔夫，2021）。在特定的地方时空中，人的身体展示会形成地方意义，这种地方意义由"身体芭蕾"与"时空常规"共同构成的"地方芭蕾"（Place Ballets）生成，"地方芭蕾"即指日常生活中人们在时间与空间上重复性和规律性的身体活动（Seamon，1980）。在作为真实生活实践时空舞台的日常空间中，"地方芭蕾"可用以探究人的身体经验与生活空间之间的人地互动和地方营造，它生动呈现出一种人地互动赋予地方意义的生活秩序。尽管"地方芭蕾"被认为是人产生地方依恋的重要机制，强烈呼应着人文地理学的身体美学和新文化地理学的身体展演等最新研究议题，但国内外相关研究尚处于初级阶段，"地方芭蕾"的成因背景、形成机制、影响因素等研究侧面，依然缺乏足够有力的理论构建和实证验证（白龙、路紫、郜方，2017）。此外，"人们可以通过感官感受到地方，各种感受的综合形成了地方感。……视觉、听觉、触觉、嗅觉和味觉。通过感官感知，人们领会理解事实真相。"（段义孚，2006：2）因此，人文主义地理学研究应该更加关注和重视人的感官感知，探讨在地方营造过程中特定个体多感官的环境感知与景观体验。

### 2.1.4 景观理论

景观(landscape)是复杂的自然过程和人类活动在大地上的烙印(中国大百科全书出版社编辑部,1992),它代表着人与自然的互动关系,不仅是漫长的自然演化的地理现象,更是长期的自然人化的人文现象。19世纪初,德国自然地理学家洪堡将景观(landschaft)界定为"一个区域的总体特征",并视之为地理学中心问题。20世纪初,美国人文地理学家索尔从景观中划分出文化景观,指出自然是媒介,文化是作用力,文化景观则是结果,并强调,"如果不从时间和空间关系来考虑,我们就无法形成地理景观的概念。(因为)景观处在不断发展或者消亡与替换的过程中"(Sauer,1925:19)。因此,景观确实是人与自然交互作用或者人地互动的结果,"是在人与环境的交互作用下产生的,人与自然交互作用的方式取决于(景观演变的)时间、空间和历史背景"(怀特,2011:2),而人文地理学即重点研究人(文化)对地理景观形成及演变的影响机制。从理论发展脉络上讲,景观的地理学研究在历经区域特性、人与自然关系、文化史等研究重心后,呈现出"情感转向"的新动向(徐桐,2021),越来越重视个体在日常实践中对景观的感官体验与集体记忆,以深入理解并独到解读景观的体验价值和地方意义。

在注重人地情感关系的人文主义地理学视角下,景观既是物质性的地理形态或地方空间,也是精神性、思想性和象征性的观看方式(ways of seeing)和社会文化过程,特别是诸如长城、杭州西湖、苏州园林、海神庙等文化景观或旅游景观。这类景观营造出特定个体及地域群体的地方感情和集体记忆,可极大增强他们的地方认同和文化认同,从而塑造、传承并发展地方精神和文化记忆。一方面,目前旅游地理学对旅游景观的感知研究,普遍存在从"奇景化"转向"多感官"的重新定位(Daugstad,2008),诸如声景观(Soundscape)、味觉景观(Smellscape)、饮食景观(Foodscape)、书法景观(Calligraphic Landscape)等种种多感官景观逐渐成为旅游景观研究的关注热点。另一方面,人在文化景观上都有情感投射,从而形成了对地方的文化记忆,诸如红旗渠、鼓浪屿、哈尼梯田、徽杭古道等种种遗产景观(Heritagescape)。作为文化变迁的时空记录,遗产景观对遗产地居民的文化记忆和地方认同至关重要。所以,景观、记忆和认同之间关系的综合研究已经受到人文地理学的广泛关注。因此,Cresswell(2004:10)提出,"地方的物质性,意味着记忆并非听任心理过程的反复无常,而是铭记于景观中,成为公共记忆"。地理空间被附加上了人的情感和记忆,自然环境及其地方区域生长出人文性的景观和文化,空间由此成为地方。

## 2.2 钱塘潮研究进展

涌潮(Tidal Bore)属于涌波的一种类型,是天体引力和特殊河口地理构造形成的潮汐运动,也是入海河流河口的一种潮水暴涨现象。目前,除南极洲外,全世界有450多个河口受到涌潮的影响(Chanson,2009)。关于国外涌潮的实地测量及科学研究,Simpson、Fisher、Wiles(2004),Wolanskia、Williams、Spagnol等(2004),Reungoat、Leng、Chanson(2019)等学者分别考察分析了英国塞文河、澳大利亚戴利河、法国加龙河等河口涌潮的水动力特性。全世界较为著名的涌潮在巴西亚马逊河、英国塞文河、加拿大芬迪湾和中国钱塘江,如中国钱塘江和阿拉斯加Turnareach海湾的涌潮是享负盛名的旅游胜地,举办较大规模的观潮节事活动;法国塞纳河、多尔多涅河的涌潮(Mascaret)和印度尼西亚苏门答腊岛卡姆巴尔河的涌潮(Bono)也极具地方和历史特色,成为著名的涌潮冲浪比赛的最佳场地之一(Chanson,2011);英国塞文河涌潮由于其声音记录,这一自然声景观被赋予了失落、创伤和相关情感,也成为颇负盛名的一处文化声景观(Jones & Fairclough,2016)。然而,涌潮却让人"爱恨交加",既享有盛名,又背负"恶名",古有潮灾逞凶,今有巨潮溺人,反映出目的地(感潮区)安全管理的巨大挑战(Chanson,2011)。

中国东汉思想家王充(公元27—约97年)首次科学解释了钱塘江涌潮现

象,这是世界上对涌潮成因做的最早解释(韩曾萃、戴泽蘅、李光炳,2003)。1888年,英国皇军海军中校Moore科学观测了钱塘潮,撰写出《钱塘江(杭州湾)涌潮》(The Bore of the Tsien-Tang-Kiang)实测报告,这是世界上最早的涌潮实测(潘存鸿、林炳尧,2002)。针对钱塘潮的自然特性,现代研究文献主要涉及涌潮观测与涌潮理论(曾剑、熊绍隆、潘存鸿等,2006;潘存鸿、潘冬子、鲁海燕等,2017)、涌潮数学模型(苏铭德、徐昕、朱锦林等,1999;徐昆、潘存鸿,2002;潘存鸿、林炳尧、毛献忠,2007;林伟栋、赵西增、叶洲腾等,2017)和涌潮实体模型(杨火其、王文杰,2001;卢祥兴、杨火其、曾剑,2006)等科学问题。尤其是林炳尧在其专著《钱塘江涌潮的特性》(2008)和《涌潮随笔:一种神奇的力学现象》(2010)中,利用水力学和潮汐学等理论观点,重点论述了钱塘潮的产生年代、起潮点与观潮点的历史变迁、潮头最远的上溯距离、历史上的涌潮失信事件等关键问题。近年来,国内学者通过地形测量、水文测验、河床演变分析、物理模型试验和数学模型计算等研究方法,寻求缓解钱塘潮危害与保护涌潮景观并举的资源保护管理对策,以促进人水(潮)和谐(金建峰、钱学诚、张玉伦等,2019;黄婷、张怀、石耀霖,2022)。但涌潮来势迅猛,行进速度快,导致涌潮实测难度较大,涌潮研究迄今在国内外学术界尚显有限(张舒羽、丁涛、刘进宝等,2022)。

与钱塘潮自然科学研究交相辉映的是,钱塘潮文化的人文社会科学研究更是硕果累累。作为一种独特的自然景观和宝贵的旅游资源,钱塘潮的保护开发(潘存鸿、林炳尧,2002;林伟栋、赵西增、叶洲腾等,2017)和旅游资源开发(沈阿四,2002)引起了关注与重视,其他相关研究主要涉及涌潮五百余年的历史变迁及强度趋势(王申、曾剑、韩曾萃,2020)、钱塘潮历史文献(陈吉余,2000;林炳尧,2008)、观潮诗词(李海静、王淼,2015)、观潮图像(黄晓、刘珊珊,2021;金卓菲、鲍沁星,2023)、观潮安全(余晓娟、王洁,2018;Wang, Liu, Ritchie, et al.,2019),以及古代冲浪运动弄潮(李志庭、张勤,2015;Zanella,2021)和现代钱塘江冲浪特种体育赛事(孟文光、张宏博、尚志强,2017),等等。需要特别指出的是,查阅钱塘潮及海塘的史料和文献,地理学和历史学界涌现出不少专题性研究专著,这些图书着眼于潮灾史(陶存焕《钱塘江河口潮灾史料辨误》,2013)、观潮文化(李志庭、张勤《钱江潮与弄潮儿》,2015;陶存焕、颜成第、周潮生《钱塘江涌潮诗词汇编》,2016)、钱塘江海塘(陈吉余《海塘:中国海岸变迁和海塘工程》,2000;陶存焕、周潮生《明清钱塘江海塘》,2001)以及潮文化地理变迁(钟毓龙《说杭州》,2016),等等。尤其是钱塘江海塘的历史学和工程学研究成为学术热点,但"钱塘观潮的文化景观属性较少受到关注"(金卓菲、鲍沁星,2023:102),对钱塘潮文化的专题研究多着眼于史料整理与事实描述,缺乏系统深入的学理剖析和理论凝练。

综上所述,对钱塘潮这一著名景观,当前研究主要涉及涌潮的水文、水利、水动力和潮汐学等自然属性,以及观潮文化、海塘文化等人文属性,纵向性的景观演变和旅游胜地形成等人与自然关系层面的相关研究却甚为匮乏。而Chanson(2009;2016)通过钱塘潮野外观测和实验室模拟,从声学角度探讨了涌潮发出的隆隆声;Wu、Liu和Nie(2021)最新运用两两比较法计算声景观与整体景观的分离系数,测定钱塘潮声景观的分离系数为0.138,评估其经济价值介于31 514.5万元(4 870万美元)和33 384.1万元(5 160万美元)之间;罗曼和袁晓梅(2021)则利用咏潮诗词等历史文献,厘清了"观潮"与"听涛"的钱塘潮声景观名胜演变过程,可见涌潮声景观("听涛")这一研究主题已呈初见端倪之势。总之,针对钱塘潮的多学科研究,侧重于多感官的景观感知和强调人与自然关系的景观演变这两个重要主题,国内外学术关注尚显不足,亟待重视和加强。

## 2.3 旅游地魅力研究进展

魅力(Fascination)概念最早由Kaplan在1989年提出,随后,Kaplan(1993;1995),Laumann、Garling和Stormark(2001),Kaplan和Kaplan(2003),Kuper(2017)分别对环境魅力的定义和维度进行界定,但魅力概念却始终附着于注意力恢复理论(Attention Restoration Theory,ART)中的

"恢复感（复愈感）"（Perceived Restoration）概念。直至 Liu、Wang、Huang 等（2017）正式提出了旅游地魅力（Destination Fascination，DF）这一概念，并开发了多维度的旅游地魅力量表。随后，Wang、Liu、Huang（2020）和 Zheng、Qiu、Morrison 等（2022）构建并验证了旅游地魅力的结构方程模型，旅游魅力的实证研究始才崭露头角。

根据注意力恢复理论（ART），恢复性环境（restorative environments）不可避免地包含范围（extent）、魅力（fascination）、远离（being away）和相容（compatibility）等四个恢复性要素，恢复性环境激起个体自发的兴趣，并以轻松愉快的方式唤起其"随意注意"（voluntary attention）时，魅力便会发生（Nordh、Evensen & Skar，2017）。Kaplan（1995）将"无意注意"（involuntary attention）界定为"魅力"，魅力可以来源于内容（动物、人、水、火）或过程（讲故事、赌博、解题），而无须太多的脑力劳动（Kaplan & Kaplan，1982）。因此，回溯学术概念的理论源头，在最初的注意力恢复理论（ART）视野中，魅力（fascination）被界定为一种无须费心费力，关注某种特定的内容和事件，参与探索和理解环境的注意力形式（Kaplan & Kaplan，1989）。魅力由环境特征或探究环境引发，并为耗尽的注意力感官系统提供恢复机会，如"这个场景能吸引你多少的注意力？"或"它能轻松地吸引你多少兴趣？"（Herzog、Colleen、Maguire，et al.，2003）。在恢复性自然环境中，林地边出现的大片草地、草地上盛开的鲜花、绿地边出现的水体、瀑布或喷泉、林间跳跃的松鼠或飞出的鸟群，以及与众不同的人群（如可爱的孩童、漂亮的女孩、恩爱的情侣）等具体内容，能够吸引人的注意力，这一环境空间即是有迷人魅力的；而某些专注性过程，如投入地看电视、打游戏、讲故事、做试题等不必使用"定向注意力"（directed attention）（即全神贯注）的活动过程，则会产生另一种魅力。这两种魅力类型便是柔性魅力（Soft Fascination）和刚性魅力（Hard Fascination）（Kaplan，1995）。柔性魅力来源于上述恢复性自然环境，它既会注意特定目标，也会引起审美和沉思行为；刚性魅力则更多地来源于参与某种专项活动，比如观看比赛、投入球赛等，过于投入而无暇思考。因此，Basu、Duvall 和 Kaplan（2019）认为，在恢复性自然环境中，魅力是人与自然关系的一种交互程度,反映着某种环境质量;然而,他们并没有指明,此类魅力正是柔性魅力,而非刚性魅力。

Kuper(2017)将任何涉及环境体验的迷人与愉悦特征或者美学价值的描述归类为魅力。如果某个环境对大多数人来说是有趣或有吸引力的,那么它就是有魅力的。除了优美、愉悦、趣味等美学特征,魅力还具有注意力、努力和情感等其他维度(Joye,Pals,Steg,et al.,2013)。不同类型的魅力刺激物往往会引起不同的注意方式,例如柔性和刚性魅力(Kaplan & Kaplan,1995),或高魅力和低魅力(Berto,Baroni,Zainaghi,et al.,2010)。由于"富含内在迷人的刺激物能唤起无意注意"(Berman,Kross,Krpan,et al.,2012:1207),自然环境比人造建成环境更具魅力和恢复性(Berto,Massaccesi & Pasini,2008)。究其原因,自然环境诱发的魅力是一种游憩体验的愉悦感,这种柔性魅力使人摆脱烦恼,提供令人愉悦的多感官输入信息(Moran,2019)。因此,可以说,自然环境是柔性魅力的重要来源,可以补充耗尽枯竭的感官注意力资源,具备了相当丰富的美学品质和游憩价值,这在很大程度上支持了人与自然和谐共生的自然环境身心恢复性效益,而刚性魅力是一种由人为环境(例如球场看球赛)引起的非常强烈的"活动参与"(event involvement)(Scopelliti & Giuliani,2004)。

专属于旅游研究领域,旅游地魅力(Destination Fascination,DF)被 Liu、Wang、Huang 等(2017:257)定义为"旅游地给予游客根据自己的兴趣,自主探索旅游地的各种细节,随心关照旅游地价值的自由程度"。旅游地魅力是恢复性环境质量与游客感知的时空交互影响结果(陈钢华、奚望,2018;Basu,Duvall & Kaplan,2019),魅力环境凸显其愉悦特征或美学价值(Kuper,2017),而且魅力维度对恢复性评价最为显著(刘群阅、吴瑜、肖以恒等,2019),正是魅力使个体获得更深层次和更有意义的身心恢复及其健康效益。而且,人对恢复性自然环境会建立起自然联结性(Connectedness to Nature),对魅力型自然环境会产生地方依恋,从而提升游客满意度(陈钢华、奚望,2018),产生游客忠诚度(Korpela,Hartig,Kaiser,et al.,2001;郭安禧、郭英之,2024),但介入其中的文化适应也通过中介变量起到影响(Wu &

Lee,2022)。特别是,野生动物园的恢复性特征较为显著(Pals,Steg,Siero, et al.,2009),游客会体验到"亲密接触"野生动物的活动参与魅力,并获得满足感和幸福感,因此,设计和管理旅游地的游客恢复性体验必须强调并优先考虑其环境魅力(Kirillova,Cai & Lehto,2016)。Girish 和 Park(2020)、Zheng、Qiu 和 Morrison 等(2022)在多种类型的旅游案例地调研游客感知体验,结果表明,旅游地魅力对游客的环境态度(如亲环境行为意向,TPEBI)、主观规范和感知行为有显著影响。

总而言之,现有研究对魅力的专门探讨较为有限,旅游地魅力的专题研究肇始于 *Tourism Management* 和 *Journal of Travel Research* 两大国际旅游权威期刊,由此强势揭开了这一科学问题的学术序幕。但迄今为止,"旅游地魅力研究尚处于起步阶段"(Girish & Park,2020:573),国际研究方兴未艾,且境内相关研究尚极为匮乏,亟待国内学术界的学术关注和专题研究。而且,由于旅游体验是多感官的,旅游地魅力应作为一个多感官和多维度的学术概念和理论体系,亟待更为深入的理论挖掘和更为全面的实践拓展。

# 第三章
# 概念构建与研究设计

在梳理和明确了本书的人与自然关系理论、地方理论、景观理论等理论基础，以及钱塘潮和旅游地魅力等研究进展之后，本章主要针对钱塘潮旅游胜地的人地情感研究框架进行设计，对景观意象、敬畏记忆、视听魅力等学术概念进行构建。本章拟对本书的理论框架、概念构建、数据来源等三个方面进行论述。

## 3.1 理论框架

倡导情感地理学理论的 Anderson 和 Smith(2001)认为，人的情感一般会具备开放性、空间性和关系性等功能属性，可据此探讨人与自然关系中的情感空间、人与环境的情感联结以及情感地理的景观化等核心议题。一个人长久住在某个地方，长时间的社会习得和多感官的生活经历会形成他（她）独有的情感记忆和地方认同，逐渐形成人对地方的情感联系，包括积极的地方情感和消极的地方情感。邵培仁和林群(2011)将情感地理研究归纳出历史时间纵向、环境空间横向、个体社会化案例分析等主要维度及研究范式，而 Hemsworth(2016)则将声音视为人地情感关系的必要构成因素。

2019 年，"海宁海塘·潮文化景观"被国家文物局列入《中国世界文化遗产预备名单》。钱塘潮不仅是一个自然现象和自然遗产，随之演化而成的

"钱江潮"或"海宁潮"更是一个满赋人文意象的文化景观和文化遗产。每个自然与文化遗产的景观意象,都是在较长时段的历史演变中独具地域特色,而被赋予人文吸引力的。景观意象随自然环境、社会背景、文化特征、人类活动而发生演变,并在此演变历程中融入了自然地理、历史文化、社会民俗、社会环境等多种因素,最终形成的景观意象反映出人与自然的复杂关系。那么,在钱塘潮从潮灾自然灾害到涌潮自然景观和钱塘潮文化景观遗产的景观意象演变,以及人与钱塘江潮、江、海、地、城等互动发展演化中,钱塘潮是如何从自然景观演变出文化意象的呢?这种旅游胜地意象演变是怎样受到人和自然因素驱动的呢?总体上,钱塘潮在自然演化的同时,也持续进行着"内部地方品牌化"(internal place branding)(Compte-Pujol, Jordi & Frigola-Reig,2018),其中历史时空中观潮胜地居民和游客的人地情感对钱塘潮文化景观的形成和演变起到关键作用,呈现出钱塘潮的景观意象演变、居民敬畏记忆、游客视听魅力等人地情感关系的历史时空路径脉络(见图3-1),共同演绎着人与自然关系中喜爱和恐惧这两大关键情感。

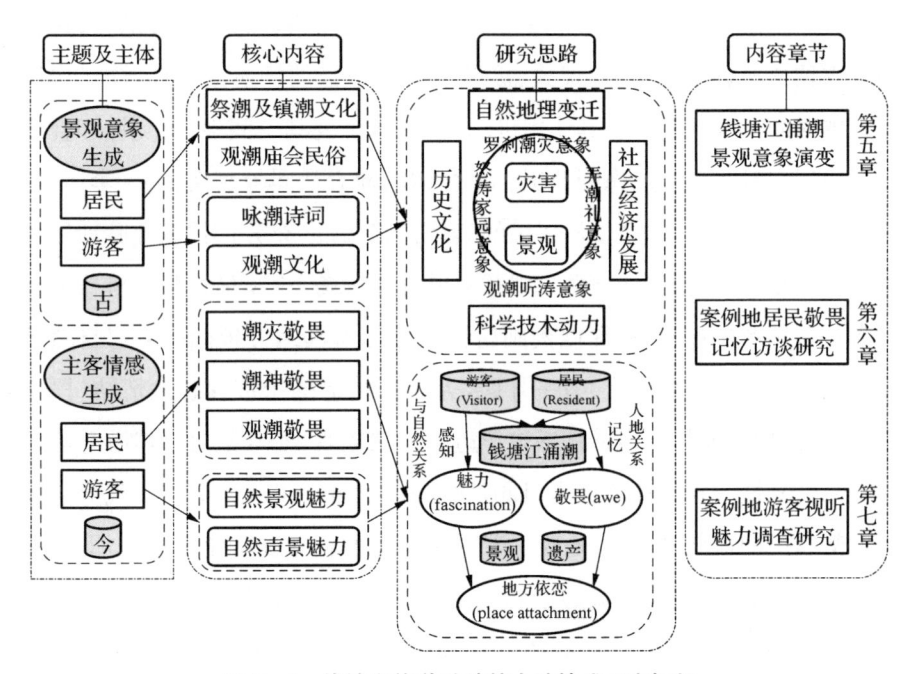

图3-1 钱塘潮旅游胜地的人地情感研究框架

公众的人地情感是观潮胜地居民和游客对钱塘潮和观潮胜地的心理感知与情感体验。其中,居民包括感潮区先民和观潮胜地居民,居民人地情感涉及当地居民长时间的成长、生活和观潮等日常经验,基于此形成的对潮灾、潮神和潮景的敬畏记忆;游客(visitors)既包括不能随时观潮、专程计划参观的外地旅游者,也包括有过多次观潮经历的本地观潮者,游客人地情感涉及观潮者在观潮过程中所体验的愉悦、敬畏、视觉与听觉魅力等知觉,以及地方依恋和忠诚度等地方情感。一方面,人对自然环境的恐惧不可抗,对社会文化的惶恐不可知,会迫使人产生逃避意向,表现为空间逃避、自然改造、信仰慰藉、精神创造等方面(段义孚,2005)。钱塘潮造成感潮区潮灾,灾民逃荒避难;为了防御潮灾,感潮区民众兴修海塘,从土塘柴塘到鱼鳞石塘,不断革新建造技术;面对潮灾威胁,感潮区民众推崇多样化的潮神信仰,祭拜潮神,修建潮神庙和镇海塔,获取信仰慰藉;此外,民众抵御潮水,敬畏潮水,歌颂潮水,他们集体创作海潮神话,加之文人创作咏潮诗词,感潮区多地兴起潮神节(庙会),共同创造出源远流长的民间信仰与地方文化精神。居民长期居住的惯常环境空间,是历史生成和世代沿袭的,通过营建或遗留遗迹、广场、庙宇、仪式、传说等承载记忆的场所或事件,探讨居民记忆的时间—空间结构及其作用机制,应综合考究其空间性、历史性和社会性,特别是与历史遗迹、民间节庆、文化景观、地方认同等密切相关(李彦辉、朱竑,2012)。因此,有必要从居民的集体记忆角度,充分挖掘观潮胜地居民的敬畏记忆,准确把握钱塘潮景观意象的演变脉搏,生动描述居民对钱塘潮的敬畏情感产生过程,并深度刻画居民敬畏影响其地方依恋的人与自然关系作用机制(见图3-1)。另一方面,人与自然情感纽带的恋地情结(段义孚,2018),使人偏好于多感官感知身边的自然景观,尤其是对自然游憩者更具身心恢复性效益的环境魅力(Liu,Wang,Huang,et al.,2017)。气势浩大与声势震撼的钱塘潮,极大地吸引着观潮游客的视觉和听觉注意力,即时的视听魅力凸显,而旅游地魅力会影响游客的地方依恋和主观幸福感等人地情感(Wang,Liu & Huang,2020),那么,钱塘潮的这种视听魅力能够给观潮游客带来地方依恋和更深的情感体验吗?(见图3-1)

## 3.2 概念构建

"概念构建是社会科学工作的中心。任何一个主题的重要工作都包含这个主题的再概念化，可以肯定的是，概念构建是一个高度情境化的过程。"（吉尔林，2017:16）本书以人与自然关系理论为出发点，着重于钱塘潮的旅游学学科审视，构建出钱塘潮感潮区人地情感关系历程中的景观意象、敬畏记忆、视听魅力等学术概念。

### 3.2.1 景观意象

"中国景观本身就是一部博大而深邃的史书。"（王向荣，2020:2）在联合国教科文组织（UNESCO）制定的《实施保护世界文化和自然遗产公约操作指南》中，文化景观主要分为人类有意设计和创造的景观（如苏州园林等）、有机演进的景观（如杭州西湖、红河哈尼梯田等）、文化关联性景观（如庐山、泰山等）等三种类型（UNESCO，1992）。邓辉（2005）的地理学专著《从自然景观到文化景观：燕山以北农牧交错地带人地关系演变的历史地理学透视》以及霍斯金斯（2018）的史学专著《英格兰景观的形成》均能彰显地理景观的动态演变和复合功能，地理景观可作为一种人与自然关系的历史记录，窥见某一地区乃至民族的历史演进过程。以圩田农业景观为例，国内如2009年被列入国际重要湿地名录的杭州西溪湿地，国外如1999年被列入世界遗产目录的荷兰比姆斯特（Beemster）圩田，中外先民将江、湖、海沿岸的河道、沼泽、滩涂筑造短坝长堤排水形成水利农田，上述圩田均见证着"沧海桑田"的景观演变，尤其是世界上最长的防洪堤防—围海造田工程"阿夫鲁戴克大堤"（Afsluitdijk）成为象征荷兰"圩田精神"的国家地标。对于历史悠久、源远流长的中国景观史，景观既是山水，也是园林，诸如三山五岳、"洞天福地"、古典园林、潇湘八景等种种文化景观都代表着"人与自然共同创造的杰作",强调在历史时空中不断演化出人与自然和谐共生的人与自然关系(吴会、金荷仙,2019),钱塘潮文化景观更是如此。由此说,在历史时空中,正是自然的空间演变和人的文化活动,共同生成并影响着多元动态的国土景观综合系统。然而,国土景观的空间格局实证研究虽是地理学的传统研究重点,但针对其历史过程的内在机制问题考察却甚为薄弱,这一科学问题未得到足够充分的学术重视。

因此,"为了全面说明问题,人文地理学不能只考虑事物现状,必须设想现象的发展,追溯过去,也就是求助于历史"(德芒戎,1993:18)。要深入细致地探究景观的演变历程,景观史可作为地方历史文化发展的重要标准,以考察历史时空中的中国地理景观演变历程及文化景观演变机制,但国内景观演变理论研究尚不系统,地理景观史的重要意义尚未引起足够的重视。"如果要理解景观,就必须进行历史的还原"(达比,2011:106),超越物质性遗存和技术性手法等即时性因素,尤其要更加注重历史纵向性的景观演变。布莱克本(2019)在其历史学专著《征服自然:水、景观与现代德国的形成》中,对德国人250年来开拓沼泽荒野的国家历史做了详尽论述,人掌控和改造自然(沼泽荒地、莱茵河、极地水域等),使之形成现代景观,现代德国由此形成,作者也深刻反思了"征服自然"付出的巨大代价,论证出"历史即景观,景观即历史"这一基本观点。聚焦到景观研究方法,只有充分运用历史学研究方法与技术手段,如环境史、景观史、水利史等,方可全面理解和诠释人与自然的时空关联,从自然景观变迁和文化景观演化中窥知人的社会发展史(高岱,2017)。因此,文化景观作为解读社会发展的历史媒介,通过挖掘景观演变所承载的丰富多彩而极具人文价值的时空信息,景观史研究方法对纵向探究人与地、人与自然、人与环境的动态关系和演变机制,视角独特,价值非凡(耿金,2020)。

而在具体的时空演变过程中,自然景观逐渐被铭刻上特定社会群体的集体记忆和文化象征,被赋予了审美、经济、文化等多重属性,自然景观具备了蕴含人地情感的景观意象。与同属于人与自然关系中认知主体对某一特定空间做环境感知和情感评价的城市意象(City Image)、地方意象(Place

Image)和旅游地意象(Destination Image)等序列概念相比,譬如"广陵观潮""钱塘观潮""浙江秋涛"等景观意象(Landscape Image)更为侧重于考察人对景观环境的情感记忆和地方认同(刘祎绯、周娅茜、郭卓君等,2018)。在中国文化背景下,具有中国特色的景观意象特别注重中国山水园林和传统审美意境,因此更为重视文学文献记载和历史环境变迁(王建国,2014),而且山水诗词、景观意象和人文演进等多方面更是相互影响,交相辉映。"钱塘观潮""浙江观潮""六和听涛"等钱塘潮景观意象,发源于钱塘江自然潮灾和杭州湾社会文化的交互影响作用,反过来,钱塘潮景观意象也影响感潮区自然环境和杭州湾社会文化的发展演变,并遗留下不同历史阶段的诸多物质文化遗迹与非物质文化遗产。在人文地理学视野下,人在地理环境中透过文化、习俗、想象、记忆形成地方和景观的意象情感,诸如鱼鳞石塘、海神庙、占鳌塔、观潮诗词和钱王射潮民间传说等文化遗产均成为钱塘潮景观意象的文化记忆载体。

就内部与外部结构而言,景观意象由自然、生活和历史文化等因素构成,存在着认知—情感—感官的三维内在结构(Son & Pearce,2005),并可区分为积极意象和消极意象。就影响作用主体而言,景观意象受到景观所在地的公众多群体长期演变而逐渐形成,尤其是世代生活的当地居民和旅居作赋的地方官员(文人),对地方沿革和景观渊源的感知、体验、认识更为全面、深入和具象(Stylidis,Biran,Sit,et al.,2014),他们在历史时空中积极参与到这种"内部地方品牌化"的建构进程中(Compte-Pujol,Jordi & Frigola-Reig,2018),对景观意象的形成和演变起到决定性的作用。因此,景观意象可界定为景观所处区域的多主体公众长期形成的关于某一地理景观各种属性的总体主观感知物象,这是一个包括自然景观、文化景观、旅游胜地等旅游吸引物长期形成与发展的演变过程,在此过程中,由整个景观历史时空中的居民、文化精英、游客、政府、商贸组织、民间组织构成主体系统,他们把某种景观的空间意义、文化象征和地方精神,营造、概括与提炼成风景名胜、建筑碑刻、文艺作品、典故神话、节庆祭祀等意象载体,通过此地生活、游览、书写和评价的知觉、感知、记忆、想象和联想等一系列过程,致使居民、游客和其他公众对景观及地方产生依恋、偏爱、认同与向往之情(唐文跃、张捷、罗浩等,2007)。

### 3.2.2 敬畏记忆

基于景观人类学的研究视角,景观被视为人地互动情感关系的人文产物,特别是凝练着当地居民集体记忆的情感空间和人文符号(杨艺、吴忠军,2019)。本书通过人与自然关系视角,分析和归纳钱塘潮文化景观的演变历程,其中的潮论、海塘、潮神、镇海、弄潮、观潮等历史文化遗产,均可视为钱塘潮景观意象的文化记忆。文化记忆来源于集体记忆(Collective Memory)这一概念,是德国历史学家扬·阿斯曼在《集体记忆和文化身份》(2011)一文中提出来的,文化记忆被界定为:"所有通过一个社会的互动框架指导行为和经验的知识,都是在反复进行的社会实践中一代代地获得的知识。"文化记忆既可以通过口述传说、戏曲民歌、文化仪式、节日庆典、档案文本、音频影像等"软记忆"来传承,又需要借助纪念碑、博物馆、庙宇建筑、石刻雕塑等"硬记忆"来表征,文化景观的地方性形成和社会活力保持即在于这两种记忆方式的互动与融合(埃特金德,2016)。尤为重要的是,此类文化记忆往往与当地的地方再造(Place Remaking)密不可分,它们将记忆置于地方,以物质性和非物质性的文化信息铭刻在地方景观之上,地方和景观在历史时空中逐渐被赋予了集体记忆,成为当地民众世代承袭的公共记忆(Scannell & Gifford,2010)。地方景观是承载文化记忆的重要载体,文化记忆成为维系地方和人的重要纽带(叶蔚春,2019),保存文化记忆对于彰显地方历史文化和地方精神、增强当地居民的地方感和文化认同,具有重要的意义和价值。

对作为地方景观发展演变而遗留下的社会遗产而言,文化记忆具有表达和传承自然和文化景观的人文意义、人与自然关系、美学价值、文旅资源等复合功能,以彰显特定区域地方文化的符号仪式、历史文脉和景观地脉,尤其是对于文化记忆的地方景观认知主体——居民。因此,探究当地居民的文化记忆构建及地方形成演变的时空过程与作用机制,意义重大。虽然现代旅游地呈现出社会文化的"记忆剧增"(Memory Boom)异化现象,但对于文化景观旅游胜地的自然灾害演化和文化景观形成,针对当地居民的集体记忆实证研究,在国内外学术界尚显薄弱,较为匮乏(唐弘久、张捷,2013)。回首历史时空中,钱塘江感潮区居民对潮灾、潮神和潮景的文化记忆,此类复合型文化记忆亟待探讨。钱塘潮形成之初,河口两岸潮灾频仍,先民不可知、不可拒汹涌潮水而恐惧之;随之民间流行自然神灵,潮神信仰产生,民众崇拜之;有了海塘水利工程和庙会文化空间,观潮民俗形成,人们期盼汹涌澎湃的潮水,而观赏之、震撼之、赞美之。

直接面对钱塘潮的自然本体,钱塘江感潮区民众畏惧自然,崇拜自然,抗击自然,征服自然,"栖居"自然,历史遗留下来大量宝贵的遗迹、建筑、档案、诗画、神话故事、节日仪式、纪念活动、地方知识等有形以及无形的物质载体和行为方式,它们共同构成了独特多样的钱塘潮文化记忆。因此,在钱塘江感潮区,民众特别是当地居民,对潮文化情有独钟,感情深厚,他们不断创造并传承下了钱塘潮"硬记忆"和"软记忆"文化遗产,各类钱塘潮文化遗产均可表征普通民众的文化认同和集体记忆。对此,受访居民直抒胸臆:"我爱钱江潮,我在江边已经生活了73年,钱塘江是一浪推一浪,我的儿孙是潮水养育他们!太开心了!我每天听潮声!"[1]这种代代传承的浓重钱塘潮情结,表达出观潮胜地居民对钱塘潮的雄伟、浩大、敬重、神圣、神秘和自豪等复杂情感。某些类型的自然风景(如雄伟的高山、无边的海岸、参天的大树等)、古建筑遗迹(如长城、金字塔等)、宗教圣地(如庄严的大殿、肃穆的神像等)以及艺术作品会引发人的敬畏体验(Picard,2012),以上由潮灾、潮神和潮景引致的钱塘潮情结具有积极的重要人文价值,并产生于人与自然或世界的人地互动过程中,涵盖着畏惧和崇敬等情绪成分(Gordon, Stellar & Anderson,2017),是为敬畏情感。

远古以来,人类就有敬畏(Awe)的情绪体验,干旱、洪水、地震等自然现象都威胁着人类的生存,正是敬畏构成了人与自然的关系(Shiota, Keltner & Mossman,2007)。作为"定义了人类存在的基本体验"(施奈德,2011:2),

---

[1] 受调查人:XHQ,男,73岁,海宁市丁桥镇(临近八堡大缺口交叉潮最佳观潮点)海星村村民,退休,调查时间为2021年1月21日,调查地点为海宁中国皮革城大门口。

敬畏在社会心理表征中具有较为突出的泛文化性，并包含认知、情感和行为倾向等知情意三方面。对敬畏感的测量，目前一般采用往事回忆法、实地体验法、视频欣赏法和故事阅读法等主要方法（叶巍岭、周欣悦、黄蓉，2018），如Shiota、Keltner和Mossman（2007）要求受访者回答"当时引发感觉的情景是什么样的？你当时体验到什么样的情绪？事件当中你都想些什么？"等回忆叙述。而记忆具有显著的时空属性，记忆场既涵盖着物质性地理空间，又涵盖着基于历史、传统和文学的非物质性人文空间。在长期演变的历史时空中，中国人的敬畏情感及其社会记忆持续不断地形成、演变和发展，扩展和丰富了敬畏记忆的外延和内涵。然而，在历史更替和社会发展的历程中，这种历史演变的敬畏情感却易于遭到遗忘，因此，要保护和发展日显宝贵的自然遗产和文化景观，敬畏自然和传统，保护环境和遗产，唤醒和重建人的敬畏记忆尤为重要。敬畏记忆可界定为主体在文化传承和社会实践中形成，对具有强大自然力量或神圣性事物的一种既害怕、畏惧与禁忌又惊奇、尊敬与震撼的心理态度，包含自然灾害敬畏、民间信仰敬畏和自然景观敬畏的复合情感。然而，当前学术界对敬畏的负面维度知之甚少，亟待对照调查敬畏的消极方面和积极方面，并探讨这两种倾向之间的相互关系和文化影响（Masataka，Yuki & Pamela，et al.，2020）。

### 3.2.3 视听魅力

"除了观看景观，食用、闻嗅、倾听，尤其是在洞穴中爬行和攀爬，都是环境体验的各种方式"（Tucker，1997：110）。在感觉地理学看来，人的感官是人与环境的交互媒介，随着身体和地理的情感转向（Davidson & Milligan，2004），以及景观感知从"奇观化"到多感官感知的转向变迁（Daugstad，2008），景观的环境体验研究正在从视觉向听觉、嗅觉等方面转向，呼应着加拿大地理学家Porteous（1985）早期提出的"多感官景观"（Sense-scapes）学术理念。Porteous（1990）认为，视觉是一种冷淡、不带感情的感官，单凭视觉尚不足以使人真正融入某个环境空间。在景观感知方面，"多感官景观"旨在提供视觉、听觉、嗅觉、触觉、味觉和运动的多感官体验（Dann & Jacobsen，

2002),诸如声景观(Soundscape)、气味景观(Smellscape)、"触觉景观"(Touchscape)、"味觉景观"(Tastescape)和"身体景观"(Bodyscape)等,这些多感官体验会触发人的知觉神经,并能激发人的情感偏好(Porteous,1990)。为理解人、身体和地方之间的内在关系,多感官景观可用以探讨自然环境给人的感知、行为和记忆所带来的至关重要的感官刺激(Krishna,2012),这对视力障碍者尤为重要。声景观是加拿大作曲家和生态学家 Schafer 在 20 世纪 70 年代提出的一种声环境,强调人对其听觉感知或社会文化理解的主观意识(Schafer,1994)。国际标准化组织把声景观定义为"人在环境中感知、体验和/或理解的声环境"(ISO,2014,12913-1)。自然声音积极影响游客的注意力恢复和减压评价,其中鸟鸣声和流水声的注意力恢复效果最好(Ratcliffe,Gatersleben & Sowden,2013);许多情况下,自然声音与其他感官一起输入会引起软性魅力(Kaplan & Kaplan,2003),而"感知恢复性声景量表"(Perceived Restoration Soundscape Scale,PRSS)可用于确定个体是否会从声景中体验到积极的恢复效果,以及它是不是魅力声景观(Payne,2013)。

在古希腊哲学家柏拉图看来,只有视觉和听觉感官捕捉、理解到的愉悦及享受,才可能是美与艺术的审美(Berleant,2018)。"山水有清音"(魏晋·左思《招隐》),中国古典园林注重视听资源,营造出柳浪闻莺、八音涧等"有声有色"的魅力名胜。从环境心理学和旅游心理学的角度来看,在视觉和听觉上营造魅力迷人的多感官景观,探索一个多感官的地方和环境对提高环境质量至关重要(Tuan,1977;Porteous,1990;Rodaway,1994;Howes,2006),因为视听互动的视觉与听觉环境密不可分(Hashimoto & Hatano,2001;Pheasant,Fisher,Watt,et al.,2010),人们通过各种特定内容和事件的体验过程感受到环境魅力,声景观会对游客的身心恢复产生影响,与自然景观互利协调(Franco,Shanahan & Fuller,2017),视听刺激的交互作用会极大地影响愉悦情感和环境魅力(Carles,Barrio & de-Lucio,1999)。如上所述,Payne(2013)开发出"感知恢复性声景量表"(PRSS),可用以确定人们是否会从声景感知中获得积极、恢复性的体验效果,以及这种恢复性感知是否发生在一个高度魅力的声景观中。

借鉴恢复性环境的魅力概念，Liu、Wang、Huang 等（2017:257）把旅游地魅力（Destination Fascination，DF）定义为"旅游地给予游客根据自己的兴趣，自由探索旅游地的各种细节，随心关照旅游地价值的自由程度"。他们开发编制了包括神秘性、丰富性、吸引力、独特性和适合性等五个维度的旅游地魅力量表（Destination Fascination Scale，DFS），其中神秘性（mystique）为旅游地激发游客动机，探索和发现旅游地故事的程度，它有助于游客体验柔性和刚性魅力；丰富性（richness）为旅游资源的多样性，它对旅游地竞争力至关重要；吸引力（attractiveness）为旅游地激发游客花时间享受愉悦体验的程度，其高低决定着游客地方依恋程度如何；独特性（uniqueness）为旅游地被替代的难度，它可增强旅游地的整体魅力感；适合性（fitness）为游客对自我形象与旅游地契合共鸣的主观感知，它可导致游客的认同感和忠诚度（Liu,Wang,Huang,et al.,2017）。参考旅游地魅力（DF）的概念定义和声景观的理论观点，本书将视听魅力（Visual-Auditory Landscape Fascination，VALF）界定为游客根据自己兴趣对旅游吸引物自主地注视和倾听的体验程度，这种视听体验程度既取决于旅游吸引物的神秘性、独特性、丰富性、适合性等视觉吸引力和愉悦度、唤醒度、和谐度等听觉吸引力，也取决于游客能够自由而独特地理解和阐释旅游吸引物的美学意义。

## 3.3　数据来源

本书的数据来源主要包括三个方面：地方志书与咏潮诗词、深度访谈和问卷调查，其中半结构化深度访谈和结构化问卷调查是最重要的途径。

### 3.3.1　地方志书与咏潮诗词

钱塘潮、潮灾、海塘的地方志书和史料文献，主要包括《海宁潮志》

(2014)、《钱塘江志》(1998)、《盐官镇志》(1993)、《盐官志补纂》(2019)、《中国节日志·观潮节》(2015)、《钱塘江潮诗词集》(2012)、《中国古代潮汐论著选译》(1980)、《中国历代灾害性海潮史料》(1984)等。仅《中国古代潮汐论著选译》(1980)即收录我国古籍的海洋潮汐学著作31篇,如唐代窦叔蒙的《海涛志》、唐代邱光庭的《海潮论》、北宋燕肃的《海潮论》、元代宣昭的《浙江潮候图说》、明代王佐的《潮候论》、近代杭辛斋的《浙江潮源委考》等;闫彦和朱明尧编纂的《钱塘江潮诗词集》(2012)收录了始自东晋,历经唐宋元明清,到近现代的咏潮诗词,达390余首。

### 3.3.2 半结构化深度访谈

经过2016年10月的实地调查和2019年7月的问卷调查之后,笔者与案例地居民交流、熟悉和结识,基本确定了首位怀有钱塘潮情结的受访居民,以及多名居民热忱推荐的"老盐官文化达人"高尔兴老人,并由两位潮文化精英分别推荐一位最佳访谈居民。2021年1月,以海宁市盐官古城为田野调查中心,笔者半结构化访谈了高尔兴等四位当地居民(两名60岁以上老年受访者和两名40岁以上中年受访者,三男一女),围绕潮灾、潮神和观潮的敬畏记忆等访谈主题,让他们自主讲述最具典型性的大潮故事和大潮情感,并对五位海宁居民开展了非结构访谈(两名与钱塘潮密切相关的文旅管理官员、一名怀有深厚潮情结的退休教师、一名带游客"一潮三看"的"野导"、一名在读大学生)。半结构化访谈时间一般为30—50分钟,并提前征得受访者同意,笔者对深度访谈全程录音,并拍摄记录。录制访谈录音142分钟,形成访谈文字稿28 992字。

### 3.3.3 结构化调查问卷

本书的问卷调查共分为两个部分,均在2019年6—8月间完成。第一部分为预调研。小规模预调研的目的在于测试初始问卷的质量,提纯和修改初始题项,获得用于正式调研的量表。预调研在2019年6月22日至30日进行,电子问卷在杭州市微信群发放,共回收有效问卷52份。在预调研过程中,问卷的合理性与可读性进一步得到检验和修正。第二部分为盐官古城正式调研。采用通过预调研修正形成的正式问卷,2019 年 7 月 19 日至 25 日,第一轮正式调研在观潮胜地盐官古城进行。本次调研采用便利抽样的方法发放问卷 389 份,有效回收 367 份;电子问卷于 2019 年 7 月 19 日至 8 月 9 日在杭州市微信群发放,收到电子问卷 109 份。最后总共收集有效问卷 476 份,问卷调查有效率达 97.54%。

### 3.3.4 记忆场景绘画和手绘意象图

76 岁的"农民画家"高尔兴老人前后画了 700 多幅盐官老房子,"为盐官古镇画出了看得见的记忆"。笔者在调查和访谈高尔兴老人时,经其同意,在所展示的画作中拍摄了有关钱塘潮、潮灾和潮神等主题的记忆场景绘画 12 幅。在海宁居民调查问卷中,笔者设计了"提到海宁潮,您会想到什么场景?请您简单画下来"的手绘草图调查项目(选做)。经过汇总和筛选,删除过于简单的涂鸦之作,保存下可供质性分析的手绘钱塘潮景观意象草绘图 19 幅。

# 第四章
# 钱塘潮观潮旅游胜地与景观遗产属性

面对潮灾的威胁和危害,钱塘江潮神和海塘均代表着人与自然斗争、人与环境互动、人与自然关系演变的时空历程,由此,潮灾自然灾害演化成为涌潮自然景观和钱塘潮文化景观,杭州和盐官相继成为观潮旅游胜地。钱塘潮景观发源于自然灾害和杭州湾社会文化的交互作用,反过来也影响自然环境和浙东社会文化的发展演变,又遗留下不同历史阶段的诸多自然与文化遗产,诸如鱼鳞石塘、海神庙、占鳌塔、"潮神节"民间庙会、钱王射潮民间传说和观潮诗词等文化记忆载体。本章拟对案例地说明、观潮旅游胜地,以及钱塘潮景观遗产属性分析等三个方面简要阐述。

## 4.1 案例地说明

与其他不能成为常规旅游吸引物的国外涌潮(如英国赛汶河涌潮、法国塞纳河涌潮、印度呼格里河涌潮、巴西亚马逊河涌潮等)相比,钱塘潮"一月内除几天小潮之外,一般都能看到"(戴泽蘅,1980:2)。对此,我国近代地理学和气象学的奠基者竺可桢赞誉道:"钱塘江之怒潮其声其色,其高度和速率,除北美之芬迪湾而外,可称举世无双。"(竺可桢,1916:12)具体而言,钱塘潮观潮可"一潮三看赏四景",即一线潮、碰头潮和回头潮等日潮的"一潮三看",加之夜潮"听潮""第四潮景"。钱塘江的观潮胜地点较多,钱塘江大桥以东的百里钱塘海塘上均可观潮。但目前最佳的观潮点主要包括海宁盐官观潮胜地公园、丁桥大缺口、老盐仓和杭州七格、七堡、三堡、九溪、萧山美女坝等(见图4-1),海宁盐官观潮胜地公园的潮势最盛,可观"江横白练一线潮",且同巍巍壮观的占鳌塔和鱼鳞石塘一道交相辉映,故获"海宁宝塔一线潮"赞誉,并可赏夜潮;海宁丁桥镇大缺口可观"双龙相扑"的交叉"碰头潮";海宁老盐仓和杭州萧山美女坝可观"惊涛裂岸回头潮"(见图4-1)。案例地海宁市盐官古城位于长江三角洲南端,浙江省东北部,地处钱塘江北岸,西距杭州市区45千米,东距钱塘江入海口约30千米,为中国历史文化名镇,也是中国唯一的潮乡。盐官观潮景区是国家AAAA级景区,为享誉海内外的钱塘潮最佳观潮胜地。观潮胜地公园位于盐官古城的东门春熙门和南门镇海门外,现有鱼鳞石塘、占鳌塔、孙中山观潮亭(天风海涛亭)、毛泽东观潮诗碑亭、镇海铁牛、乾隆手植古朴和白石台广场等知名景点。盐官古城有春熙、镇海、安戍、拱辰、宣德等五大城门,宰相府第风情街和潮韵街等特色文化街区,现存海神庙、孔庙学宫、陈阁老宅、王国维故居、金庸书院、城隍庙、花居雅舍、国棋圣院等知名景点,以及江南名园安澜园、皇家古刹安国寺

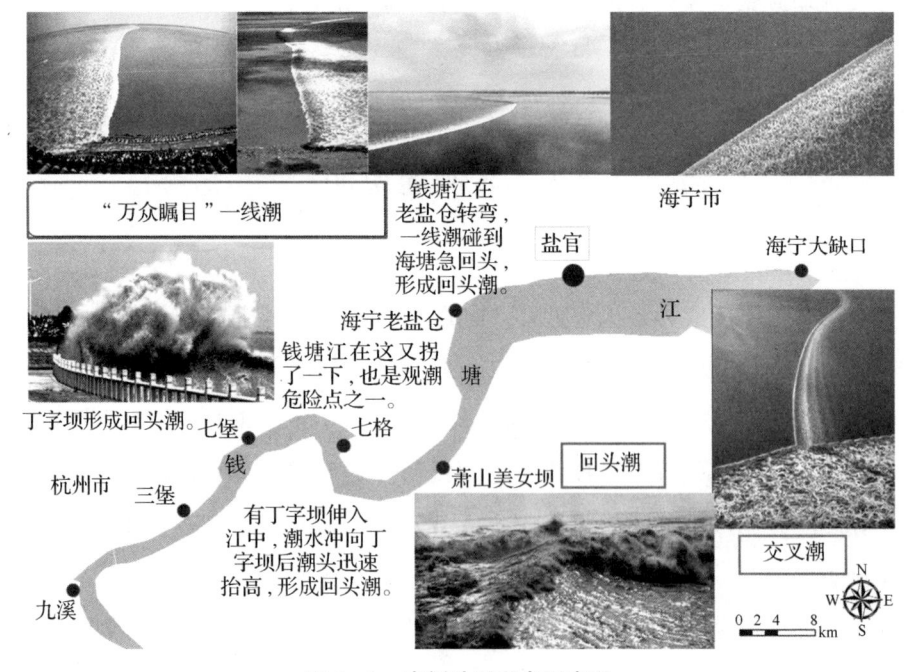

**图4-1 案例地观潮点示意图**

等历史遗址。此外,从1994年到2023年,海宁每年都举办观潮节,近年来的中国国际钱江(海宁)观潮节成为享誉海内外的著名文旅节事,一般会举行央视直播海宁潮、祭祀潮神民俗展演、潮音乐节等活动。

盐官古城为历代海宁州治所在。公元前196年,西汉吴王刘濞"煮海于武原乡,设盐官",置司盐之官,故命名盐官。元代天历元年(1328年),都水庸田司勘查上报盐官的外涨沙和水势深浅:"八月一日至二日,探海二丈五尺。至十九日、二十日探之,先二丈者今一丈五尺,先一丈五尺者今一丈。"(宋濂《元史·河渠志》)此为我国历史文献中的首次钱塘江水深测量记录。天历二年(1329年),因钱塘江多年潮灾,潮溢不断,而去年涨沙护岸,潮势消弭,为祈"海涛宁谧",盐官州被更名为海宁州。盐官古城始建于唐代永徽九年(659年),时距钱塘江尚有20多千米(见图4-2),"盐官南濒大海,原与县治相去四十余里,数年以来水失古道,旦晚两潮奔衡向北,遂致县南四十余里尽沦于海"(《宋史·河渠志》)。钱塘江北塌南涨,至清代时,江道离盐官

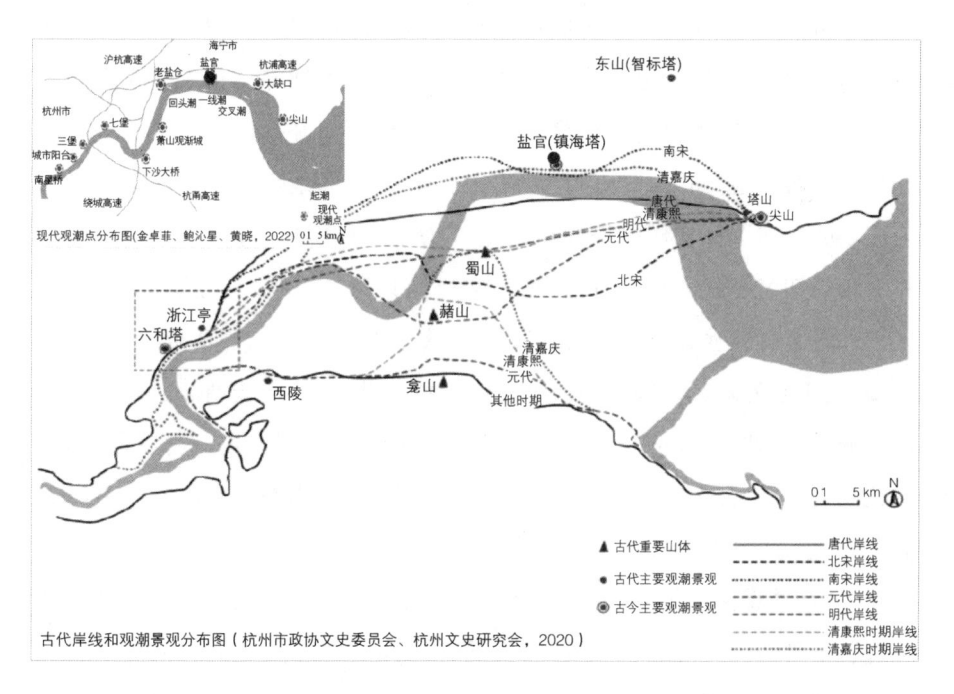

(参考文献来源:杭州市政协文史委员会、杭州文史研究会,2020;金卓菲、鲍沁星、黄晓,2022)

**图4-2　案例地观潮时空演变图**

古城南门近在咫尺了,而且必须借助不断修缮的鱼鳞海塘阻挡怒潮侵袭,南门改名为"镇海楼",雍正七年(1729年),雍正皇帝敕令营建海神庙。"左有赭山之险,右有长安之固,东俯海滨,西连沃壤,西南为藩郡之股肱,东北作崇桐之屏蔽"(明·嘉靖《海宁县志》),盐官在明清时期成为钱塘江口的重要贸易和物资集散中心,以及抗击潮灾水患与海匪寇患的部署指挥中心,社会经济区位日益重要。

## 4.2 钱塘潮观潮旅游胜地形成演变

旅游胜地和旅游地形成演变是一个时间和空间两个维度、空间和文化两个方面、结构与功能两个角度历史演化的发展过程(李雪、李善同,2012)。维肯和格拉纳(2016)在《旅游胜地吸客密码:旅游目的地开发的主题性、文化性、政治性》一书中,把旅游目的地视为动态、话语性并具有人地联系的社会结构,追溯了斯特兰迪尔旅游目的地的发展历程,并探讨了旅游胜地演变建构的现实议题,如"为谁而建,为何而建:地方目的地化的权力关系""现实与魔法的交织""日常居所如何被改造成为旅游目的地"等。旅游胜地是指具有较高知名度和影响力、自然和人文资源独特、旅游吸引物特色鲜明、对国内外游客有极强吸引力的旅游目的地(刘天曌、刘沛林、向清成等,2015),如2011年被列入《世界遗产名录》的杭州西湖,原为相通钱塘江的海湾演化而成的潟湖,湖光山色秀美,南宋即形成了西湖十景,名胜古迹荟萃,自然与文化景观"天人合一"浑然天成,成为中国历史最久、影响最大的文化名湖和著名文化旅游胜地。杭州西湖旅游胜地演变形成的过程机制,可用"自然的人化"及其景观神圣化进行阐释和解读。"(钱塘)潮是(盐官)古城的命脉和灵魂"(杨秀兰,2012:21)。因钱塘江涌潮而闻名中外的观潮胜地杭州城和盐官古城,同样经历了自然人化和景观神圣化的旅游胜地演变历程,从灾害到景观,从景观到奇观,从民俗到赋魅,从遗产到文旅。

## 第四章　钱塘潮观潮旅游胜地与景观遗产属性

回顾历史时空中钱塘潮的涌潮灾害和涌潮景观,钱塘江河口出现涌潮有据可查的时间最早是出现在浙江最早的地理志《越绝书》(东汉袁康撰)中,为公元前483—公元前473年,迄今已有2500余年的存在历史。钱塘潮自从自然生成之后,就呈现出自然灾害和自然景观的双重属性。对于钱塘潮遭遇台风或者风暴潮时"海溢""海决"显露出的凶恶和险绝,钱塘江感潮区遭受到巨大潮灾的沉舟船、溺人、毁房、没盐业渔业、卤死庄稼等疯狂蹂躏,一方面,感潮区先民深感痛苦和恐惧,从而敬畏和祭拜自然神灵,造潮神庙,祭拜潮神;另一方面,五代时期,吴越王钱镠创竹笼石塘,大力修筑"捍海塘",以及射潮和镇潮等方式,全面反映着人与自然斗争、合作、妥协、和解等多元互动关系,以及这一特定区域内人地(人海)关系的地方性适应与共存(左鹏,2023)。

"钱塘观潮以其持久存在,成为观潮习俗节日化的真正推手。"(左鹏,2023:89)先民把钱塘江河口的沼泽和湖区发展成为"沧海桑田"的杭嘉湖平原和萧绍平原等江南圩田,尤其是南北朝时期(420—589年),北方的魏齐周五朝战乱频繁,南方的宋齐梁陈四朝则相对稳定,北方人口大批南迁南渡,江南得到迅速开发。到了五代十国时期(907—979年),吴越国建都于杭州。吴越王钱镠更是采用"石囤木桩法"修筑钱塘江百余里的捍海石塘,以抵御潮水泛滥,保护杭州都城。绍兴八年(1138年),南宋定都临安,杭州开始进入鼎盛时期。由于涌潮规律性的持续海水供给,钱塘江北岸也发展起海盐业,海盐和盐官也由此得名。元代天历二年(1329年),因钱塘江潮溢不断,为祈"海涛宁谧",盐官州被改名为海宁州。唐宋时期,观潮风俗已经盛行,钱塘观潮已成为钱塘江感潮区的娱乐性隆重民俗活动,杭州渐成观潮胜地,"钱江秋涛"遂成为"钱塘十景"之一。唐代元和年间(806—820年),"每年农历八月十八日,数百里士女,共观舟人渔子,溯涛触浪"(唐·李吉甫《元和郡县图志》),观潮旅游人群的集体出游行为呈现出唐宋时期观潮民俗化和节日化的社会文化表征(左鹏,2023)。"长忆观潮,满郭人争江上望。来疑沧海尽成空。万面鼓声中。弄潮儿向涛头立。"(宋·潘阆《酒泉子·长忆观潮》)杭州成为观潮胜地,特别是南宋建都杭州后,在中秋节后的八月十八潮神生日"潮神节",全城市民既可以欣赏最壮观的中秋大潮,又可以观赏检阅水师、祭祀潮神、弄潮等系列潮文化习俗。杭州城外凤凰山和江干一带(浙江亭和六和塔)是最佳的钱塘观潮胜地点,如秋涛宫(观涛楼)"系南巡时供御览者"(清·范祖述《杭俗遗风》);"岭海归来万里程,观潮更上浙江亭"[明·杨士奇《胡原节升大理乡复巡视浙江索诗赋四绝句(其二)》]。浙江亭(元代前称为樟亭)更是屡次闪现在观潮诗和观潮图中,如北宋米芾的《绍圣二年八月十八日观潮浙江亭》、元代贝琼的《浙江亭观潮》等诗作,南宋李嵩的《月夜看潮图》、清代袁江的《观潮图》等画作。

自然灾害所遗留下的遗址遗迹、遗物、遗构,以及后期修建的纪念性设施亦有可能成为一种新的"遗产"和景观(王金伟、张赛茵,2016),并演化为灾后旅游消费(consumption)的重要方面(Biran, Poria & Oren, 2014)。奇观(spectacle)是法国思想家居伊·德波阐述当前生活世界提出的一个重要概念,他指出,社会发展已进入以商品消费、影像消费和奇观消费为核心的消费社会和媒体社会,社会生活本身展现出奇观的积聚(德波,2006)。明代中后期,由于江流变迁,江槽北移,钱塘江第三次改道,明代嘉靖九年(1530年)以后,盐官"海决",江道逼至海宁城下(见图4-2),"登海宁城楼,见海潮薄岸,怒涛数十丈,若雪山驾鳌,雷奔电激"(明·杨魁《观潮论略》),"江涛汹涌未相识,奇观独让盐官州"(清·应时良《观潮》),观潮胜地由杭州东移至盐官。文化遗产和旅游景观上,盐官古城(海宁州治)有"一座古塔十所庙,五大城门四吊桥,七十二弄三大街,亭院寺阁九曲桥"(《盐官镇志》编写组,1993:155)的历史记载。清康熙五十九年(1720年)和雍正八年(1730年),盐官古城先后修建了潮神庙和海神庙,在"潮神节"举行隆重仪式祭祀海神和潮神。每年八月十八日"潮生日",官方举办祭潮仪式,四方民众赶赴庙会,诸多历史名人到访盐官观潮,并留下大量观潮诗词,"历代的文学家以他们生花的妙笔赋予了钱塘潮更为动人的魅力"(滕新贤,2023:322)。在抗日战争之前,盐官沿海塘即建有海滨公园,并建造了镇海塔、观潮台、壮观坊、大观亭等潮文化景观(《盐官镇志》编写组,1993)。1994年首届国际钱江(海宁)观潮节举行,盐官古城已成为闻名海内外的观潮胜地旅游城市。时至今日,"钱塘潮成为了江南历史上最具文化影响力的涌潮"(滕新贤,2023:287)。"天下奇观海宁潮"可作为古城与钱塘江人与自然和谐共生的最佳写照。

Ricketts(2011)探讨了美国新墨西哥州罗斯威尔市旅游目的地的演变过程,据传1947年发生不明飞行物(UFO)坠毁的罗斯威尔事件,通过迷思制造(myth making),新墨西哥州自然景观被自然化为神圣空间,旅游朝圣者和利益相关者进行赋魅传播,使之跨越了神圣与世俗、商业与精神的朝圣空间。旅游目的地正是通过旅游宣传手册传播、营销和售卖这种旅游迷思(Selwyn,1996),生产和销售迷思纪念品,媒介展示造梦符号和美好梦幻,把旅游目的地营造成充满想象与幻想的赋魅地方(Salazar & Graburn,2014),特别是"讲故事"(legend-telling)的情感营销方式,将旅游目的地转化为充满非凡旅游吸引物的地方(Holloway,2004)。这种旅游目的地的赋魅美颜效果旨在达成旅游吸引物的产品再表征,即通过主体叙事、场景还原、奇观呈现和英雄故事,实现旅游吸引物的情境化、故事化和英雄化(孙佼佼,2018)。钱塘潮以高、多变、凶猛、惊险而堪称一绝,自古以来名扬海内外,被誉为"天下奇观"海宁潮。如上所述,观潮胜地盐官古城既可以悠然欣赏磅礴壮阔的"一线横江"一线潮,同时还可以闲庭游览捍海长城"鱼鳞石塘"、明代占鳌塔、中山亭、毛泽东观潮诗碑亭等。1919年,商务印书馆拍摄了《钱江潮》,这是钱塘潮最早的风景名胜宣传片(《盐官镇志》编写组,1993)。抗战前,盐官海塘一带即建有海滨公园。1994年,海宁市重建海滨"观潮胜地公园"。1999年,海宁市建立浙江海宁观潮胜地开发管理委员会。2015年,海宁观潮胜地获批为省级旅游度假区,开发管理委员会更名为海宁盐官旅游度假区管委会,2020年为海宁盐官旅游度假区管理服务中心。钱塘江"潮神节"由潮神崇拜民俗遗产演变成为"万马奔腾海宁潮,江潮人潮两相涌"的海宁观潮节奇观。中国国际钱江(海宁)观潮节是由浙江省旅游局和嘉兴市人民政府主办的旅游节庆活动。自1992年举办首届以来,每年农历八月十八举行一届。节日期间,除举办开幕式、潮音乐节、民族歌舞表演外,并恢复潮神祭祀仪式活动。钱塘江涌潮及潮文化是钱塘江民众重视人与自然和谐相处、追求"天人合一"和谐关系的精神体现,是研究浙江精神、钱塘江文化绕不开的记忆节点。当前,盐官古城正充分挖掘历史文化资源,把观潮文化与文化产业和音乐产业深度文旅融合,打造钱塘江边的"历史名城""文化潮城""音乐之城"。时至今日,潮文化演化发展成为"勇立潮头,大气开放,互通共荣"(马智慧,2019)的新时代钱塘江文化。

## 4.3 钱塘潮的景观遗产属性分析

自春秋时期(公元前770年—公元前476年)形成以来,钱塘潮就启动了其2500余年人与自然交互关系的时空演化之旅。在这2500余年中,钱塘潮由自然灾害演变成为自然景观,感潮区先民深感大自然"上天惩罚"的恐惧,敬畏、镇祀和祭拜潮水自然神灵,衍生出钱王射潮(钱王万弩射江潮)和潮神传说等民俗非遗,并建造了镇海铁牛、占鳌塔、六和塔、伍公祠、潮神庙、跳塘"塘官"衣冠冢等祭潮构筑物,形成了"潮神祭"仪式庙会;感潮区先民为了抗御潮患而修筑海塘,从土塘、柴塘、柴土混合塘、石砌石塘到鱼鳞石塘,筑塘技术不断革新,并遗留下碑刻、古海塘、地方志、历史档案、历史遗迹等海塘文化遗产;此外,历史上对这一赋有"天下第一潮"美誉、气势磅礴的自然景观,普通大众观潮逐渐成为感潮区的民俗风尚,而且历代文人墨客也创作出巍巍壮观的观潮诗词、绘画等文学艺术作品。总之,围绕钱塘潮这一自然现象、自然灾害和自然景观,盐官历史上形成了海神庙、占鳌塔、六和塔、鱼鳞石塘、镇海铁牛、天风海涛亭(中山亭)、毛泽东观潮诗碑亭等钱塘潮文化遗产,以及海潮神话、潮神信仰、海塘文化、潮论诗文、观潮文化等钱塘潮非物质文化遗产,钱塘潮成为历史悠久的自然遗产、文化遗产和文化景观(见图4-3)。因此,在人与钱塘江的潮、水、地等自然因素的历史时空中,钱塘潮逐渐生成源远流长、丰富多彩的钱塘潮文化景观遗产(陈麦池,2022)。

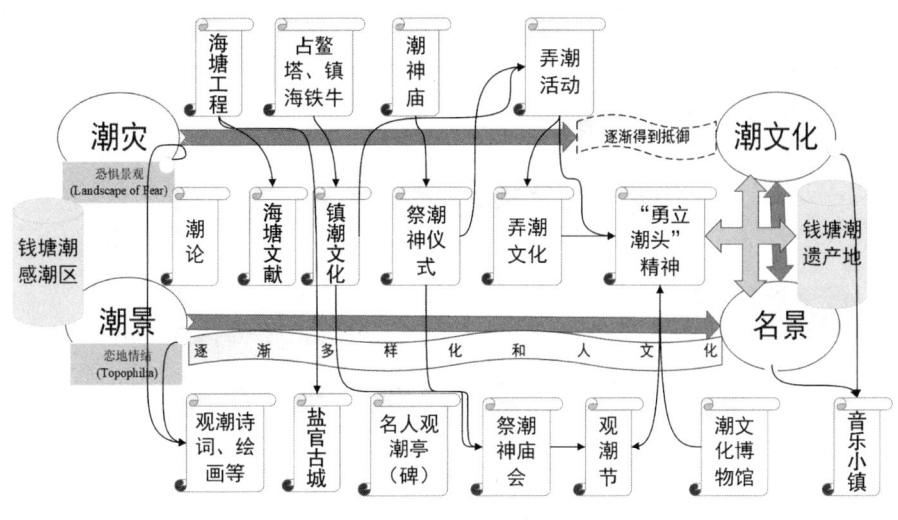

图 4-3　钱塘潮文化景观遗产关系简图

由国际古迹遗址理事会(ICOMOS)发布的《世界遗产名录:填补空白——未来行动计划》,提出了遗产类型、时间—空间、价值主题等"价值评估"三重分析框架,鼓励世界各国以更创新的眼光来关注和阐释人与自然关系和文化多样性,重新审视遗产的多元属性。追溯钱塘潮从自然现象及自然灾害到文化景观遗产的时空演变和价值属性,必须从人与自然关系"时空演变过程"的复合性动态视角切入。(1)从时空演变维度上,经过2 500余年的自然演变和人类活动,钱塘潮从自然现象及自然灾害到自然景观、文化遗产和文化景观,呈现出人文性和阶段性的时空现象和历史过程,成为自然环境、历史时空、社会经济、人文意象和区域文化等多种要素的时空演变复合体,是自然演化与人类活动交互影响的人化结果,孕育、升华并体现为独特性与地方性凸显且内涵丰富的钱塘潮旅游胜地意象(见图4-4)。(2)从景观价值维度上,自然景观和文化景观具有客观、建构、体验等多元价值(茌文秀、林广思,2021),正因如此,钱塘潮才被称为自然价值与文化价值兼具的自然资源、自然景观、文化景观和旅游景观(见图4-4)。(3)从自然文化遗产维度上,《保护世界文化和自然遗产公约》较为系统地制定出世界遗产的价值标准,特别是"突出普遍价值"(Outstanding Universal Value,OUV)的判断标准,据此可判别分析钱塘潮的自然遗产、文化遗产,以及"人与自然共同创造的杰作"文化景观遗产等基本属性,从而切实推进钱塘潮文化景观的申遗工作(见图4-4)。

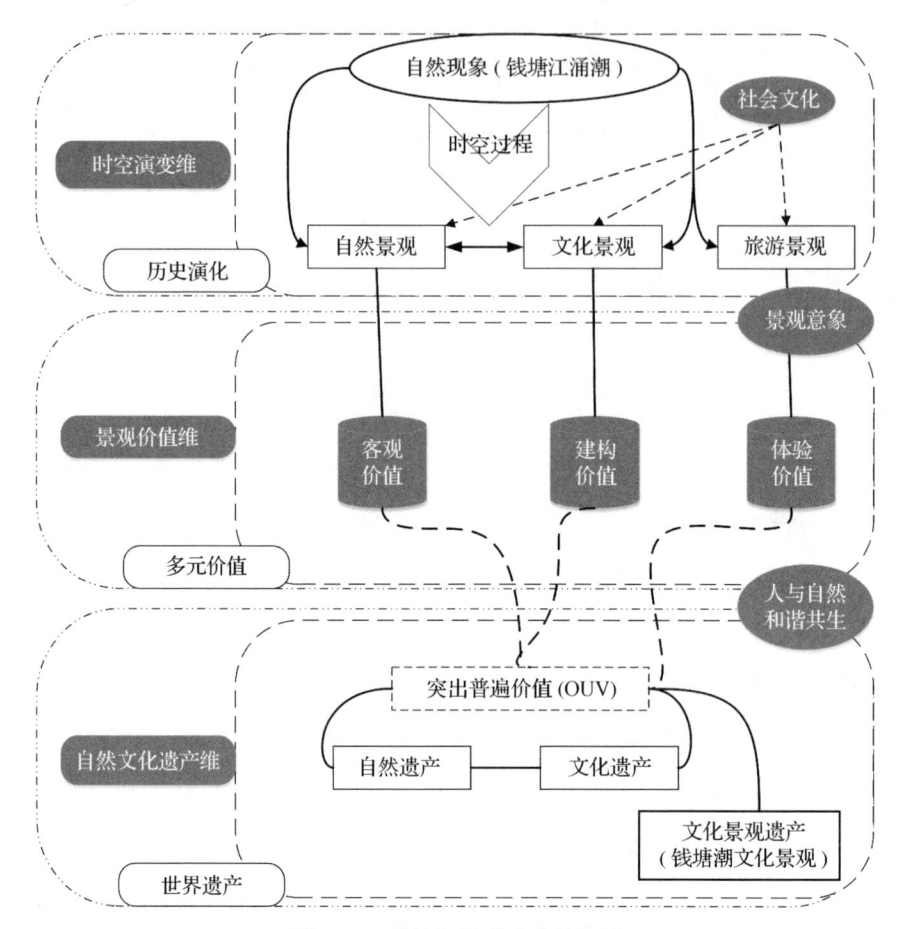

图4-4 钱塘潮景观遗产结构图

## 4.3.1 钱塘潮自然遗产

早在2002年,对钱塘潮自然遗产,海宁市旅游局即启动了"海宁潮"的《世界自然遗产》申报筹备工作。波澜壮阔的钱塘潮闻名天下,具有其他自然资源不可替代的独特属性,这一神奇的自然现象和"天下奇观"不可复制,一旦消逝即难以再生,是大自然赋予全人类的宝贵自然遗产。钱塘潮2 500

余年的形成演化、河口河床演变、咸淡交汇生态环境,都具有重要的海洋潮汐、水文水利、水动力学、生态环境、工程技术、自然及历史地理等科学研究价值(李云鹏、扎西端智、陈方舟,2017)。对照联合国教科文组织《实施世界遗产公约的操作指南》的"突出普遍价值"(OUV)十项标准,针对自然遗产有Ⅶ和Ⅷ这两项判定标准,适用于钱塘潮(陈志根,2021),即钱塘潮可作为地球演化史中地质与地貌重要演变阶段的突出例证,也可作为一种异乎寻常的自然现象并具有罕见的自然美学价值。钱塘潮惊险凶猛,潮高多变,是在海湾、河口和江道河床演化过程中,由于外海潮汐、喇叭形海湾或河口、江道、河床沙坎等内外力环境作用,得天独厚形成、演变并遗存至今的自然遗产,能满足人类的审美、科研、经济发展和社会文化等多样化现实需求。

(1) 钱塘潮可作为地球演化史中地质与地貌重要演变阶段的突出例证

作为自然现象和自然灾害的"景观化"与"遗产化"产物,钱塘潮在长达2500余年的历史时空中,经历了一个复杂多样的自然演变过程。从地质地貌上讲,钱塘潮的发育、形成和演化是杭州湾地质地貌剧烈演变的遗迹资源和历史见证。前古生代,萧山断裂造成杭州湾地层的断裂和断陷,形成钱塘江断陷盆地,在之后的凸岸堆积和凹岸侵入等河流作用下,钱塘江及其河口地貌逐渐形成。新生代,杭州湾地壳升降运动引起海进海退,海湾变身江与湖,形成钱塘江和古潟湖(今西湖,也是杭州西湖世界文化景观遗产的自然渊源)。全新世晚期,经过海平变化和泥沙堆积,钱塘江河口三角洲的陆地滩涂逐渐扩大,而且在江流和潮流双向作用下,钱塘江河口的巨大河道沙坎不断累积(张霞、林春明、杨守业等,2018)。中国东周春秋(公元前770—公元前476年)初期,杭州湾的钱塘江喇叭形河口和江道河床沙坎历经长期的地形地貌演化,逐渐具备了涌潮(暴涨潮)形成的基本地理条件,钱塘潮由此诞生(陈吉余、陈沈良,2007)。钱塘江河口(杭州湾入海口)为外宽内窄、外深内浅、急剧缩狭的巨大喇叭状海湾,潮差较大(年平均潮差大于4米),属于典型的强潮型入海河口,太平洋外海潮波传入钱塘江河口,受喇叭状河口形态和河床隆起沙坎的地形影响,东海潮波能量向钱塘江上游逐渐集聚,潮差逐渐增大(潘存鸿、林炳尧,2002),过杭州湾北岸湾顶的海宁市海盐县澉浦镇后，因江道河床沙坎突现，河床急剧抬高变窄而容量剧降突缩，东海潮水逐渐集聚涌入变浅变窄的江道，前面的潮头接连受阻，而后面的潮水却极速猛进，且河床沙坎则又阻挡摩擦着潮头，潮波由于浅水效应致使非线性变形加剧，迫使潮头前坡变陡，潮水发生不同程度的破碎，即形成"后浪（潮）推前浪（潮）"的涌潮。钱塘潮的强弱大小不仅取决于河口段的下游潮汐和江道地形，并与径流、风向、风力等可能起到"推波助澜"作用的其他综合因素有关。

从人与自然关系角度上讲，钱塘潮是感潮区先民与自然环境交互作用演化而成的，其首要的景观演变动因在于钱塘江河口河道的地表形态演变，总体上是个景观生成、演化、演变的动态过程。历史上，钱塘江南北涨坍无常，河道历经数次大迁移改道。元代（1271—1368年）以前，钱塘江主河道走龛山与赭山之间的南大亹，被称为海门，今观潮胜地盐官古城（历朝海宁州治）南距钱塘江仍有20余千米，钱塘江北岸的广袤滩涂遍布海盐盐田。钱塘江两岸先民利用涌潮和潮汐的海水煮炼海盐，因"海滨广斥，盐田相望"（宋·乐史《太平寰宇记》卷九十五），公元前222年，秦王政设置会稽郡海盐县。公元前196年，西汉吴王刘濞"煮海于武原乡，设盐官"（明·谈迁《海昌外志》卷一），置司盐之官。但到了元代和明代期间，钱塘江入海口两岸海塘遭受海潮冲击严重，或南涨北坍，或北涨南坍，海潮入侵成灾多次发生。尤其是，由于江流随波而摆，钱塘江主槽遭受严重的冲淤和摆移，江岸则因潮而坍，演变形成了赭山与龛山之间的南大亹、河庄山以南的中小亹、河庄山以北的北大亹等三条江槽，这种钱塘江的江槽历史变迁，史称"海失故道"（袁淼、陈伟、单国风等，2020），钱塘江主江槽的南北岸线反复摆移，从今萧山到盐官南北范围达到20多千米，形成明清两代的大潮灾频发期，如明代长达160余年的"海凡五变"和清代长达110余年的"三亹变迁"。直到1758年，钱塘江摆移到河庄山以北的北大亹后，基本稳定为江流主槽，钱塘江及其涌潮逼近海宁州治（今盐官），观潮胜地也由杭州下移到海宁。

(2) 钱塘潮具有罕见的自然美学价值可作为异乎寻常的自然现象

由于受到天体引力和地球自转离心力等天文影响，每逢农历初一和十五,太阳、地球和月球近似成一条直线,太阳与月球引力的耦合力增强,形成大潮。每逢中秋节前后,三体天文位置连起来接近直线,又是一年中地球较近太阳之际,故八月十八前后钱塘潮壮观异常,潮头可高达 3 米,潮速高达 10 米/分。全球有 16 个国家的 60 余处海湾河口存在过涌潮,最为著名的有巴西亚马逊河、英国塞文河、加拿大芬迪湾等地,巴西亚马逊河涌潮的潮差虽然更高,但与钱塘潮综合比较而言,两者在潮流速度、绝对高度、可达性、观赏度和遗产价值等多种方面,气势如虹、气象万千的钱塘潮绝对占据首席地位(林炳尧,2010)。"八月十八潮,壮观天下无。"(宋·苏轼《催试官考较戏作》)钱塘潮既以其汹涌澎湃的"天下奇观"盛誉在古今中外闻名于世,更是孕育出"挺立潮头、敢为人先"的吴越文化和独树一帜的钱塘潮文化景观遗产。

由于钱塘江河床地貌复杂,河口河岸曲折多变,钱塘潮在潮波传播过程中随河岸和河床地形变化而产生变异,从而形成峰高量大、形态多样、周期性强的钱塘潮景,包括一线潮、交叉潮和回头潮等"一潮三看"代表性潮景,以及咫尺潮、近景潮、中景潮、远景潮和奇观潮等多种多样的五类潮景(褚云皎,2000)。钱塘潮的起潮点在海盐与海宁交界尖山河段的高阳山下游,涌潮形成后以约 20 千米时速溯流而上,受到江面宽度窄速和河床沙坎抬高的影响,涌潮高度和强度持续加大,在海宁丁桥镇的大缺口和盐官镇的盐官河段,高度达到 3 米极值,之后高度衰减逐渐减小,直至杭州市萧山区的闻堰上游,涌潮逐渐消失。2023 年 8 月 19 日—9 月 30 日,浙江省钱塘江管理局和省水利河口研究院主办、浙江省钱塘江涌潮研究会承办了钱塘江长度 130 千米涌潮河段的"2023 钱塘江涌潮科考",此次科考起始于起潮点海宁海盐县黄沙坞,结束于消亡点杭州富阳区富春江东洲岛与五丰岛之间,在富春江悬空沙观测发现了"对撞潮",在以"一线潮"闻名于世的盐官江面首次观测到"交叉潮",在嘉兴市平湖市新仓江面观测发现了罕见的"双 V 交叉潮"。当钱塘江尖山附近江中出现沙洲,涌潮分成东、南两股,两股潮上溯至沙洲上游端,即汇合形成奇妙壮观的"交叉潮"。盐官段河道平直,河床呈"U"形,钱塘潮形成"一线潮",正是因其"一线横江"而被誉为天下奇观,从盐官一路奔腾向西的潮水,行至西距盐官 5 千米的长安镇老盐仓,受长达 660 米的老盐仓拦河丁坝的影响，咆哮而至的涌潮被猛然反射折回，即形成"回头潮"（"冲天潮"）。钱塘潮奔腾澎湃，变化万千，犹如"万马突围天鼓碎，六鳌覆背雪山倾"（元·仇远《潮》）。褚云皎（2000）全面概括出五类28种钱塘潮潮景：第一类为远景潮，分一线潮、线头潮、素练潮、断线潮和白虹潮等五种；第二类为中景潮，分动地潮、雷霆潮、人弄潮、渔火潮、夕阳潮、月夜潮、双花潮和卷云涌雪潮等八种；第三类为近景潮，分回头潮、碰头潮、喷雪潮、冲天潮、龙卷潮、龙背潮、蟹钳潮、蛇游潮、银河潮、过坝潮等十种；第四类为咫尺潮，只有踏浪潮一种；第五类为奇观潮，分晒煞潮、飓风潮、怪潮和海市蜃楼潮等四种。

### 4.3.2 钱塘潮文化遗产

如上所述，在2 500余年的历史演化中，钱塘江口河道和钱塘潮共同作用产生了沧海桑田的自然演变。我国先民不断探索潮汐涌潮的成因和演变，遗留下难能可贵的古代潮论文献遗产。为了能够抵御和防治潮灾造成巨大危害，历代政府重视建造构筑海塘工程，明清的五纵五横鱼鳞石塘在我国水利技术史上具有重要地位。为了能够慰藉怒潮恐惧下的民心，中央、地方政府和当地民众建造潮神庙、海神庙、镇海塔、镇海铁牛等，更甚者历代数位"塘官"不惜跳塘"以身抗潮"捍卫海塘，并举行跳塘、镇潮和祭潮仪式，形成历史悠久的祭潮节事和观潮庙会。而自古以来钱塘江一带民众就有观潮传统，每年八月十八潮神生日成为观潮节。历代和现代的文人墨客不断创作观潮诗画，留下巍巍壮观的咏潮文艺作品，上述均构成了历史悠久、丰富多彩的钱塘潮文化遗产。

(1) 中国古代潮论

中国古代传统持有"天人合一"的有机自然观，阴阳元气被视为天地与人的共同基础，中国潮汐观"潮月说"可见一斑。《周易》可以说是中国潮论的思想源头（俞思谦，1781）。"论潮汐者，不下数十家"（清·俞思谦《海潮辑说》），中国古代潮论逐渐形成了元气自然论和天地结构论这两大学派，构成代表中华文明的中国古代潮汐学潮论。博大精深的中国古代潮论不断争鸣，发展壮大，长期在世界海洋潮汐学处于领先水平（宋正海，2012），清代潮汐学史家俞思谦于1781年编纂了《海潮辑说》这一重要专著。我国不少古代潮汐学者,如王充、卢肇、燕肃、葛洪、窦叔蒙、朱中有、周春、俞思谦等,针对钱塘潮的成因和演变,创作出许多珍贵的历史文献。东汉王充最早创建了元气自然潮论,他开创的涌潮成因科学路径,在全世界最早用物理学探讨涌潮成因(林炳尧,2010)。唐代窦叔蒙编著了最早的中国潮汐学专论《海涛志》,并绘制出可精确推算潮时的高低潮时推算图。北宋余靖在《海潮图序》专论中提出了较为先进的潮汐椭球观点,这一观点"实际上就是近代的潮汐椭球"(中国古潮汐史料整理研究组,1980:前言)。北宋吕昌明于1056年重编了《浙江四时潮候图》,这比欧洲最早的《伦敦桥涨潮时间表》早了一个半世纪。集潮汐研究之大成的俞思谦的《海潮辑说》在我国历代众多的潮汐学史著作中,是第一部博采众说、全面论述潮汐成因、包括"入浙江之潮"在内的各地潮汐情况的专著,上卷包括《潮原》《论潮汐由于地气之升降》《论潮汐出于天河之涌激》《论潮汐由于日激水而成》《论潮汐由于龙鳅之变化出入》《论潮汐由于伍胥文种之所为》等,系统论述潮汐成因,全面评述各种观点;下卷包括《入古九河碣石之潮》《入济之潮》《入淮之潮》《入江之潮》《入浙东诸江之潮》《入闽江之潮》《入粤江之潮》《钦、廉、琼海之潮》《安南、扶南之潮》《东西两海诸国之潮》等,涉及国内外潮汐。因此,李约瑟(Joseph Needham)在其《中国科技发展史》(1954)中指出,"世界上所有的暴涨潮,都没有像钱塘潮那样,对世界潮汐学的发展作出那么大的贡献",专门列出潮汐一章,对中国潮论,做出了较高评价(李海静、吴蕙仪、韩曾萃,2020)。然而,无论是元气自然论潮论还是天地结构论潮论,千年后始终未能结合起来发展成近代潮论,1844年,魏源《海国图志·潮论》所代表的西方近代潮论传入,也标志着中国传统潮论的终结。

(2)潮神文化遗产

"伍胥神不泯,凭此发威名。"(北宋·范仲淹《和运使舍人观潮》)无法预知并无力抵抗的潮灾自然灾害,超越了钱塘江感潮区先民的认知水平和抗灾能力,他们只能立庙塑神,拜神求助超自然的神灵护佑,定潮神菩萨诞辰日,办潮神祭祀仪式,钱塘江潮神信仰逐渐形成。钱塘江感潮区有多处潮(海)神庙,如伍子胥、钱镠、张夏、文种、范仲淹等多位"司江涛之神",在萧山地区流行三月初六张神会(冯宝英，2013)。朝廷和地方官员会主持潮神祭祀仪式，如雍正御笔撰写了两篇海神祭文，白居易撰写了《祷江神文》，《吴山伍公庙志》即收录了苏东坡撰写的五篇祭文。钱塘江潮神崇拜表达着感潮区先民对未知自然的供奉关系，潮(海)神庙兴建大多由民间自发集资，而海塘营造须由政府组织专款，以上民间和政府的所有涉潮活动，均象征着人与神、人与自然、社会与政府等多重人潮关系。

(3) 海塘文化遗产

"海塘、黄河与运河等大型公共水利工程是典型的人与自然综合作用的景观。"(王大学，2019:149)总体而言，彰显着人与自然关系的海塘工程与涌潮景观，一方面是中国海塘工程技术史，一方面是中国咏潮诗与观潮史，正可谓相伴相生、相辅相成。作为中国强潮区人海争地的杰出技术范例，钱塘江海塘建筑技术充分展现出农业时期人与自然抗争并逐渐实现与自然和谐共生的漫长发展历程。官方政府一般采取修建海塘的捍潮御潮手段，民间则普遍采用镇潮的民俗信仰方式，如吴越王钱镠修建"悍海塘"，民间流传着钱王射潮的传说，海塘工程也浇筑镇潮神兽、镇潮塔和潮(海)神庙，如海宁段鱼鳞海塘的15座镇海铁牛，以及盐官占鳌塔、杭州六和塔、塔山安澜塔等，潮神庙、海神庙、镇海庙等，形成独特的镇潮文化景观。总而言之，上述的海塘文化遗产体系动态反映人与自然、朝廷与民众、神与人的多元人与自然关系。

(4) 观潮文化遗产

"赖有明朝看潮在，万人空巷斗新妆。"(北宋·苏轼《八月十七日复登望海楼》)在宋朝尤其是南宋，观潮成为钱塘江民众的民俗休闲活动。明清以后，观潮胜地由杭州下移至海宁，海宁观潮则更为风行，潮神节也逐渐演化成观潮节。每年潮神节，社会各界共同筹备潮神祭祀活动；观潮游客云集，各地商贩涌入，盐官贸易商船聚集；戏曲名角竞演，形成"观潮度曲"，观潮节可谓是观潮节事、祭神节日、商贸庙会和文化集市等汇于一体。苏东坡、范仲淹、白居易、孟浩然、周密、柳永、康有为、魏源等名人观潮，历代文人的观潮诗甚为可观，可视为中国观潮文学景观的文化记忆档案。此外，观潮胜地杭州和海宁的名人观潮文化更是源远流长。

### 4.3.3 钱塘潮文化景观遗产

2019年,"海宁海塘·潮文化景观"被文化和旅游部国家文物局列入《中国世界文化遗产预备名单》。1992年,联合国教科文组织(UENSCO)将文化景观列为世界遗产的新类型,强调文化景观代表"人与自然共同创造的杰作",在第39届世界遗产大会上,文化景观作为世界遗产的特殊类型,更是受到了特别关注,它反映了人类社会和聚落在自然环境、社会演进、经济和文化力量驱动等限制条件或发展机会影响下的演进过程。文化景观作为解读"中国特色的"遗产价值的有效途径和普世方法,继庐山(1996年)之后,中国的五台山(2009年)、杭州西湖(2011年)、哈尼梯田(2013年)、瘦西湖(2014年)、广西花山岩画(2016年)等不断成为世界文化景观遗产。但Fowler(2002)认为,中国的泰山(1987年)、承德避暑山庄(1994年)、峨眉山(1996年)、苏州园林(1997年)等世界遗产,更应该归属于文化景观遗产,他提出,由于中国古人崇尚"天人合一"思想,中国拥有诸如"三山五岳""名山大川"等众多卓越非凡的文化景观,可为世界文化景观遗产的未来远景发展作出更大贡献。钱塘潮是世所罕见的自然遗产和享有盛誉的文化遗产,同时也是形塑钱塘江河口地理环境、杭州湾社会经济和浙江历史文化的主要动力源(王申、曾剑、韩曾萃,2020),属于人与自然典型关系的文化景观遗产。

根据联合国教科文组织世界遗产委员会制定的《实施世界遗产公约的操作指南》,文化景观可主要分为人类设计和创造的景观、有机演进的景观、关联性文化景观等三大类别。钱塘潮变化多端的壮观潮景,鱼鳞石塘蕴含人与潮、人与灾、自然与文化互动影响的景观演变史,弄潮儿所呈现的文化象征性以及赋予自然的深刻人文意义,形成了钱塘潮文化体系。钱塘潮对世界文化景观遗产的价值诠释,具有突出的代表性、地域性和全球普遍意义。

(1) 人类设计和创造的景观:海塘文化和围垦文化

在与钱塘潮抗争和驯服的漫长岁月中,人类对自然主动适应、设计和改造的景观主要是海塘文化和围垦文化,如钱塘江北岸有和万里长城、京杭大运河并称中国古代三大工程的明清鱼鳞石塘,钱塘江南岸有被联合国粮食及农业组织(FAO)称为"人类造地史奇迹"的萧山围垦。钱塘江海塘和围垦是人类"治理河流,开垦滩涂"对居住地开发利用的杰出范例,感潮区民众在钱塘江岸线内坍的一侧修筑海塘,以抵御强潮冲击和侵袭;在钱塘江滩涂淤涨的一侧围海造田并筑海堤巩固,大力发展农业、盐业和渔业,最终遗留下海塘文化遗产(遗迹)和围垦土地资源(遗迹)(陈茁、李薇、胡鹏等,2022),以及运河、堰坝、河渠、水塘、水井等代表人与潮抗争、与海争地的水利工程。钱塘江海塘是为防御潮灾的自然威胁,卫护杭嘉湖平原和宁绍平原不受洪潮侵害,在钱塘江河口感潮区营建的连成一线、系统化的堤防工程,是时间跨度长、建设规模大、持续开发的大型水利工程(涂师平,2018)。从东汉华信修筑钱塘(西湖也与钱塘江潮源隔断)开始,历经两宋和明清,钱塘江两岸不断修建挡潮堤坝"捍海塘",筑塘工程技术日臻成熟,从用版筑法夯实的土塘,到柴土混合的柴塘,再到竹笼石塘和全条石砌筑石塘,以及五纵五横的鱼鳞石塘。钱塘江古海塘见证了古人在塘工技术、水文勘察、工程组织、管理制度等方面的先进水平和劳动智慧,是中国古代水利建筑工程和科技文化遗产的重要代表作(杭州市政协文史委员会,2015)。2017年,杭州海塘被列入浙江省级文物保护单位。2019年,钱塘江海塘(鱼鳞石塘)的海盐敕海庙段和海宁段被列入全国重点文物保护单位。海盐县鱼鳞海塘水利风景区被水利部列为国家水利风景区,杭州市建有杭州海塘遗址博物馆、中国水利博物馆、杭州钱塘江博物馆等海塘和围垦主题的博物馆,以及2022年11月在盐官观潮景区开馆、彰显"百里钱塘承后杰,千秋潮海蕴精魂"的海宁跳塘文化主题馆。

(2) 有机演进的景观:盐官古城和海宁观潮节

人类对钱塘潮这一独特自然资源的利用方式和聚落形态,主要包括盐官古城及观潮节。从钱塘潮文化景观的历史层累(Historical Stratification)现象来看,中国历史文化名镇盐官古城传统聚落和海宁观潮节传统节事均由历史的特定文化层累而成,其历史发展演变极具文化景观的生长性和层次性(梁怀月、刘晓明,2016)。钱塘江感潮区还有杭州、宁波、绍兴、嘉兴等国家历史文化名城,以及西湖文化景观、良渚古城遗址和中国大运河等世界文化遗产。2014年,源远流长的海宁潮神祭祀成为国家级非物质文化遗产代表性项目,钱江观潮(海宁市)为浙江省级非物质文化遗产代表性项目。自1995年首届"钱江观潮节"举办以来,盐官古城充分挖掘和开发利用祭潮仪式、祭潮神庙会和观潮民俗等潮文化资源,每年举办中国国际钱江(海宁)观潮节,观潮节期间开展央视直播海宁潮、祭祀潮神民俗表演、潮音乐嘉年华、夜潮音乐派对等民俗文旅活动,杭州市萧山区也举办了中国国际(萧山)钱江观潮节。

(3) 关联性文化景观:潮神文化和观潮文化

针对钱塘潮的潮灾和潮景,人类不断赋予这一自然现象独特的潮文化个性特质,其中潮神文化和观潮文化尤其映射着人与自然的伦理、宗教、审美的人地情感关联。潮神祭祀最初以普通民众的敬香祈祷为主,逐渐演变成祭神祈安、宣读祭文、弄潮示勇的官民大型民俗活动,观潮文化也是如此。在潮神文化和观潮文化的历史演化中,社会发展、政府推动和文化繁荣等重要因素,有力促进了潮神文化与观潮文化的发展演变(杨丽婷,2019)。与钱塘潮相关的故事传说、民俗禁忌、风物特产等是非物质潮文化遗产,如钱王射潮、铁牛镇海、潮神传说、观音借地、制龙王、造钱塘等传说故事,以及潮神、海神、水神等祭祀仪式和"渔子弄潮""塘工号子"等民间习俗;而汹涌澎湃、气象万千的钱塘潮"天下奇观"更是驰名中外,不断孕育出灿烂辉煌的史料记载、文学创作、音乐舞蹈、绘画摄影等文艺作品,特别是巍巍壮观的历代咏潮诗词,更是大大提升了钱塘潮文化景观遗产的文化品位。总而言之,人与潮、人与江、人与海互相影响,钱塘潮最终诞生出多元一体的海、江、潮、城、塘、庙、塔等文化景观格局。其中,旨在祭祀潮神的盐官古城海神庙和镇压江潮的杭州六和塔均为全国重点文物保护单位。

尤其是长江国家文化公园建设2022年1月正式启动后,对于国家文化公园这一异常重视人、自然和遗产在中华历史时空中和谐相处的新时代大型文化空间,钱塘潮文化景观遗产必然也是长江国家文化公园建设格局的重要组成部分。2023年3月,钱塘潮文化景观申遗专家论证会召开。只有剖析钱塘潮文化景观遗产的形成历程和演变机制,梳理和厘清钱塘潮文化脉络,掌握水脉和地脉蕴涵的社会文明密码,深入阐释钱塘潮的自然科学、历史文化和社会经济价值,才能制定出科学合理的钱塘潮文化保护开发方案。钱塘潮文化景观遗产凸显出钱塘江河口作为整体人类栖居环境而具有的文化生命力(梁娟,2010),其历史的原真性、自然地貌的完整性和人类生活的延续性,使得钱塘潮展现出独一无二的文化景观演进历程。

总体上,从历史性的历时维度来看,钱塘潮文化景观历程2 500余年的自然与文化演进,钱塘潮时空见证了人与自然关系的"天时、地利、人和",并成为"人与自然共同创造的杰作"潮文化景观;从地域性的共时维度来看,钱塘潮文化景观普遍存在着人与潮、人与江、人与海的时空关联,其海、江、潮、城、塘、庙、塔等文化景观格局则诠释着钱塘潮文化景观遗产的原真性、完整性和系统性。因此,必须遵循贯彻整体性、本土性、原真性、活态性等景观遗产保护原则,才能有效实现钱塘潮文化景观遗产及观潮旅游地的可持续发展。

# 第五章
# 钱塘潮旅游胜地意象演变机制

"海宁海塘·潮文化景观"2019年被国家文物局列入《中国世界文化遗产预备名单》。作为"人与自然共同创造的杰作"(联合国教科文组织世界遗产委员会,1992),钱塘潮文化景观具有自然和文化双重属性的综合价值,是人与自然和谐共生的典型代表,尤其是钱塘潮观潮文化的"形成机制、表现形态及社会驱动因子值得探讨"(左鹏,2023:94)。2022年,联合国教科文组织(UNESCO)成立世界遗产阐释与展示国际中心(WHIPIC),通过遗产阐释与展示新理念的包容性革新,以推动遗产价值的多元化普及。本章从人与自然关系出发,首先通过钱塘潮的景观遗产属性分析,梳理和阐释钱塘潮的灾害、景观、遗产和胜地等自然及文化属性,探讨钱塘潮文化景观所在地人地情感关系的人与自然关系和时空演变,基于这种长时段历史分析挖掘钱塘潮旅游胜地意象演变阶段及其驱动影响机制。

## 5.1 旅游胜地(旅游地)形成演变简论

旅游胜地(Tourist Resort)是指具有较高知名度和影响力、自然和人文资源独特、旅游吸引物特色鲜明、对国内外游客有极强吸引力的旅游目的地(刘天曌、刘沛林、向清成等,2015),如2011年被列入《世界遗产名录》的杭州西湖,原为相通钱塘江的海湾演化而成的潟湖,湖光山色秀美,南宋即形成了西湖十景,名胜古迹荟萃,自然与文化景观"天人合一"浑然天成,成为中国历史最久、影响最大的文化名湖和著名文化旅游胜地。一般来说,旅游胜地可以被分成两类:一类是风景优美、山水壮丽的自然旅游胜地,如广西桂林、四川九寨沟、欧洲阿尔卑斯山、瑞士日内瓦湖、澳大利亚大堡礁等;另一类是历史悠久、文化丰富的人文旅游胜地,如历史文化名城(北京、洛阳、意大利罗马、希腊雅典、俄罗斯圣彼得堡等)、红色革命圣地(陕西延安、江西井冈山等)、温泉疗养胜地(南京汤山温泉、日本汤河原温泉等)、宗教文化圣地(沙特阿拉伯麦加、安徽九华山、湖北武当山等)、历史文化海岛(希腊克里特岛、厦门鼓浪屿等)、体育运动胜地(瑞士采尔马特滑雪胜地、新西兰玛努湾冲浪胜地等)等。与同现代旅游业密切关联的旅游目的地、旅游吸引物、旅游资源、旅游产品等诸多旅游学基础概念相比,旅游胜地这一表述更倾向于该地在历史时空中的人文属性和演化特征。旅游目的地(Tourism Destination)可简称为"旅游地"。旅游地传统上被视为特定的旅游活动空间区域,以及为旅游者提供旅游产品的综合体(Buhalis,2000)。Cooper、Fletcher、Gilbert等(1998)在其《旅游学:原则与实践》(*Tourism：Principles and Practices*)一书中将旅游地定义为旨在满足旅游者需求的便利设施和接待服务的系统工程。旅游吸引物(Tourist Attraction)被保继刚和楚义芳(1993:52)定义为"促进人们前往某地旅游的所有因素的总和,它包括了旅游资源、适宜的接待设施和优良的服务,甚至还包括了快速舒适的旅游交通条件"。由于旅游吸引物是以旅游者为中心的,它是一种社会建构的产物,这既是其旅游意义和价值认同的过程,也是旅游吸引物的符号化过程(马凌,2009),而麦肯奈尔(2008)在其专著《旅游者:休闲阶层新论》中更强调旅游吸引物的景观持续神圣化过程。

从演化经济地理学的学科视野来看,旅游地是个"因旅游流的产生、分配、集聚与扩散而形成并发展的复杂、开放的地域综合体"(赵政原、刘志高,2019:101)。而旅游地的形成演变则是一个时间和空间两个维度、空间和文化两个方面、结构与功能两个角度历史演化的发展过程(李雪、董锁成、李善同,2012)。杭州西湖旅游胜地和旅游地演变形成的过程机制,可用"自然的人化"及其景观神圣化进行阐释和解读。在这一发展历程中,旅游景观、旅游吸引物和旅游胜地是如何形成的,或者说是如何被建构出来的呢?宏观而言,自然因素是旅游地景观变迁的基础,人文因素则是旅游景观变迁的主导力量,旅游地自然景观和文化景观的组成类型、变迁机制、感知阐释等成为旅游景观和旅游地研究的重要议题(黄成林、刘云霞、王娟,2013)。在《旅游胜地吸客密码:旅游目的地开发的主题性、文化性、政治性》一书中,维肯和格拉纳(2016)把旅游地视为动态、话语性并具有人地联系的社会结构,追溯了斯特兰迪尔旅游地的发展历程,并探讨了旅游胜地演变建构的现实议题,如"为谁而建,为何而建:地方旅游地化的权力关系""现实与魔法的交织""日常居所如何被改造成为旅游目的地"等。谢小芹(2017)认为,旅游景观和旅游地的演化形成一般会经过"民间识别—权威认证—具体布景—巩固强化"的逻辑路径,原因在于,旅游景观、旅游吸引物和旅游胜地的符号属性,本质上是社会建构的产物,这种由于游客价值认同而产生的动态游憩吸引力,会随着时代发展和社会价值而演化和变迁(保继刚、陈苑仪、马凌,2020),并经历着命名、框限与提升、神圣化、机械复制、社会复制等五阶段景观神圣化的旅游吸引物形成系统过程(麦肯奈尔,2008)。

1982年,我国正式建立了风景名胜区制度。风景名胜区(National Park of China)可谓是中国壮丽河山的山水景观精华所在,"它凝结了大自然亿万年的神奇造化,承载着华夏文明五千年的丰厚积淀,是自然史和文化史的天然博物馆,是人与自然和谐发展的典范之区,是中华民族薪火相传的共同财富"(住房和城乡建设部,2012)。从旅游资源的角度来看,我国丰富多样的名山大川和名胜古迹为建立风景名胜区体系奠定了坚实的国土景观资源基础(谢凝高,2011)。"天子祭天下名山大川,五岳视三公,四渎视诸侯,诸侯祭其疆内名山大川。"(西汉·司马迁《史记·封禅书》)从旅游吸引物时空演变的角度来看,在中国传统的山川崇拜信仰和山岳朝圣文化影响下,先民创作出山水游记、诗词歌赋、书画碑文、山志、地方志等,名山大川逐渐建造起寺庙、道观、楼阁、牌坊、园林、摩崖石刻、书画题记等,历史文化成为风景名胜区的人格化文脉和人文化吸引物。具体而言,我国古代的隐逸山水和民间郊游、山水文学、山水书画、石窟雕塑、古典园林等不断发展,山水文化成为推动我国风景名胜区时空演变的首要动力;"天下名山僧占多"(明·罗懋登《西洋记》),佛教和道教等宗教文化融入名山大川一草一木,"五岳"为首的中国名山风景体系、佛教名山、道教"福地洞天"等逐渐形成,宗教文化成为我国风景名胜区时空演变的第二动力;此外,随着城镇发展繁荣,民众安居乐业,当地的文人墨客和社会贤达深怀家乡之情,注重"境意相生"的"八景"文化和景观园林发展完善,社会经济发展成为我国风景名胜区时空演变的第三动力(邓武功、贾建中、束晨阳等,2019)。而且,"山之有景,即山之峦洞所标也。以人遇之而景成,以情传之而景别"(明·徐霞客《徐霞客游记·鸡山志略一》)。明代旅行家徐霞客寻奇访胜,科考探秘,可谓是徒步探险的古代"驴友""发烧友"和"关键意见领袖"(Key Opinion Leader,KOL),后世的文人墨客和周边居民或慕名而来,或吟诗作赋,徐霞客游览考察的名山大川成为具备文艺、教育、游憩和美学价值的旅游胜地和"网红打卡地",其中旅游胜地的特定场景、历史事件、文艺故事也成为历代参观者"穿越时空"的文旅体验与文化记忆。总之,在名山大川、旅游胜地和现代旅游地的形成演变过程中,以风景名胜区为典型代表的旅游胜地成为践行"绿水青山就是金山银山""坚持人与自然和谐共生""建设美丽中国""坚持以文塑旅、以旅彰文"等重要思想的最佳载体。

## 5.2 钱塘潮旅游胜地意象演变

"宣城谢守一首诗,遂使声名齐五岳"(唐·刘禹锡《九华山歌》)。诗歌与空间、景观和审美的关系较为密切(Gilhuly & Worman,2014),我国自古就有大量的咏景诗文,"诗词是物化了的景观,而景观是诗词的外化"(戴睿、刘滨谊,2013:11),中国历代古诗词与山水景观园林形成了互惠互利的融合关系。如"诗仙"李白的山水诗代表作《独坐敬亭山》对"江南诗山"敬亭山文化意象形成起到了重要作用,大量的观潮诗、观潮图同样对钱塘潮旅游胜地意象和观潮胜地的形成功不可没。因此,有必要利用中国古诗词的文学文献,梳理和总结景观意象的形成与演变机制。

### 5.2.1 钱塘潮旅游胜地意象

所谓"诗与山川,互相为境",明代山水画圣手董其昌评论道,"大都诗以山川为境,山川亦以诗为境。名山遇赋客,何异士遇知己,一入品题,情貌都尽"(《画禅室笔记》卷三《评诗》)。由文学遗产营造的地理景观意象,作为空间地脉、地方文脉和文化意象的有机构成(吴蔚,2022),通过地方政府和社会主体的组织运作,成为区域群体共享的实体空间、象征意义和文化符号,也成为沟通过去与现在、文学与现实、书写者与欣赏者的重要媒介。源发于中古文学中的"广陵观潮"文学意象,潮文化意象被历代文学家赋诗吟唱,尤其是南宋赋予钱塘潮的国仇家恨情怀,钱塘潮的旅游胜地意象就更为多元和厚重了(乔国恒,2008)。咏潮诗所书写和记录的不仅是钱塘潮的客观物质的自然现象,钱塘潮文学景观成为可解读和传承的文学(文献)遗产,构建出观潮胜地特有的景观意象和文化魅力。

#### (一)罗刹潮灾意象

自然环境能为"恋地情结"提供景观意象,同样也会生成"恐地情结"的"恐惧景观"意象。"罗刹江头八月潮,吞山挟海势雄豪。六鳌倒卷银河阔,万马横奔雪嶂高"(元·张翥《江潮》)的壮观钱塘潮,却带给了钱塘江两岸居民惊心动魄的可怕灾害:"飓风拔木浪如山,震荡乾坤顷刻间。临海人家千万户,漂流不见一人还。"(明·朱妙端《海上纪事》)"怒声汹汹势悠悠,罗刹江边地欲浮。"(唐·罗隐《钱塘江潮》)正是由于潮灾深重,钱塘江才被称为凶恶暴虐的"罗刹江","滔滔钱江水",一旦潮患为灾,则导致"滴滴灾民泪"。在人与潮的人与自然关系演变过程中,钱塘江潮灾在较长历史时期成为感潮区民众的恐惧景观,钱塘潮文化景观也被赋予令人敬畏的罗刹潮灾意象。具体到钱塘潮所带来的人与自然关系,此时人类活动更多的是忍受、逃避和抵御潮害,对自然的态度是畏惧、崇拜和敬畏。

"海国风潮最可怜,田庐宛转越江边","鱼鳖寻常游巷市,蛟螭顷刻变山川"(明·陈确《江塘叹》),"门前成巨浸,屋里纳奔湍","亭户千家哭,沙田比岁荒"(清·查慎行《海灾纪事》),钱塘江潮灾对感潮区造成悲惨严重的生命财产损失;"怕听盐官日夜雷"(清·阮元《海宁州观潮》),"夜夜夜潮惊万家"(清·厉鹗《吴山伍公庙》),不断经历和体验的潮灾生活,也会给居民刻下深深的心理伤痕和敬畏记忆。此类潮灾诗文,连同方志潮灾记载,共同成为钱塘江潮灾的历史记忆(灾害记忆),如"道光十二年(1832年)八月二十日,风潮大作,冲击海宁及仁和海塘,木棉地被淹四万余亩"(清·龚嘉俊《杭州府志》卷八十五"祥异四")。

**(二) 观涛听涛意象**

"千里波涛滚滚来,雪花飞向钓鱼台。人山纷赞阵容阔,铁马从容杀敌回。"(毛泽东《七绝·观潮》)1957年9月11日(农历八月十八),毛泽东主席第二次抵海宁观潮,写下了这首气势如虹的诗,描绘出钱塘潮排山倒海、磅礴冲天的雄浑气势和观潮意象,呼应了"八月十八潮,壮观天下无"(北宋·苏轼《催试官考较戏作》)的"天下壮观""第一潮"。"临安风俗四时奢侈,赏玩殆无虚日。西有湖光可爱,东有江潮堪观,皆绝景也。"(南宋·吴自牧《梦粱录》卷四《观潮》)杭州观潮成为南宋都城的游览"绝景"和休闲活动。从东晋杰出画家和诗人顾恺之的"临浙江以北眷,壮沧海之宏流"(《观涛赋》),到"连天雪浪,直上银河去"(南宋·曹冠《蓦山溪·渡江咏潮》),"雷霆云霓里,山飞霜雪中"(唐·宋昱《樟亭观涛》),巍巍壮观的观涛咏潮诗词构成了钱塘潮文化遗产不可或缺的历史文献和文学景观。正是由于钱塘潮所绽露的波澜壮阔和千姿百媚,孙中山先生才在1916年海宁观潮时感叹"猛进如潮"潮精神意象,明末著名通俗文学家冯梦龙则在其"三言"之《警世通言》中,把钱塘潮观涛列为天下"四绝之一"潮景观意象。"唱歌踏浪输吴侬,曾赉何物邀海童?答言三千水犀弩,至今犹敢撄其锋。"(清·黄景仁《观潮行》)黄景仁被袁枚赞誉"中有黄滔今李白,看潮七古冠钱塘"

(清·袁枚《读〈观潮行〉》),其《观潮行》和《后观潮行》两首咏潮诗,也成为深邃书写潮景观意象的观潮名诗。

"长忆观潮,满郭人争江上望。来疑沧海尽成空,万面鼓声中。"(北宋·潘阆《酒泉子·长忆观潮》)中国传统"仰观俯察"的观景法和观听交融的审美观,"夏天江叠雪,晴日海奔雷"(唐·张祜《观潮十韵》),令"观涛"与"听涛"绘声绘色(罗曼、袁晓梅,2021),地理景观通过赏心悦目(耳)、感物兴情、即景会心、神思妙悟等审美过程,生成了景观意象(杜春兰、周容伊,2019)。"观涛"须观其形,"洪涛奔逸势,骇浪驾丘山。訇隐振宇宙,漰磕津云连"(东晋·苏彦《西陵观涛》),"涛来势转雄,猎猎驾长风"(唐·宋昱《樟亭观涛》),"鲲鹏水击三千里,组练长驱十万夫"(北宋·苏轼《催试官考较戏作》),"鲸波吼夜千兵合,雪浪翻空万马奔"(明·苏平《沧海寒潮》),"漫漫平沙走白虹,瑶台失手玉杯空。晴天摇动清江底,晚日浮沉急浪中"(北宋·陈师道《十七日观潮》)。巨浪冲天,波浪翻滚,汹涌奔腾,钱塘潮的壮观景象意美灵动,跃然纸上。"听涛"须听其声,尤其是夜潮,"一千里色中秋月,十万军声半夜潮"(唐·李廓《忆钱塘》),"夜潮留向月中看","万人鼓噪慑吴侬"(北宋·苏轼《八月十五日看潮五绝》),"入楼早月中秋色,绕郭寒潮半夜声"(唐·方干《寄杭州于郎中》),中秋月色皎洁,夜半涛声阵阵,声势浩大恢宏。钱塘潮排山倒海,声如鸣雷,"浙中山色千万状,门外潮声朝暮时"(唐·刘长卿《送陶十赴杭州摄掾》),"鹅毛一白尚天际,倾耳已是风霆声"(清·黄景仁《后观潮行》),"一听秋涛万鼓音"(北宋·苏轼《次韵柳子玉过陈绝粮二首》),"潮声偏惧初来客"(唐·耿湋《送友人游江南》),"百里闻雷震"(唐·孟浩然《与颜钱塘登樟楼望潮作》),"声驱千骑疾,气卷万山来"(清·施闰章《钱塘观潮》),"声震山河欲动摇"(明·陈基《次韵孟天炜郎中看湖四首》),"涌云噫气声怒号,万马驰车随霹雳"(宋·杨时《过钱塘江迎潮》),"雷鼓远惊江怪蛰,雪车横驾海门高"(宋·刘黼《钱塘观潮》),如战鼓擂响,雷霆万钧,世称"天下潮声第一"。具体到钱塘潮所带来的人与自然关系,此时人类活动更多的是欣赏、赞美和评价潮景,对自然的态度是体验、审美和"恋潮情结"。

### (三) 弄潮儿意象

"每年八月十八日,数百里士女共观,舟人渔子溯潮触浪,谓之弄涛。"(南宋·王应麟《通鉴地理通释》)每逢八月十八潮神生日,在南宋都城,弄潮儿演习中秋弄涛,"弄潮儿向涛头立,手把红旗旗不湿"(宋·潘阆《酒泉子·长忆观潮》),弄潮儿不畏凶险,踏惊涛,迎骇浪,辗转腾挪,惊心动魄,令人望而生畏,而又游兴未尽。历史悠久的弄潮活动,起源于祭祀潮神伍子胥的悼念仪式,如东汉会稽孝女曹娥之父曹盱五月五日即"溯涛婆娑迎神(伍神)"(南朝宋·范晔《后汉书》卷八十四《曹娥传》),通过潮头弄潮祭祀仪式,人神(潮神)关系达到了"天人合一"的最高境界。直至南宋,每逢八月十八潮神节,杭州城内弄潮健儿"各系绣色缎子满竿,伺潮出海门,百十为群,执旗泅水上,以迓子胥弄潮之戏"(南宋·吴自牧《梦粱录》卷四《观潮》),弄潮演艺活动已是高度竞技化,弄潮伎艺人在潮头踏混木,炫技表演水傀儡和水百戏等惊险动魄的竞技节目,"弄罢江潮晚入城,红旗飐飐白旗轻。不因会吃翻头浪,争得天街鼓乐迎"(南宋·高翥《看弄潮回》),这些弄潮儿也受到鼓乐礼遇的夹道相迎;南宋朝廷更是组织兵士开展弄潮赛事,并出动水军舰队,在钱塘江演习潮后水战。

"吴儿视命轻犹叶,争舞潮头意气豪。"(宋·刘黼《钱塘观潮》)弄潮儿代表着人与狂风巨浪的大自然搏斗的勇敢进取精神,是人与自然做斗争的表达方式:"吴儿不怕蛟龙怒。风波平步。看红旆惊飞,跳鱼直上,蹙踏浪花舞"(南宋·辛弃疾《摸鱼儿·观潮上叶丞相》),"数点红旗争出没,千艘飞橹下沧浪"(南宋·徐端《八月十八日观潮》),"画鼓声中,锦标争处飐红旗"(宋·鄱阳护戎《望海潮·云收飞脚》),"不怕蛟龙作横,输他解事吴儿"(宋·章甫《浙江观潮》),"谁遣群儿把彩旛,翩翩惊浪怒涛间。不知岸上人皆愕,但觉波心意自闲"(宋·喻良能《八月十八日观潮》)。无论是钱王射潮的传说,还是弄潮儿的活动,都印证着杭州湾民众不畏自然、自强不息、勇于与之抗争的精神和意志,体现了人类征服自然的欲望,亦是人定胜天思想的外现。勇往直前、敢于拼搏的弄潮活动,衍生或映衬出勇猛奋进斗志与勇敢强悍勇气的弄潮精神(姚成元,2014),也反映在中国民主革命的伟大先驱孙中山先生1916年盐官观潮后的题词"猛进如潮"思想主旨上。具体到钱塘江弄潮所带来的人与自然关系,此时人类活动更多的是参与、惊叹和向往弄潮,对自然的态度是冒险、征服与和谐共生。

**(四)怒涛家国意象**

"钱塘怒涛天下无"(南宋·楼钥《题董亨道八景图》)。春秋时期,钱塘江感潮区先民面对汹涌潮水束手无措,将滔天怒潮解读为被吴王冤杀的伍子胥怒气所致,"潮如万山雪,胥怒殊未休"(清·赵执信《雨中钱塘江登舟》),以致后世文人都借用伍子胥的历史典故,或表达忠信的主题,或寄托感慨于故国往事的历史沧桑感:"伍胥神不泯,凭此发威名","子胥忠义者,无覆巨川舟"(北宋·范仲淹《和运使舍人观潮》),"子胥英爽海涛横"(北宋·毛滂《小重山·宴太守张公内翰作盛》),"白马扬波信有神,了知忠愤不缘身"(宋·罗公升《观潮二首》),"想子胥今夜见嫦娥,沉冤雪"(宋·史达祖《满江红·中秋夜潮》),"滔天力倦知何事,白马素车东去。堪恨处。人道是、子胥冤愤终千古"(南宋·辛弃疾《摸鱼儿·观潮上叶丞相》)。

南宋期间,钱塘江和钱塘潮既有着航运、检阅水军、休闲游览、商业交易等政治和经济功能,又有着江山破碎、国恨难雪、忧思悲愤的复杂感情寄托(朱明尧,2012),这在咏潮诗词中表现得淋漓尽致。"不知几点英雄泪,翻作千年愤怒涛"(宋·刘黼《钱塘观潮》),"一半淮江半浙江,怒潮日夜自相撞。扬州昨夜军书至,说道淮安未肯降"(南宋·汪元量《湖州歌·一半淮江半浙江》),"谁激荡,灵胥一怒,惹冠冲发。点点征帆都卸了,海门急鼓声初发","是英雄未死报仇心,秋时节"(清·曹溶《满江红·钱塘观潮》),钱塘潮的潮起潮落,与世事沧桑、英雄不再、故国难再的历史命运相互触碰,并与现实的情怀、历史的深情以及个体的人生感悟相互融合(姚成元,2014),叠加成一个多角度和多层次交织的怒涛家国意象。具体到钱塘潮所带来的人与自然关系,此时人类活动更多的是崇拜、感叹和认同潮神,对自然的态度是地方依恋、文化象征和文化认同。

### (五)"浙江观潮"意象

"浙江之潮,天下之伟观也","大声如雷霆,震撼激射,吞天沃日,势极雄豪"(南宋·周密《武林旧事》卷三《观潮》)。钱塘潮可谓震天撼地,以其多重感观的磅礴气势,给予观潮客以多感官和深维度的景观体验,从而深化了钱塘潮文化景观的地方记忆,形成"浙江观潮""浙江秋涛""六和听涛"等视听景观意象和地方文脉胜景(刘为力,2019)。古代和近现代的文人墨客候潮、迎潮、赏潮、观涛、望潮、听涛、踏潮,孕育出"浙江观涛""钱塘观潮""江湖伟观""浙江待潮""胥庙观潮""浙江潮声""六和观月""月下观潮"等一系列潮景观地方意象。围绕钱塘潮这一自然现象,历史遗留下大量宝贵的文化遗产、历史文献以及观潮诗词、绘画及书法、邮票篆刻作品,尤其是自东晋苏彦《西陵观涛》以来的钱塘潮观潮诗词390余首,以及南宋李嵩的观潮绘画《月夜观潮图》,及其题写的咏潮诗"寄语重门休上钥,夜潮留向月中看"(北宋·苏轼《八月十五日看潮五绝》)(见图5-1),诸多观潮诗画真切再现了钱塘潮的观潮听涛意象。此外,观潮胜地也在悄然演变,如唐代观潮,"江南忆,最忆是杭州。山寺月中寻桂子,郡亭枕上看潮头。何日更重游"(唐·白居易《忆江南》之《最忆是杭州》),"潮回孤岛晚,云敛众山晴"(唐·许浑《九日登樟亭驿楼》),到了清代观潮,"江涛汹涌未相识,奇观独让盐官州"(清·应时良《观潮》),"难分凫赭东南路,怕听盐官日夜雷"(清·阮元《海宁州观潮》),随着清代以后观潮胜地从杭州下移至海宁(今海宁市盐官古城),最佳观潮点也从杭州樟亭转移到盐官城,观潮绘画的代表性景观意象除了奔涌潮头,也从樟亭驿楼变换为盐官占鳌塔(见图5-1)。

"春秋时,潮盛于山东;汉及六朝盛于广陵;唐、宋以后,潮盛于浙江。"(清·费锡璜《广陵涛辩》)如上所述,钱塘潮春秋时期即已形成,东晋以来已有观潮诗留存,但唐宋以后才"盛于浙江",原因在于,"浙江观涛"和钱塘祭潮已成为大众化的社会民俗,观潮、祭潮和弄潮活动颇具规模,咏潮诗词和观潮书画也层出不穷了。"早潮才落晚潮来,一月周流六十回。不独光阴朝复暮,杭州老去被潮催。"(唐·白居易《潮》)在两大观潮胜地杭州和海宁,一

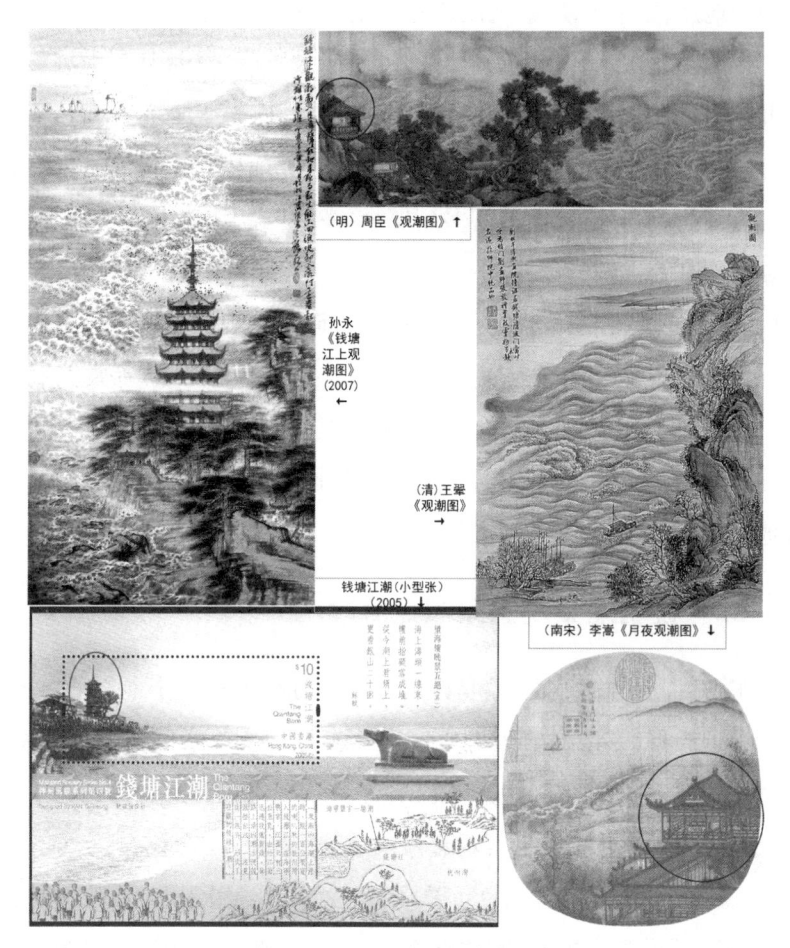

第五章　钱塘潮旅游胜地意象演变机制

图 5-1　观潮绘画潮意象图

年有春分和秋分两个高潮期,一月有农历初一至初四、十五至二十日两次大潮汛,一日有涨落间隔 12—12.5 小时的"朝潮夕汐"日潮和夜潮两次涨潮。尤其是第一大观潮胜地杭州,逐步由唐代的"东南名郡",五代十国时期吴越王钱镠射潮和构筑"捍海塘"之后,发展成为吴越国国都、北宋"东南第一州"和南宋都城,观潮活动在南宋时期愈发兴盛,已得到了充分民众化和赏景化,"浙江观涛"随之演化成为"天下奇观",如北宋全国"江湖八境"的"浙江观潮"、明代"钱塘十景"的"浙江秋涛",以及现代"三评西湖十景"的"六和听涛"等。"早知潮有信,嫁与弄潮儿"(唐·李益《江南曲》),钱塘潮每次潮至的时间和地点精确,杭州城观潮胜地古时立有候潮表,"因不失信,谓之潮信",鲁智深因此在六和塔"听潮而圆,见信而寂"(明·施耐庵《水浒传》第一百十九回"鲁智深浙江坐化")。"赖有明朝看潮在,万人空巷斗新妆。"(宋·苏轼《八月十七复登望海楼》)唐宋时期的观潮胜地杭州以凤凰山、吴山和江干一带为最佳观潮处,咏潮诗词多显现"樟亭驿"(浙江亭)、郡亭、望海楼、六和塔和安济亭等赏潮胜地(见图5-1)。从明代起,盐官古城(原海宁州治)逐渐成为"浙江观涛"第一旅游胜地,咏潮诗词多显现占鳌塔(镇海塔)、海昌城楼、白石台(清乾隆观潮点)、天风海涛亭(孙中山观潮点)等赏潮胜地(见图5-1),钱塘潮也随之被称为"海宁潮"。具体到钱塘潮所带来的人与自然关系,此时人类活动更多的是地方化、象征化和"文脉化"涌潮,对自然的态度是地方依恋、地方象征和地方认同。

### 5.2.2 钱塘潮景观意象演变阶段

中国古诗词中的景观意象是诗词作者地方精英对某个地方情感的人文凝练和地理想象,古诗词成为人文地理学人与自然关系的历史演变踪迹和重要文献记载(陈曦东、毛凌潇、陈丙寅等,2017),如统计《全唐诗》的42 863首唐代诗作,唐诗所呈现的景观意象表明:月意象11 055次、水意象4 300次、柳意象2 861次、蝉意象954次、笛声意象240次。自元代始,钱塘潮的"浙江秋涛"景观意象成为"钱塘十景"之一。追溯钱塘潮的景观形成、意象映射和文化演变,可参考和分析咏潮诗词的历史文献。闫彦和朱明尧(2012)编纂的《钱塘江潮诗词集》是迄今为止最为全面的钱塘江和钱塘潮诗词集录,收录了从晋朝,历经唐宋元明清,到近现代的咏潮诗词390余首,其中民国之前的钱塘潮诗词310首和钱塘江诗词202首(见图5-2)。第一首咏潮诗东晋苏彦的《西陵观涛》可视为钱塘潮成为自然景观的标志名篇;"闲话钱塘郡,半年听海潮"(唐·李频《陕府上姚中丞》)。唐朝时,钱塘江和钱塘潮诗词都进入了飞速发展时期(见图5-2),随后,吴越开国国君钱镠对钱塘潮文化和捍海石塘产生了重要影响,唐朝和五代十国可视为钱塘潮成为文化景观的历史时期;南宋定都临安(今杭州)后,观潮、祭潮和弄潮成为官民普遍参与的重要活动,杭州成为观潮胜地;明朝末期,海宁(今盐官)渐成另一首选观潮胜地。

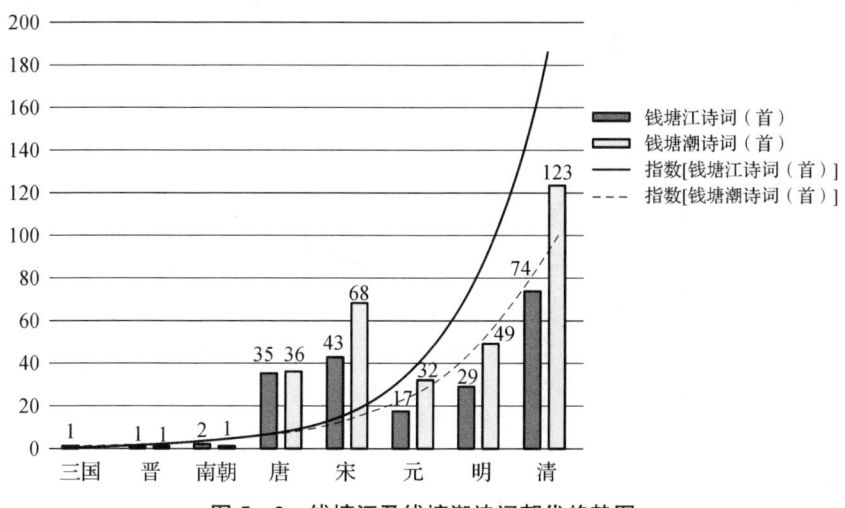

**图 5-2 钱塘江及钱塘潮诗词朝代趋势图**

钱塘潮景观演变是从涌潮自然现象走向文化景观遗产的人化过程,即从自然灾害和自然景观,演变为旅游吸引物、地方象征和文化遗产,这也是钱塘潮感潮区从空间成为地方的时空历程。在钱塘潮从潮灾到潮景、从潮灾地到观潮旅游胜地的历史时空中,居民对此生成敬畏和认同情感,游客对此产生震撼和魅力感知,钱塘潮演变为文化景观,潮灾区"蛮荒地带"(wild land)的空间成为观潮胜地"美景名胜"(beauty spot)的地方。基于人与自然和人地情感关系视角,伴随着钱塘潮从自然灾害和自然现象,演变为自然景观吸引物、文化象征和文化景观,最后成为现代社会的旅游"奇观"(wonder),本书参考咏潮诗词的重要文献资料,借鉴人居环境演变的"驱动力—压力—状态—影响—响应模型"(DPSIR)(鄢方卫、杨效忠、舒伯阳等,2019)过程与机制,把文化景观旅游胜地旅游发展总结为自然景观形成阶段、文化景观形成阶段、旅游地形成阶段、旅游胜地形成阶段等四大阶段,尝试提出文化景观旅游胜地时空演变的"自然灾害地(Natural Disaster Area)—景观所在地(Landscape Zone)—地标文化区(Cultural Symbolic Area)—文化遗产旅游胜地(Cultural Heritage Tourist Destination)"的 DLCH 模型(见图 5-3)。

在此进程中,"涌潮景观—潮灾防治—水利工程—经济发展—文化衍生"不断互动,持续演变,钱塘潮衍生出独具特色、内涵丰富、影响深远、自成一体的钱塘潮文化体系(李云鹏、扎西端智、陈方舟,2015),因此,钱塘潮文化景观型旅游胜地演变发展先后主要受到自然环境、科学技术、历史文化和社会经济等四种因子驱动影响(见图5-3)。

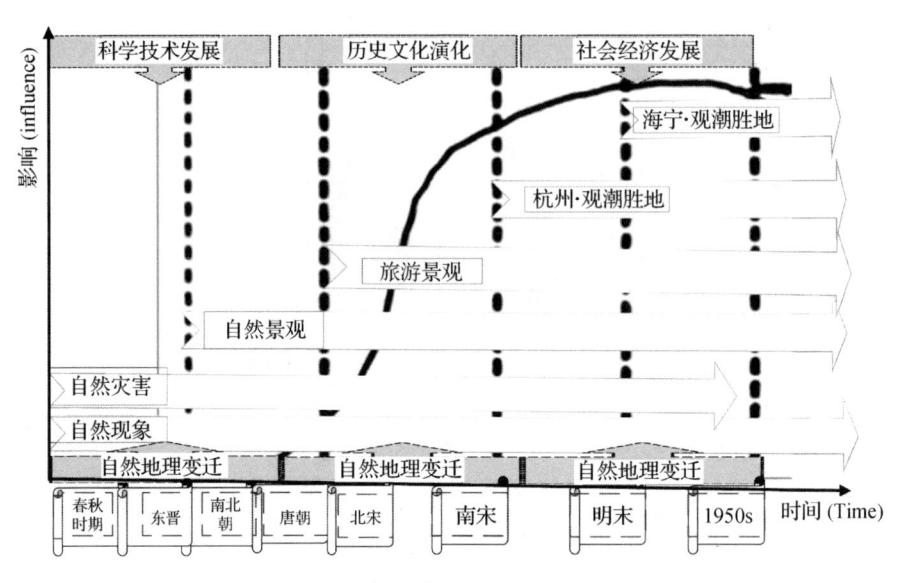

图5-3 钱塘潮文化景观型旅游胜地演变图

(1)春秋时期,钱塘潮初始产生,感潮区先民不断受到潮灾侵害,虽无能为力、深受其害,却也逐步认知、不断适应,把滩涂和沼泽开垦成圩田,利用涌潮的涨潮和落潮的水流捕鱼晒盐,特别是东汉王充提出元气自然潮论,东汉末年,在刚脱离浅海湾的西湖之滨,任职会稽郡议曹的华信建筑江(海)湖隔绝的"防海大塘",此为中国历史记载的最早海塘,东晋葛洪又提出天地结构潮论,东晋苏彦创作出《西陵观涛诗》第一首咏潮诗,钱塘潮逐步成为自然景观。(2)经过东晋十六国"衣冠南渡"的北方人口大量南迁,从南北朝到唐朝,杭州湾杭嘉湖平原和宁绍平原的人口、经济均得到了较大发展,白居易、孟浩然、韩愈、刘禹锡、陆龟蒙、罗隐等唐代诗人创作出多首咏潮诗。五代十国时期,钱镠建国吴越,都城为钱塘(今杭州市),吴越王钱镠大力修筑"捍海塘",之后,描写钱塘潮自然景观的文学文献和相关的历史文化不断有机演进,愈加璀璨夺目,形成了观潮、咏潮、祭潮、镇潮、海塘等丰富多彩的文化景观。(3) 北宋时期的杭州已是"地有吴山美,东南第一州"(宋仁宗《赐梅挚知杭州》),两浙转运使张夏初创构筑直立式石塘,南宋杭州钱塘观潮成为休闲民俗,至此观潮旅游地基本形成。(4) 明朝末期,钱塘江的北大亹江道逐步稳定,观潮胜地下移至海宁。清政府更为重视海塘营建,嘉庆时期,鱼鳞石塘臻于完善,鱼鳞石塘与海神庙、占鳌塔与镇海铁牛相伴相生,祭潮仪式盛大举行,文化景观日益丰富,相映成趣。民国以后,社会文化名人赴海宁观潮更为风行,潮神节也演化成观潮节,海宁观潮旅游胜地逐步形成(见表5-1)。

表5-1 钱塘潮文化景观旅游胜地发展演变表

| 划分阶段 | 历史时段 | 主要特征 | 主要属性 | 海塘节点 | 重要事件 |
| --- | --- | --- | --- | --- | --- |
| 自然景观形成阶段 | 春秋—东晋 | 人屈服于自然,逐步认识自然 | 自然灾害、自然资源、自然奇观 | 东汉末年,华信建筑海塘 | 东汉王充元气自然潮论;东晋葛洪天地结构潮论 |
| 文化景观形成阶段 | 南北朝—唐朝及五代十国 | 人畏惧和抗击自然,赞美自然 | 自然灾害、自然资源、自然景观、文化景观 | 五代时期,吴越王钱镠大力修筑"捍海塘" | 白居易、孟浩然、韩愈、刘禹锡、陆龟蒙、罗隐等唐代诗人的36首咏潮诗 |
| 旅游地形成阶段 | 北宋—南宋 | 人敬畏和征服自然,观潮风行 | 自然灾害、自然资源、自然景观、文化景观、旅游景观 | 北宋,两浙转运使张夏初创构筑直立式石塘 | 南宋,钱塘观潮成为都城杭州的休闲民俗 |
| 旅游胜地形成阶段 | 明清至今 | 人敬畏和征服自然,观潮盛行 | 自然灾害、自然资源、自然景观、文化景观、旅游景观 | 清嘉庆时期,鱼鳞石塘臻于完善 | 明朝末期,钱塘江北大亹江道逐步稳定,海宁渐成另一观潮胜地 |

## (一) 自然景观形成阶段

从春秋时期到东晋为钱塘潮的自然景观形成阶段。春秋时期(公元前

770年—公元前476年)初期,钱塘江河口经过入海口形成、河口岸线频繁变动和喇叭形河口形成等历史演进,已具备了涌潮形成的喇叭形河口与河道沙坎等地理条件(陈吉余、陈沈良,2007)。钱塘江古时被称作"罗刹江",因为河道宽浅,床沙易冲,主槽改道,汹涌无比的怒潮自古冲毁江堤,造成灾害严重的潮灾,给民众生命财产安全、盐业、渔业、航运、农业等带来惨重损失(陈吉余、陈沈良,2007)。王充最早创建了元气自然潮论,开创了探讨涌潮成因的科学路径,在中国乃至全世界最早从物理学的角度科学探讨涌潮的形成原因(林炳尧,2010)。基于东汉天文学家和地理学家张衡"浑天如鸡子"的浑天论,东晋道教理论家葛洪创建了天地结构潮论:"两河随天而转入地下过,而与下水相得,又与(海)水合,三水相荡,而天转排之,故激涌而成潮水。"(《潮说》)

钱塘潮自然现象在天文和地理等自然条件下形成,钱塘江河口出现涌潮有据可查的时间最早是浙江最早的地理志《越绝书》(东汉袁康撰),此书撰写于公元前483—公元前473年,所以,钱塘潮迄今已有2500余年的存在历史。越王勾践(约公元前520—公元前464年)伐吴时,感叹钱塘江"浩浩之水,朝夕(潮汐)既有时,动作若惊骇,声音若雷霆,波涛援而起,船失不能救,未知命之所维"。当时钱塘潮已做惊涛骇浪,致使渡江征战造成天然困阻。对于钱塘潮凶恶的天然险绝,对两岸所造成的巨大自然灾害,我国诸多著名的古代典籍做过文献记载。战国庄周(约公元前369—约公元前286年)在《庄子》中评述道:"浙河之水,涛山浪屋,雷击霆砰,有吞天沃日之势。"据西汉司马迁《史记·秦始皇本纪》记载,始皇三十七年,秦始皇东巡会稽,"至钱塘,临浙江,水波恶,乃西百二十里从狭中渡"。北朝北魏水文地理学家郦道元在其地理名著《水经注》中描述道:"涛水昼夜再来,来应时刻。尝以月晦及望尤大。至二月八月最高,峨峨二丈有余。"

钱塘潮所造成的海潮灾害,在我国历史志书文献中,有海溢、海决、海翻、海啸、风潮、海涌、海沸等多种称谓。涌潮会导致决海塘、沉舟船、溺人、毁房、没盐业渔业、卤死庄稼、次生灾害等主要危害,现代学者统称其为潮灾。钱塘江潮灾危害严重,历史学家朱偰(1955:2)在《浙江海塘建筑史》中总结道:"一是侵啮海岸,冲坍陆地;二是决溃堤岸,漂没庐舍,淹毙人畜;三是涨没盐灶,妨害盐产;四是咸潮涌入,败坏禾稼。"中国学者汇编有关潮灾的古籍史料,形成了一系列研究成果,如《中国古代潮汐资料汇编·潮灾》(中国古代潮汐史料整理研究组,1978)、《中国历代灾害性海潮史料》(陆人骥,1978)、《中国古代重大自然灾害和异常年表总集》(宋正海、孙关龙,1992)等。据史料记载的潮灾统计,在元代,钱塘江北岸发生潮灾 10 次,南岸发生 3 次;在明代,钱塘江北岸发生潮灾 43 次,南岸发生 18 次;在清代,钱塘江北岸发生潮灾 27 次,南岸发生 16 次(陶存焕,2013)。

"潮汐东来势蹴天,一堤横捍万家全。陵迁谷变人谁在?海晏河清事独贤。"(元·爱理沙《题前馀姚州判官叶敬常海堤遗卷》)历史回顾自然演变,钱塘江地区被称为"建在沼泽上的天堂"(林炳尧、徐有成、龚真真,2012),通过建海塘、筑圩堰、垦泽滩等水利工程促使"沧海变桑田",这成为合理治理、开发和保护自然资源的典型范例(孔冬艳、李钢、王会娟,2019),其海塘史和圩田史见证着人与自然斗争、人与环境互动、人与自然关系演变的时空历程。为御潮保障钱塘江杭嘉湖和萧绍平原的国家粮仓,历代朝廷政府特别重视修筑海塘工程,虽修筑难度较大、工程耗资巨大,民间有"钱江日修一斗银"歌谣,但海塘对迅猛怒潮的防灾抗灾力却最为实际和有效(郑微微,2013)。从最早文献记载华信建筑海塘的东汉末年开始,钱塘江海塘在历史演进过程中,各种不同类型的海塘证明了钱塘江古海塘的先进筑塘技术和丰富海塘形制(陈吉余,2000)。"堤岸既成,(杭州)久之乃为城邑聚落"(南宋·施谔《淳祐临安志》),正是有了海塘工程的屏障庇佑,农田桑田和生命财产得到保障,钱塘地区更多的城镇、聚落形成和兴起。"出郭游人不待招,相逢都道看江潮"(明·瞿宗吉《看潮词》),正是有了日益先进的海塘修筑技术,人民生命财产越来越安全,杭州湾民众观潮成为民俗和时尚,从人潮对立、人潮相争达到一定程度的人潮和谐,潮灾自然灾害越来越成为涌潮自然景观(图 5-4)。

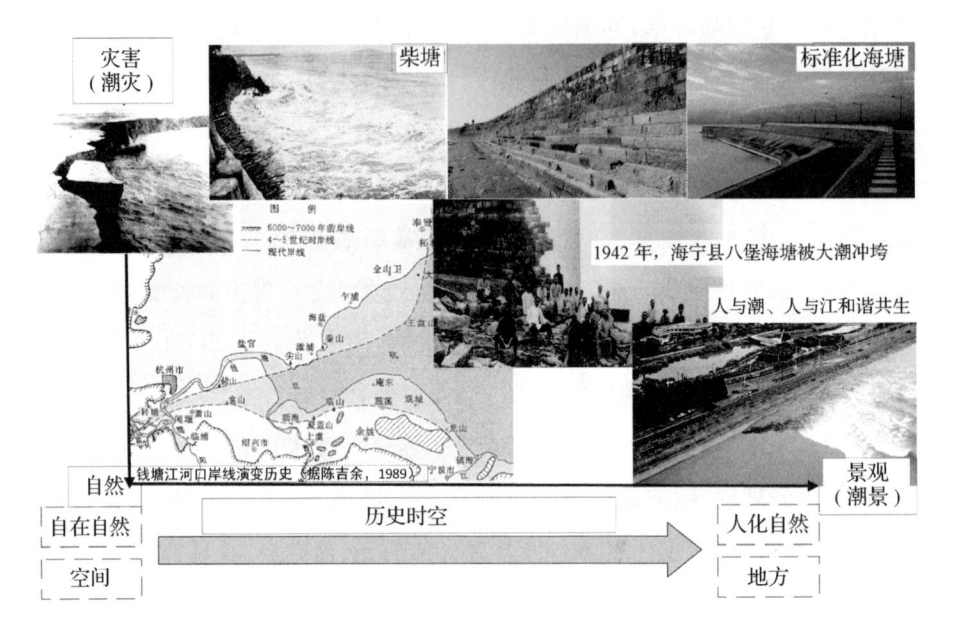

(参考文献来源:陈吉余,1989)

图 5-4　钱塘潮灾害—景观演变图

## (二) 文化景观形成阶段

从南北朝到唐朝及五代十国为钱塘潮的文化景观形成阶段。回顾景观的概念起源,创立了美国景观学派的地理学家索尔认为,景观是"由包括自然的和文化的显著联系形式而构成的一个地区"(Sauer,1925:19),强调文化景观是人与自然、自然景观、文化相互影响和作用的必然结果。唐朝诗人的观潮诗文蔚为壮观,白居易、孟浩然、苏东坡、范仲淹等名人观潮,创作了记载钱塘潮的诗词作品,可视为观潮文学景观的记忆档案。这些钱塘潮的古人观潮记忆文字,绘形绘色"摄影录音"了历史时空中的潮形潮音,记载了观潮胜地从杭州到海宁的时空变迁,描述了江潮人潮的观潮风俗,并记叙了海塘治理和古迹胜景(朱明尧,2012)。唐代的潮汐学潮论更为发达,窦叔蒙著有《海涛志》这一最早的中国潮汐学专论,提出"潮汐作涛,必符于月""月与海相推,海与月相期",并绘制了高低潮时推算图,以精确计算和推算潮时。卢肇的著名潮论作品《海潮赋》曰:"日傅于天,天左旋入海,而日随之","日出,则早潮激于右","日入,则晚潮激于左"。

钱塘潮汹涌逞威,加之海风助虐,酿成潮灾。无法预知的自然灾害,人畜死亡的人间悲剧,超越了钱塘江先民的有限认知能力和应对灾难能力,他们敬畏自然,只能寻求超自然的神灵信仰护佑,伍子胥和文种早期潮神的诞生,源于先民对可怕涌潮的无知和无奈,潮水被想象成神灵的冤屈和愤怒,这与远古时期的自然神崇拜相一致(杨丽婷,2019)。一方面,感潮区先民深受恶劣自然的无情践踏,深感痛苦和恐惧,从而敬畏和祭拜自然神灵,造潮神庙,祭拜潮神,可属人与自然关系的人屈服于自然阶段。所谓"江南多淫祀",江南地区自古民间祭祀信仰盛行,反映了历史上本地生存环境恶劣,自然灾害频发,民众祈求于自然神灵。"伍胥神不泯,凭此发威名"(北宋·范仲淹《和运使舍人观潮》),民众立庙塑神祭拜神灵,在潮神生日举办潮神祭祀庙会,潮神信仰应运而生。另一方面,五代时期,吴越王钱镠创竹笼石塘,大力修筑"捍海塘",但由于潮水冲击力过猛,屡修屡败,于八月十八潮神生日,选万名弓箭手,直射凶恶潮头,杭州城外海塘得以建成,被后人尊称为"钱塘":"五代梁开平四年,钱氏建候潮、通江二门,潮水冲激,版筑不就。因命强弩数百,以射潮头。"(清·顾祖禹《读史方舆纪要》)钱镠不论是初创"撼海塘",还是"射潮",都在主动积极地抗击潮灾。通过射潮和镇潮等方式,表征着对自然力量的抗争和反击,这可视为人与自然关系中国古人渴望"人定胜天"的另一侧面,历史形成了祭潮、镇潮、海塘、咏潮、观潮等丰富多彩的文化景观。

### (三)旅游地形成阶段

从北宋到南宋为钱塘潮的观潮旅游地形成阶段。钱塘潮以潮高、多变、凶猛、惊险而堪称一绝,自古以来名扬海内外,钱塘观潮民俗始于汉,盛于唐宋,南宋时期,成为都城的杭州渐成观潮旅游地。观潮旅游地是围绕潮神崇拜及其民俗庙会"潮神节"形成的。北宋两浙转运使张夏专门组织捍江兵采石修塘,初创构筑直立式石塘,因为修建海塘的治水功绩,他被后世尊称为张老相公,民众立祠志念这位潮神。《海宁州志》卷之六载有海神庙、镇海庙、龙王庙、龙祠、晏公庙、英济候庙、天妃庙等14处祠庙,都与潮神信仰有关。在宋朝尤其是南宋,杭州钱塘观潮已成为吴越民众的休闲民俗,"赖有明朝看潮在,万人空巷斗新妆"(北宋·苏轼《八月十七复登望海楼》),"临安风俗,四时奢侈,赏玩殆无虚日。西有湖光可爱,东有江潮堪观,皆绝景也"(南宋·吴自牧《梦粱录》卷四《观潮》)。相传农历八月十八,为潮神诞辰日,所以潮水潮峰最高。南宋定于每年八月十八潮神节,在钱塘江上迎潮检阅水师,表演弄潮竞技,后世相沿成习,潮神节演变成为观潮节。

南宋以来,祭潮和观潮民俗逐渐形成和成熟发展,每逢潮神节,感潮区民间募捐"潮会"祭祀潮神,在张神殿、靖江殿、镇海殿、静海殿等潮神庙宇,庙会香火非常旺盛。"出郭游人不待招,相逢都道看江潮"(南宋·瞿宗吉《看潮》),"每岁八月内,潮怒胜于常时,都人自十一日起,便有观者,至十六、十八日倾城而出,车马纷纷",届时,"自庙子头直至六和塔,家家楼屋,尽为贵戚内侍等雇赁作看位观潮"(南宋·吴自牧《梦粱录》卷四《观潮》)。杭州居民出候潮门即可观潮,江边楼屋VIP观潮一座难求,至于普通民众则熙熙攘攘,江边拥挤看潮,"上下十余里间,地无寸隙"。而且,听夜潮也渐成风俗。"浙江潮,人多以八月昼观,鲜有知夜观者。余昔焚修寺中,燃点塔灯。夜午,月色横空,江波静寂,风色陡寒,海汀潮起,月影银涛,光摇喷雪,云移玉岸,浪卷轰雷,白练风扬,奔风曲折,势若山岳奔腾,使人毛骨欲竖。古云'十万军声半夜潮',信哉!"(明·高濂《四时幽赏录》)总之,"潮神节"庙会期间,各地商贩和观潮游客自水陆交通而至,或投亲靠友或租住客栈,观潮最佳点须租赁座位,各种小吃、娱乐和日用杂货等庙会活动丰富多彩,观潮旅游地所需要的"吃住行游购娱"六大要素基本具备。

**(四)旅游胜地形成阶段**

从明清至今为钱塘潮的观潮旅游胜地形成阶段。历史上,为镇潮筑堤,感潮区各地浇筑了众多镇潮神兽,如清代雍正和乾隆年间共铸镇海铁牛15座,分置于海宁段鱼鳞海塘之上;为祭拜钱镠、伍子胥、张夏等潮神,感潮区建造多处潮神庙、海神庙、镇海庙等;也修筑建造了各类镇潮塔,如杭州六和塔、盐官镇海塔（今占鳌塔）、塔山安澜塔等，形成独特的镇潮文化景观。明清以后，观潮胜地下移至海宁，海宁观潮更为风行，潮神节也发展演化成观潮节。每年八月十八，潮神祭祀活动由官方和民间各方共同筹备；观潮游客云集，各地商贩涌入，盐官贸易商船聚集；戏曲名角竞演，形成"观潮度曲"，深受观众欢迎，观潮节既是祭神节日、观潮节事，也是商贸庙会和文化集市。明朝末期，钱塘江北大亹江道逐步稳定，海宁渐成另一观潮胜地，盐官古城、老盐仓和大缺口逐渐成为一线潮、碰头潮、回头潮"一潮三看"的最佳观潮点。"千里波涛滚滚来，雪花飞向钓鱼台。人山纷赞阵容阔，铁马从容杀敌回。"（毛泽东《七绝·观潮》）1957年农历八月十八，毛泽东主席来到海宁盐官镇七里庙观潮，当场赋诗。1916年农历八月十八，孙中山偕夫人宋庆龄，以及蒋介石一行在海宁观潮，并当场题词"猛进如潮"。清代雍正皇帝四次驻跸海宁，无数文人骚客观潮赋诗，民国有徐志摩、胡适、汪精卫、陶行知、李宗仁、冯玉祥、柳亚子等名人贤达，中华人民共和国成立后宋庆龄、饶漱石、朱德、贺龙、陈毅、谭震林、刘伯承、万里、李鹏、江泽民、习近平等数十位国家领导人来到盐官观潮。杭州和海宁观潮名人文化源远流长，观潮旅游胜地名副其实。

"江南忆，最忆是杭州：山寺月中寻桂子，郡亭枕上看潮头。何日更重游？"（唐·白居易《忆江南三首》其二）自然灾害所遗留下的遗址遗迹、遗物、遗构，以及后期修建的纪念性设施亦有可能成为一种新的遗产和景观（钱莉莉、张捷、郑春晖等，2019），并演化为灾后旅游奇景消费的重要方面。因钱塘潮而闻名中外的观潮胜地盐官古城，同样经历了自然人化和景观奇观化的旅游胜地演变历程（见图5-5）。"奇景"（Spectacle）是法国思想家居伊·德波阐述当前生活世界提出的一个重要概念，他指出，社会发展已进入以商品消费、影像消费、奇景消费为核心的消费社会和媒体社会，社会生活本身展现出奇景的积聚（德波，2007）。具体而言，尽管德波（2007）提出"伪新奇""伪集体旅行""伪大众庆典""伪乡村"等反思性概念，当代奇景消费所建构的非原真现象批判了现代大众旅游业的过度开发，然而，正如贝斯特和凯尔纳所论，奇景将人们"直接的体验移入令人眩目的影像世界和符号之中，代替他们建立自己的生活"（贝斯特、凯尔纳，2002：114），19世纪末伦敦东区贫民窟的奇景化旅游,以及黑色旅游场所开展的具身化和展演性的奇景化开发(刘洁莹,2017),均能凸显出旅游地所建构的奇景化和视觉化,唤起或者触动了大众旅游者渴望"凝视"或"到此一游"的地方期望与文化想象。中国国际钱江(海宁)观潮节是由浙江省旅游局、嘉兴市人民政府主办,海宁市人民政府承办的旅游节庆活动。自1992年举办首届以来,每年农历八月十八举行一届(见图5-5)。节日期间,除举办开幕式、潮音乐节、民族歌舞表演外,并恢复潮神祭祀仪式活动。钱塘江"潮神节"由潮神崇拜民俗遗产,演变成为所谓"万马奔腾海宁潮,江潮人潮两相涌"的海宁观潮节奇观。钱塘潮及潮文化是钱塘江民众重视人与自然和谐相处、追求"天人合一"和谐关系的精神体现,是研究浙江精神、钱塘江文化所绕不开的记忆节点。时至今日,钱塘潮文化演化发展成为"勇立潮头,大气开放,互通共荣"的新时代钱塘江文化。

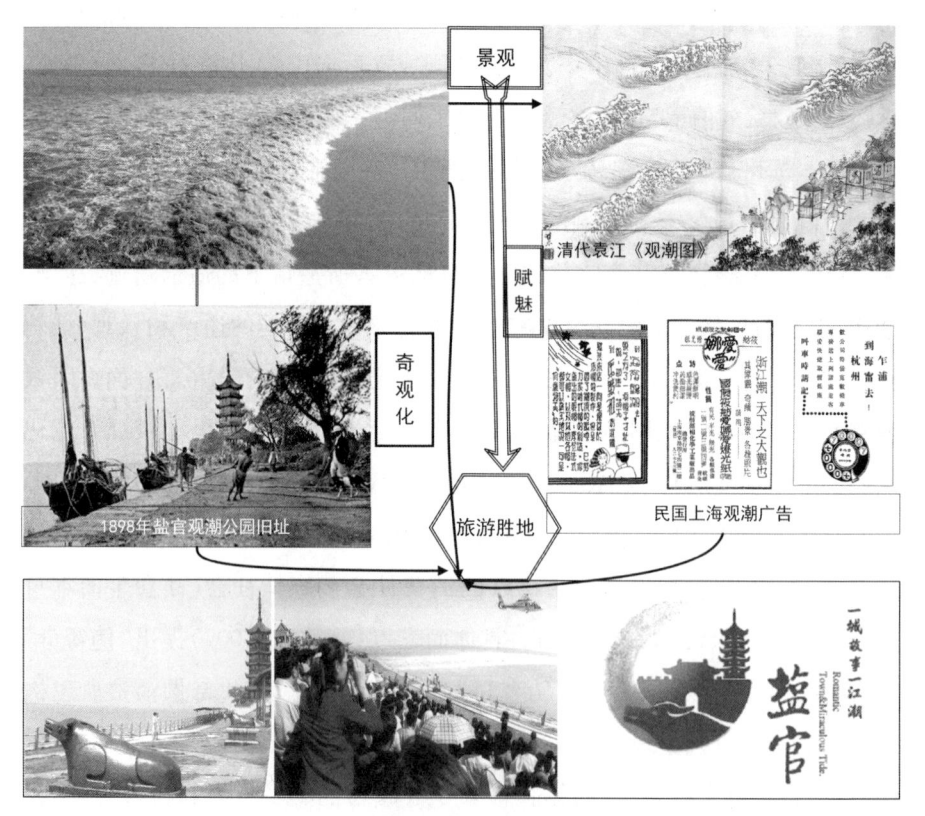

图5-5 海宁盐官观潮胜地演变图

## 5.2.3 文化景观旅游胜地时空演变DLCH模型的三个讨论

其一,钱塘潮旅游胜地演变机制与段义孚多元人地情感的讨论。如上所述,人文主义地理学创始人段义孚揭示出人与自然关系中的空间情感,人与自然关系从恋地情结和恐惧逃避这两类人地情感出发,由此产生不同类型的地方感,空间会由于人赋予其情感属性而演变成为地方(宋秀葵,2014)。人地情感是人与特定地方之间的情感、认知和行为等情感性联系(张若诗、戴宇婷、孙兆昕,2022),也是人在共同体验与集体记忆基础上与特定空间所形成的有意义的情感体验,如土地依恋、地方认同等(徐国良、黄贤金、周艳等,2017)。具体到钱塘潮,潮灾频发使涌潮成为避灾对象,民众筑塘防灾使潮灾减少,并祭拜潮神希冀佑护,时至今日,海宁和杭州成为久负盛名的观潮旅游胜地,在此历史演变历程中,人地情感经历了恐惧逃避、自然崇拜、抗灾与征服、欣赏与观光等基本态度。钱塘潮文化景观演变实际上应理解为钱塘潮自身演化、人对涌潮的作为和态度、钱塘潮所在地的潮文化演变等三个维度,而第二个维度是人与潮的情感联结,在钱塘潮旅游胜地演变过程中起到至关重要的核心作用。在历史时空中,居民对钱塘潮的恐惧和"逃避"等负向情感是怎样产生和影响的?在现实生活中,居民对钱塘潮的敬畏和"恋潮情结"等正向情感又是怎样表征和形成的?此类研究议题,以及人潮情感的关联向度、恋潮程度和不同感潮空间的情感关联特征,均亟待下一步更为全面的探讨和考察。

其二,文化景观旅游胜地时空演变DLCH模型与Butler旅游地生命周期理论(TALC)差异的讨论。总体演变路径上,文化景观旅游胜地时空演变类似于Butler(1980)提出的旅游地生命周期(Tourism Area Life Cycle, TALC)理论模型的S型发展路径,存在初始期、发展期、成熟期和衰退期等基本阶段,旅游地生命周期(TALC)将旅游地演化路径划分为探索期、参与期、发展期、巩固期、停滞期和衰退或复苏期等六个阶段,文化景观旅游胜地时空演变分为自然景观、文化景观、旅游景观、旅游胜地等四个阶段。所不同的是,前者是在更长的历史时空中,更为复杂地受到自然环境、科学技术、历史文化和社会经济等更多因素影响,两者最大的区别在于,不同于旅游地生命周期 S 曲线的游客人数，文化景观旅游胜地时空演变曲线则是承载着人文信息的景观意象，"景观是一种意象、一种心灵和情感的建构"（段义孚，2012:78），自然景观被赋予人化审美和文化想象，不断演化为凝聚着愈来愈多家国情感、社会记忆和文化艺术的景观意象。

其三，文化景观旅游胜地时空演变曲线是否存在停滞、衰退或者复兴阶段的讨论。"春秋时，潮盛于山东，汉及六朝盛于广陵。唐、宋以后，潮盛于浙江，盖地气自北而南，有真知其然者。"（清·费饧璜《广陵涛辩》）纵观国内外的涌潮演变案例，长江口北支涌潮"广陵潮"，由于泥沙淤积入海口日渐东移，在唐大历年间完全消失（陈沈良、谷国传、刘勇胜，2003）。法国塞纳河大量修筑整治和导流工程，通航条件和潮灾防治得以改善，涌潮强度和潮波规模却明显减弱，美国科罗拉多河涌潮由于上游围垦消失，加拿大帕蒂科迪亚克河涌潮由于河道整治而减少（林炳尧，2010），因此，在自然环境演变和人类活动干预等影响下，钱塘潮未来如何衍生和发展？会不会削弱或消失？我们需要对此持续监测、深入研究。文化景观旅游胜地时空演变曲线是否存在停滞、衰退或者复兴阶段，有待进一步深入讨论。

## 5.3　钱塘潮旅游胜地意象演变驱动机制

"人与自然关系演变的历史、规律和机制是地理学研究的重要科学问题"（魏伟、张轲、周婕，2020:26），在人类社会演化不同阶段的自然、人文、时间和空间要素等人与自然关系系统中，发掘历史时空中人与自然关系的演变历程与演变机制，可有效衔接古今演变的人地动态关系。在钱塘潮旅游胜地意象演变的历史时空中，从钱塘潮形成，造成潮灾，感潮区民众祭拜潮神，修筑海塘，观潮风俗渐成，而后观潮胜地从杭州转移到海宁，观潮文化和潮景遗产更为丰富多样，迄今，勇立潮头的弄潮精神成为浙江时代精神和"潮城"海宁城市精神。汤茂林（2000）认为，人、区域、历史和文化可作为阐释景观演变的四类空间驱动力。宋乃平、陈晓莹、王磊等(2022)研究发现,景观演变的驱动机制主要受到自然环境、人类需求和社会政策的综合作用。就景观意象的演变驱动力而言,钱塘潮文化景观是自然变迁和人类活动交互作用的共同结果,钱塘江河道不断变迁,既导致潮灾频发,又致使涌潮演变,以及钱塘江河口沧海桑田的地理环境变迁,人与自然关系趋向于和谐共生。海塘遗产见证了钱塘江河口自然环境,以及浙江社会、经济、文化的历史演变,保障了杭嘉湖平原和萧绍平原的区域开发和可持续发展,这种经济繁荣则带来观潮诗词的文化盛况,反过来推动观潮胜地逐步形成。简而言之,钱塘潮文化景观的意象演变受到自然变迁、科学技术、历史文化和社会经济等四种驱动因子的综合影响。

## 5.3.1 自然变迁驱动因子

钱塘潮是人类在历史时空中与自然环境相互作用演化而成的,其景观演变动因首先在于钱塘江地理变迁,本质上是个发生、发展、演化的动态演变过程。钱塘江河口的喇叭状锥形河口湾,形成于距今 6 000 年前(韩曾萃、戴泽蘅、李光炳,2003)。陈吉余(2000)依据钱塘潮形成的喇叭口河口湾和河口段沙坎两大必备条件,推算出钱塘潮产生于距今 2 500—2 700 年前的春秋初期。在钱塘江演化历史上,钱塘潮经历了"三门(亹)之变,即涌潮从南大门(亹)改走中小门(亹)再走北大门(亹),(这)是典型的涌潮变迁"(《海宁潮志》编纂委员会,2014:46)。钱塘江河口江道主槽,历史上曾多次改道,在萧山与海宁之间,先后有三条入海江槽,称之为三亹,明清时期三亹反复变迁,史称"三亹变迁"(袁淼、陈伟、单国风等,2020)。南大亹在萧山龛山与赭山之间,江宽约为 6.2 千米;中小亹在赭山与河庄山之间,江宽仅为 1.7 千米;北大亹在河庄山与今钱塘江北岸海塘之间,江宽约为 10.5 千米。与"因塘而存""以潮而兴"的杭州城一道,海宁城也是"因塘而存"、以潮而兴。明代之前,钱塘江江道在南大亹,今处江南的南阳、赭山、河庄尚处江北,存在大片的滩涂、草地和盐场,杭州临江见潮,盐官尚未临江。一方面,钱塘江较为顺直尚无弯曲江道,涌潮过龛山和赭山两山对峙的"海门"后,直撞杭州城下,杭州成为首屈一指的观潮胜地,但潮水也更为凶险,元代张舆的《江潮》描述的正是杭州的观潮景象:"罗刹江头八月潮,吞山挟海势雄豪。六鳌倒卷银河阔,万马横奔雪嶂高。"而且,"海潮连日大,直过子陵滩"(清·黄景仁《七里泷·海潮连日大》),涌潮可达到现在已经不能及的桐庐县严子陵钓台。另一方面,浙江海盐产地的兴起、变迁和衰退,与钱塘江"三亹变迁"自然地理演化直接相关(吉成名,2019)。钱塘江地区的先民制作海盐的历史悠久,"东有海盐之饶"(司马迁《史记·货殖列传》),"吴王濞煮海为盐"(《汉书·地理志》),春秋时期吴国海盐生产已经非常成规模了,战国时期秦灭楚后即设置了海盐县,三国孙吴时期即设置盐官县,由司盐都尉管理盐务。钱塘江地区海盐产业日益发达,文献记载:"海滨广斥,盐田相望,吴煮海为盐,即盐官县境也。"(西晋·张勃《吴都记》)但随着钱塘江改道,原为盐田的江滩不断遭到蚕食乃至消亡:"县南濒大海,原与县治相去四十里有余,多年以来,河流改道,早晚两潮,向北奔袭,至县南四十余里,尽沦为海,原有捍海古塘二十里,几乎一半沦毁。"(《宋史》)元代天历元年,盐官因为潮患最剧但涨沙护岸改名为海宁,寓意"海洪宁静、海涛宁谧",海宁盐田虽失,但由此日趋成为新晋的观潮胜地(见图5-6)。海宁石塘始于713年,到清乾隆年间1783年,完善建成鱼鳞石塘御潮体系,盐官古城因鱼鳞石塘的安全保障而保存发展,加上海神庙、占鳌塔、镇海铁牛、小普陀寺等历史遗迹,使之成为"潮—塘—塔—庙—城"人与自然和谐共生的独特观潮胜地。

自近世以来,钱塘江河道南北摆动不定,始于北宋政和二年(1112年)的"三亹变迁",钱塘江河道从南大亹先后改道至中小亹和北大亹,清乾隆二十四年(1759年)最终稳定走北大亹。在"三亹变迁"过程中,南岸逐渐向北淤涨,1717年,钱塘江河口南岸海塘外"卤地数十里",成为先民海涂围垦的重要地区(陈吉余、戴泽蘅、李开运等,2000)。面对盐官城南江滩坍塌渐失,为了减缓北岸潮势和海塘防潮压力,清代康熙、雍正、乾隆三朝在修筑海塘的同时,开展了钱塘江中小亹引河工程这一重要水利措施(王申,2019)。虽引河开挖后即告淤塞,"人改造自然"不算成功,但钱塘江中小亹引河工程是人类历史上与涌潮斗争中的主动出击,"是人类第一次使钱塘江水流按照人类

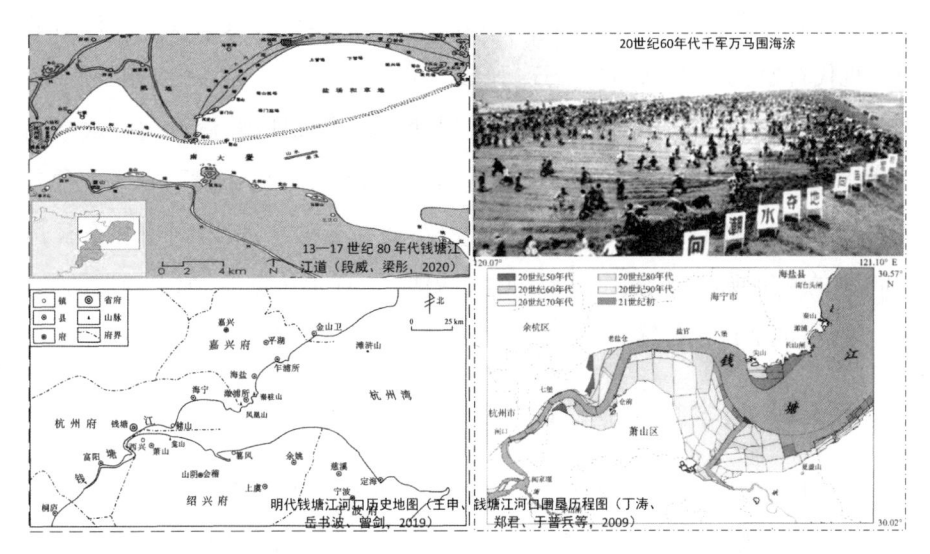

(参考文献来源:丁涛、郑君、于普兵等,2009;王申、岳书波、曾剑,2019;段威、梁彤,2020)

图 5-6 钱塘江河口与江道演变图

的意图流动的工程"(陈吉余,2000:88),这是治江防潮史上的一次大胆尝试和工程探索,意义非凡。

在人与自然关系演变的历史时空中,涌潮自然景观演变既受到自然变迁的影响,又受到人文活动的影响。涌潮的形成与变迁是河道变迁自然发生的结果,也掺杂着更多人为因素。钱塘江改道北大亹,海宁大幅坍江,原处江北的赭山、红山、青龙山、蜀山等大片土地变成江南。面对钱塘江江道变迁引起的严重坍江,20 世纪 60 年代后期,萧山开展了大规模的治江围涂工程,至 1995 年,共围得滩涂毛地 51 万余亩,通过围垦江道获得土地,并整治江道以使主流归一。"向潮水夺地,向海涂要粮"的"围垦精神",成为"人定胜天"、利用自然的时代典范(见图 5-6)。为治理水利防治潮灾,20 世纪 60 年代,我国河口水利专家组论证出缩窄江宽,减少进潮量,增大山、潮水比值的治理原则,实际治理效果良好(陈来华、潘存鸿,2008)。然而,在征服与改造自然过程中,滩涂围垦和修筑水利工程对钱塘江改造及由此而带来的涌潮景观格局的演变有决定性影响。开展大规模江口滩涂围垦以来,海宁八堡以上江道已缩窄 1/2~4/5,潮波传播远不如过去通畅,极大地影响了钱塘江潮波特性(陈来华,2007)。但人类改造自然所带来的钱塘江江道缩窄、现代石塘、丁字坝等自然变迁,却形成了交叉潮、回头潮、一线潮、碰头潮等多种潮景,如在八堡江段,江中长期泥沙淤积形成沙洲,潮波被分成东潮和南潮,两股潮头绕过沙洲,呈现出"海面雷霆聚,江心瀑布横"(宋·范仲淹《和运使舍人观潮》)的"交叉潮"壮观景象;而在老盐仓江段,河道建有长达660米的丁字坝,潮头遇阻后,猛烈撞击堤坝,形成浪涛壁立、惊天动地的"回头潮",可谓是自在自然与人化自然的完美合体。

## 5.3.2 科学技术驱动因子

面对频发潮灾的威胁和危险,钱塘江感潮区先民与潮水相处和抗击,一方面,祭拜镇服潮神,寻求上苍护佑;另一方面,科学认识潮水,修建海塘工程。尤其是后者,感潮区先民创造了防避潮灾和利用涌潮的科学理论和工程技术,因地制宜地运用在海塘建设、盐田开发、圩田开垦、防潮抗灾、航运捕捞、聚落营建等生产生活方面。自隋代京杭大运河的漕运开通,杭嘉湖平原和萧绍宁平原便成为漕粮来源重地和国家贡赋主要来源地,海岸之利,渔业、盐业、垦殖、航运、商贸等在此均有体现,但此地区也潮灾频发,因此需要海塘这一防御海潮的重要屏障(Jiang & Tao,2002)。历代执政者为防范海潮侵袭,积极修筑海塘,形成保护两岸百姓安澜和万亩良田的生命线,修筑海塘的技术不断提升。钱塘江海塘不断受到自然环境变迁和人类科学技术的交互影响,自然变迁不断促进人的科学技术进步,而科学技术更是人与自然互动的关键点,成为人不断认识、适应和改造自然的重要手段(申志锋,2020)。总之,钱塘江海塘工程是从人与自然抗争到人与自然和谐互动的结果,是古代科学技术和水利工程文化遗产的典型代表。

经过千余年来的演变和发展,钱塘江海塘不仅在塘型结构和护塘建筑方面改进完善较大,而且在主塘内外的配套设施布局方面也趋于完备,钱塘江海塘工程形成了包括海塘、备塘、盘头、丁坝等一系列完整的防御体系(见图5-7)。1781年,清代潮汐学史家俞思谦编纂出《海潮辑说》这一潮汐学史专著,集潮汐研究之大成的《海潮辑说》在我国历代众多的潮汐学史著作中,是第一部博采众说、全面论述潮汐成因、包括"入浙江之潮"在内的各地潮汐情况的专著,上卷包括《潮原》《论潮汐由于地气之升降》《论潮汐出于天河之涌激》《论潮汐由于日激水而成》《论潮汐由于龙鳅之变化出入》《论潮汐由于伍胥文种之所为》等,系统论述潮汐成因,全面评述各种观点;下卷包括《入古九河碣石之潮》《入济之潮》《入淮之潮》《入江之潮》《入浙东诸江之潮》《入闽江之潮》《入粤江之潮》《钦、廉、琼海之潮》《安南、扶南之潮》《东西两海诸国之潮》等,涉及国内外潮汐。从对钱塘江的潮汐天文机制、河道地貌地形地质、河口水文潮波等科学认知,到治江方略规划、建筑结构设计、塘型结构改进、工程材料选用、施工工艺创新、软土地基处理、海塘护岸优化等技术手段,钱塘江海塘工程建设及其运行管理体制逐步完善。同时,编著有《明清钱塘江海塘》(陶存焕、周潮生,2001)、《两浙海塘通志》(方观承,2012)、《续修浙江海塘通志初稿》(余绍宋、孙延钊,2012)、《海塘揽要》(杨鑅,2014)等古籍资料,形成了独立完整的潮论潮汐科学和海塘技术体系。

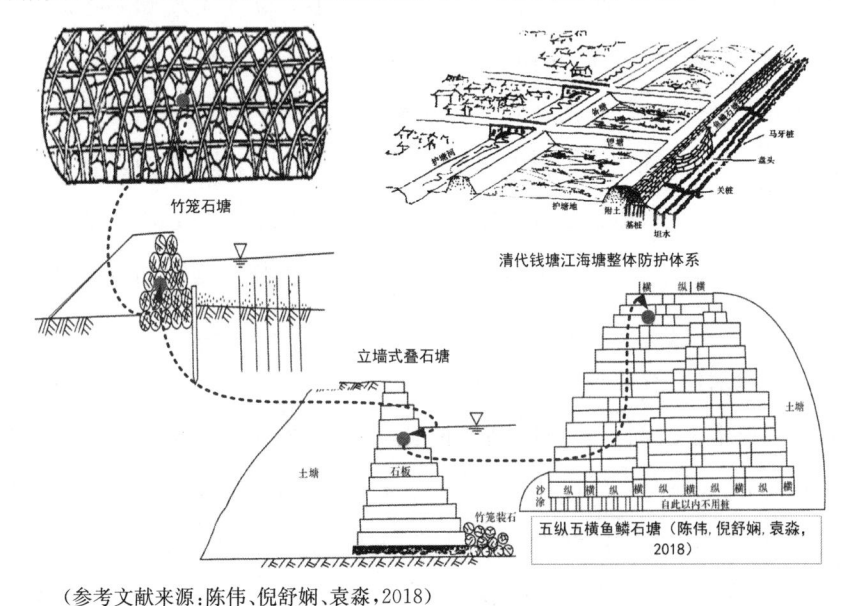

(参考文献来源:陈伟、倪舒娴、袁淼,2018)

**图 5-7 钱塘江海塘修筑技术演变图**

涉及海塘修筑的具体工程技术,钱塘江海塘在唐代以前多为土塘,直至五代十国期间,吴越国建都临安,吴越武肃王钱镠将海塘修筑视为当务之急,不仅不断改进海塘用料、修筑施工和护塘工程,还独创革新竹笼石塘和石囤木柜塘等护塘结构,在杭州候潮门外和余杭郡盐官县修筑"捍海塘"。但由于"以竹笼石,而潮啮之,不数岁辄坏"(清·毕沅《续资治通鉴》宋纪三十一),宋元时期,柴塘—石塘—石囤木柜塘的钱塘江海塘体系基本形成。针对历代海塘"塘根浮浅""外疏中空"等致命弱点,明代浙江水利金事黄光升经过五轮的探索和改进,到1542年,全面改进了塘基处理、塘身断面、层间砌法和石料规格等,最终以五纵五横鱼鳞石塘定型(见图5-7)。明代起,国家对海塘的培修加固和兴建扩建十分重视,400多千米长的江南海塘已全线形成。清代大规模修筑江南海塘,新创"坚石斜砌",又创筑了护塘坝、护滩坝和拦水坝等,筑塘技术更趋完善(郑肇经、查一民,1984),还构建完成以海塘为主体的钱塘江整体防洪御潮体系。民国以后,随着西方科学技术的引入,钱塘江海塘的工程修筑逐渐应用新材料和新技术,开始采用混凝土及钢筋混凝土的近代海塘建筑结构形式,并研发兴建了新型重力式混凝土塘、斜坡式石塘和弧面、台阶面与斜坡式砌石塘等工程。自1997年以来,杭州湾沿海各地兴建高标准海塘,视之为为民造福的重大工程,钱塘江防灾减灾能力得以大幅度提升(陈伟、倪舒娴、袁淼,2018)。《钱塘江志》汇总统计了钱塘江潮灾的历史记录,钱塘江口的杭州湾共遭受重大潮灾183次,受害灾民溺死万数,到20世纪50年代,得益于标准化海塘的大规模建设,重大潮灾不再发生(钱塘江志编纂委员会,1998)。由此可见,钱塘潮这一自然现象,自产生和形成以来,有着其自身的运行规律,它之所以成为灾害,是因为人的科学认知和技术手段尚不足以限制和控制其破坏力,在某一时期表现出人的无能和无力,只能令人恐惧和敬畏;而一旦人的科学认知和技术手段可以限制、控制其破坏力,人开始在生活和生产中适应、利用它,乃至在审美层面上欣赏它,原本消极的自然灾害则成为有用和宝贵的自然资源和自然景观,所谓"失控成灾,能控则美"[①]。这一人与自然动态关系的初步论断,不论在中

---

[①] 这一观点为2021年5月27日笔者博士论文预答辩,南京大学章锦河教授评审点评时提出的。文责本书作者自负。

国和世界的水利史、环境史、圩田史、垦荒史,还是在自然灾害史,都能在不同程度上得到史料证明和理论阐释。

### 5.3.3 历史文化驱动因子

对于景观意象的形成和演变,其历史文化动因起到至关重要的决定性作用。基于涌潮这一自然景观,钱塘潮文化遗产主要包括海塘文化遗产、潮神崇拜民俗遗产、海塘文献记忆遗产、咏潮诗词文学遗产、观潮文化遗址景观等,涵盖潮论文化、观潮文化、祭祀文化、镇水文化、诗词文化、水利文化等方面。对于人与自然关系,中国古代传统持有"天人合一"的有机自然观,即作为整体和谐系统的天地自然中,元气阴阳被视为天地与人的共同基础,中国潮汐观尤为如此。东汉王充,东晋葛洪,唐朝卢肇、窦叔蒙,北宋燕肃,南宋朱中有,清代周春、俞思谦等我国关注和研究潮汐的古代学者,针对钱塘潮的成因和演变,历经演变、发展和深化,留下了许多珍贵的历史文献资料。

潮神崇拜表达着古人对未知自然的供奉关系,潮神庙兴建大多由民间自发集资,但海塘建筑则须由地方政府乃至中央政府组织负责,不管是民间还是官方主持的祭潮仪式,都不同程度地象征着人与自然、人与神、社会与政府等多重关系,如由雍正皇帝御笔撰写诏书的祭潮礼典,演变为当前观潮节的祭潮仪式演艺活动。钱塘江沿岸一带在历史上有多处潮神庙。《海宁州志》卷之六载有海神庙、镇海庙、龙王庙、龙祠、晏公庙、英济候庙、天妃庙等14处祠庙,都与潮神信仰有关。所谓"江南多淫祀",江南地区自古民间祭祀信仰盛行,反映了历史上本地生存环境恶劣,自然灾害频发,民众祈求于自然神灵。伍子胥和文种早期潮神的诞生,源于先民对可怕涌潮的无知和无奈,潮水被想象成神灵的冤屈和愤怒,这与远古时期的自然神崇拜相一致(杨丽婷,2019)。浙江最广泛崇祀的潮神当属地方神,如钱镠、伍子胥、文种、张夏、范仲淹等"司江涛之神"(见图5-8)。杭州吴山(又名胥山)有多座潮神庙,尤以伍公庙为最著名;盐官海神庙则集十多种神灵共祀,在杭州和海宁地区流行八月十八潮神会;"沿江十八庙,庙庙祀张神",在萧山地区流行三月初六张神会。清代是大规模修筑海塘抵御潮灾的朝代,在重视兴修海塘的同时,中央政府也极力在当地推崇潮神信仰。各代皇帝不仅多次下令修建潮神庙和海神庙,雍正帝还特地下谕旨告诫百姓对神灵要"心存敬畏",才能获得"永庆安澜"。地方政府官员更会主持祭祀仪式,为民祈福,遗留下诸多名人祭文,如白居易的《祷江神文》、雍正帝的两篇海神祭文等。可以说,在对待人与自然关系的态度方面,民间和官方在潮神祭祀问题上达成了一致、团结和默契。随着祭潮由神圣仪式演变为世俗演艺,特别是潮文化的民俗化庙会形成,祭潮庙会集文化、经济和社会的"狂欢性"文化空间于一体,昆曲等戏曲演出竞技轰动一时,受访居民高尔兴老人也绘出他记忆中的商贸庙会繁华景象(见图5-8)。

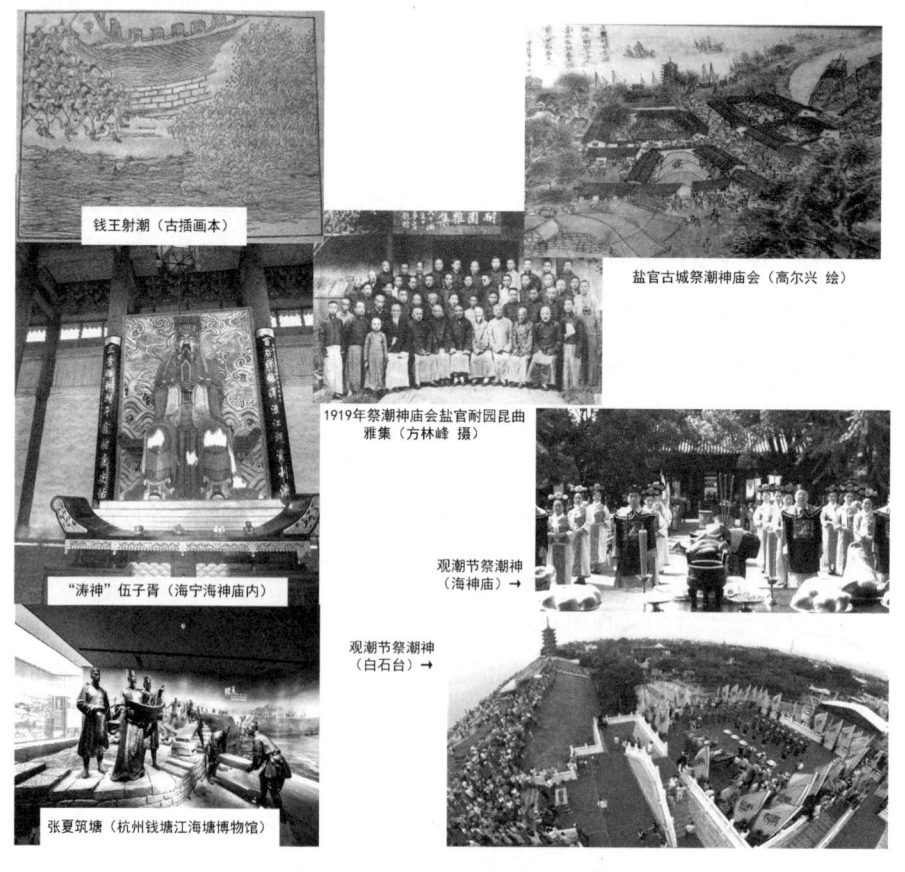

图5-8 钱塘江潮神文化演化图

在长期的历史进程中,海塘工程与涌潮景观是人与自然抗争及和谐互动的结果,两者进行着有机的演进、相互影响并相互催化,是人们世代延续的精神文明,具有世界文化遗产的突出价值,是古代水利工程和独特自然景观的典型代表。同时,诸多与钱塘潮相关的钱塘潮历史文化,见证了钱塘江两岸的社会变迁和技术演进,并形成众多文学艺术作品,成为人类的文化遗产和精神财富。

### 5.3.4 社会经济驱动因子

对于景观意象的形成和演变,社会经济动因对旅游吸引物塑造起到重要推动作用。Ricketts(2011)探讨了美国新墨西哥州罗斯威尔市旅游目的地的演变过程,据传1947年发生不明飞行物(UFO)坠毁的罗斯威尔事件,通过迷思制造(Myth Making),新墨西哥州自然景观被自然化为神圣空间,旅游朝圣者和利益相关者进行再赋魅(Re-Enchantment)传播,使之跨越了神圣与世俗、商业与精神的朝圣空间。旅游目的地正是通过旅游宣传手册传播、营销和售卖这种旅游迷思,生产和销售迷思纪念品,媒介展示造梦符号和美好梦幻,把旅游目的地营造成充满想象与幻想的赋魅地方,特别是"讲故事"(Legend-telling)的情感营销方式,将旅游目的地转化为充满非凡旅游吸引物的魅力之地。这种旅游地的赋魅美颜旨在达成旅游吸引物的产品再表征,即通过主体叙事、场景还原、奇观呈现和英雄故事(曾诗晴、谢彦君、史艳荣,2022),实现旅游吸引物的情境化、故事化和英雄化。以观潮胜地公园、海神庙等古迹名胜为资源基础,盐官观潮景区以"一城故事一江潮"为旅游宣传词,走上了观潮胜地的赋魅之路。有了"唐宋八大家"之苏东坡的名句"八月十八潮,壮观天下无"的加持,钱塘潮历来被誉为"天下第一潮",盐官观潮景区通过讲述乾隆驻跸安澜园及其"神秘身世疑云"、金庸与金庸书院等新奇故事,开发并完善了"一潮三看赏四景"的追潮之旅。自2000年起,中央电视台和浙江电视台每年都会对中国国际钱江观潮节进行现场空地直播追潮。

倡导"文化景观遗产"和"活态遗产"的单霁翔(2019)提出,"文化遗产必须活在当下"。文化遗产的保护开发必须使其活起来,最佳途径即是文旅融合发展。国际文化财产保护与修复研究中心(ICCROM)负责活态遗产项目,项目负责人Wijesuriya认为,活态遗产是"保持原有功能的遗产,能够在不断变化的情形中延续其空间秩序表现",特别是作为文化景观转化为文化旅游吸引物。要实现这种转化和演变目标,需要对文化遗产做经济评估,依此进行资源化,遗产资源进行产品化,文化产品进行形象化,文化遗产进行市场化,并注重专业化和精细化的包装营销,旅游开发文化遗产必须遵循高品位产品、高科技含量和高规划起点的"三高"原则(朱竑、戴光全,2010)。在2019年这个中国文化旅游融合的发展元年,浙江省文化和旅游厅发布了《关于加快推进文旅融合IP工程建设的实施意见》,以文旅产业融合为切入点,强力促进文化和旅游产业的高质量发展,推动浙江省成为中国旅游最佳目的地和文旅产业融合发展样板地。

从文化遗产到文旅融合,旅游＋IP(Intellectual Property)成为文化创意旅游的新业态,如文学IP、影视IP、游戏IP、动漫IP以及网红IP和直播IP等。发展文化旅游应注重对IP进行精准解读,通过打造多元而独特的文化旅游IP,尤其是具有主题性、独特性、形象性、故事性、引爆性等属性的超级旅游IP,使旅游目的地的文旅产品开发呈专业化、品牌化发展态势。IP会成为文旅融合的关键抓手,通过"文旅IP孵化工程""文化品牌跨界计划""IP授权工程",打造"文旅IP营销联盟"等工作促进文化旅游要素的深度融合与产品开发。IP旅游成功开发,需要拥有清晰的目标,找到最适合的IP,选择最佳时机,同时需要举办短暂的节事活动并提供IP品牌化体验。盐官古城观潮胜地也开发利用历史故事、民间传说、民族歌舞等多种文化资源,运用大数据平台的数据研究发现超级旅游IP,构建文旅产业发展载体平台,做强做精旅游景区和文化创意产品体系,强化产业规划整合,形成文化旅游产业群集态势,构成旅游景区、旅游线路、文化主题公园、特色旅游城镇(街区)、旅游节事、文旅演艺、特色文旅商品等文旅产品体系,在盐官古城规划建设了观潮胜地公园、潮韵历史街区、国际观潮节、旅游小镇、武侠影视基地、房车营地等(见图5-9)。

图 5-9 盐官古城与潮文化 IP 开发图

## 5.4 小结与讨论

钱塘潮的时空演变既孕育和衍化出历史悠久、丰富多彩、生命力强的钱塘潮文化景观,又影响了杭州湾人与自然关系的历史演进和发展特征,本书着眼于钱塘潮文化景观的"突出普遍价值"(OUV)判别标准,深入解析钱塘潮旅游胜地意象演变阶段及其影响机制,以期推动和助力钱塘潮文化景观申报世界遗产。应用《保护世界文化和自然遗产公约》的"突出普遍价值"(OUV)判定标准,来分析评估钱塘潮的自然遗产、文化遗产和文化景观遗产等基本属性,钱塘潮文化景观同时覆盖世界遗产的人类设计和创造的景观、有机演进的景观、关联性文化景观等三大子类,形成了独具特色、自成一体的钱塘潮文化体系。在人与自然(钱塘江的潮、水、地等)互动关系的历史时空中,大量的观潮诗和观潮图得以创作,从而形成了罗刹潮灾意象、观潮听涛意象、怒涛家国意象、弄潮儿意象等钱塘潮景观意象,进一步强化了钱塘潮文化景观演变带来的自然与文化遗产属性。这种钱塘潮景观意象的形成过程,即是感潮区被赋予潮文化意义的地方性(Placeness)过程,由此自然成为景观,空间成为地方。

基于人与自然关系视角,参考咏潮诗词的重要文献资料,本书把文化景观旅游胜地旅游发展总结为自然景观形成阶段、文化景观形成阶段、旅游地形成阶段、旅游胜地形成阶段等四大阶段,尝试提出"自然灾害地—景观所在地—地标文化区—文化遗产旅游胜地"的文化景观旅游胜地时空演变DLCH模型,而文化景观旅游胜地演变发展先后主要受到自然环境、科学技术、历史文化和社会经济等四种因子驱动影响。钱塘潮文化景观的演变过程,既映射出人与自然(钱塘江的潮、水、地等)关系的演变过程,更见证了人地情感关系历程中感潮区民众"征服和改造自然"的认知态度转变、主观能动性和文化景观创造力(见图5-10)。在我国先民向湖向海要田或向山向荒要地的人与自然关系演变过程中,当地民众对地方土地的关系态度,会基本历经逃避、抵抗、利用、扩张、占据、高附加值利用等不同阶段,最初的"荒野"空间得以不断"重写"(palimpsest),逐渐演变成为身体和精神上的"家园"和景观(段威、梁彤,2020)。以钱塘潮为人地情感和人与自然关系的试金石,感潮区民众不断筑塘捍海、辟土围垦、弄潮逐浪,既形成了以华信、钱镠、张夏等治潮名人为代表的海塘文化和水利文化,又造就了以抗灾和造地为主题的史无前例的余杭造地史。

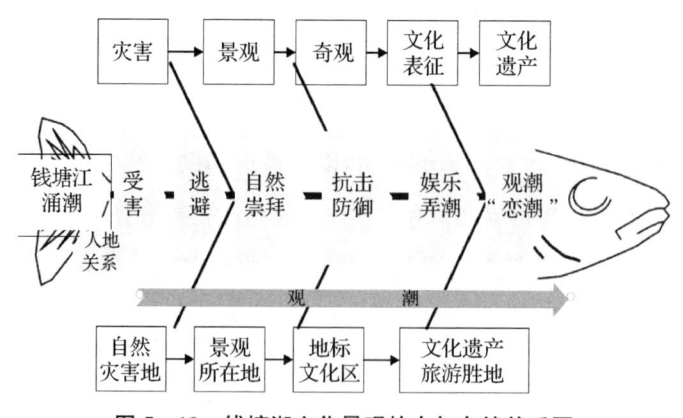

图5-10 钱塘潮文化景观的人与自然关系图

与Butler(1980)提出的旅游地生命周期理论(TALC)相比,文化景观旅游胜地时空演变DLCH模型的理论出发点同在揭示旅游地演化、演变与发展的时空历程,文化景观旅游胜地时空演变DLCH模型却针对自然与文化双遗产地这一类旅游地,并侧重于更为纵深的历史时空,可视为旅游地生命周期理论的必要延伸和重要补充,但其指标选取、划分方法、阶段特征、模型构建、实践数据等学术创新与理论完善尚待探究和下一步研究。

# 第六章
## 观潮旅游胜地居民敬畏记忆形成及影响机制

潮神祭祀(海宁市)民间信俗被列入浙江省非物质文化遗产和国家级非物质文化遗产名录。而钱江观潮(杭州市、海宁市)被列入浙江省非物质文化遗产名录。钱塘潮成为非物质文化遗产的文化记忆。钱塘潮文化景观敬畏记忆展现的是感潮区人地情感关系的居民情感维度。就人地情感关系这一研究议题而言,观潮胜地居民对钱塘潮文化记忆的敬畏情感,并非某种情境下即时性的敬畏情绪和感知体验,而是代代传承、潜移默化、复合动态的积极情感和地方感。正是通过人的经验、好恶、记忆和想象等人地情感维度,人对所生活的自然环境和地理空间产生依恋之情,对突发自然灾害也会产生恐惧之心。"景观知觉、景观态度以及景观与人类的互动影响是当代地理学研究的重要主题,但对恐惧景观的研究仍然较为薄弱。"(李华、刘敏,2022:642)

为延续钱塘潮的文化记忆,有效保护和合理开发地方特色景观资源,增进观潮胜地居民的认同感和凝聚力,重构和强化观潮旅游胜地的景观记忆和地方意象,意义重大。在人地情感关系的居民人地情感维度上,居民对钱塘潮的恐惧、敬畏和"恋潮情结"如何呈现?其具体的产生和影响机制是怎样的?本章通过半结构调查访谈盐官古城居民,深入挖掘和全面探讨观潮胜地居民敬畏记忆的形成及影响机制。

## 6.1 旅游胜地居民情感简论

从空间地方和人与自然关系视角出发,研究旅游地多主体的地方营造问题,重点关注当地居民的人地情感和地方认同,肯定对旅游地与地方性重构具有重要的综合指导意义(刘婷婷、马凌、保继刚,2022)。系统而深入地研究旅游胜地的居民情感科学问题更为重要。"人与地之间的情感纽带"的"恋地情结"(段义孚,2018:4)是最为典型的居民情感,包括认知、态度、价值和依恋等情感指向。旅游胜地的自然环境和社会文化为世代居民所经历、体验和再造,原住民和新居民持续习得、接受或反馈生活地的环境、景物、人物、事件和文化,由此产生居民情感和社会记忆。"更为持久和难以表达的情感则是对某个地方的依恋,因为那个地方是他的家园和记忆储藏之地,也是生计的来源。"(段义孚,2018:135)然而,旅游学界对旅游地居民情感的学术研究多基于"外部差异性"视角,基于"发生过程"和"内部共性"两大视角的相关研究却极为薄弱(王婧,2016)。

一般来说,个体的家或者家乡,不仅是个物质性场所,还是一种精神性象征和情感中心,是个"由精神和物质构成的空间单位"(段义孚,2017:142)。地方情感由个体持续感知一系列的复杂因素而形成演变,"这些因素包括自然景物、环境空间、风俗礼仪、日常习惯,对家庭生活的关注以及区域地方的掌握"(雷尔夫,2021:144)。通过人的经验、情感、记忆和想象,人对所生活的自然环境和地理空间不仅会产生依恋之情,对突发自然灾害也会产生恐惧之心。换句话讲,居民情感具有正向和负向的双向性。段义孚所谓被赋予名称、意义和价值的"地方"空间,也就涵盖了"恋地"依恋空间和"恐地"敬畏空间。家、特定场所、村落、社区、家乡等居住生活空间,乡村、城市、国家等更大尺度空间,都基本符合这一地方情感结构。旅游胜地和文化遗产地,尤其是古村落、古镇、古城和历史文化街区等社区型文化遗产地的居民(尤其是世代生活在其中的原住民),对地方有着深厚的地缘情结(黄旭、于萍、杨振山等,2023),他们的社会活动既包括特色衣食住行(如民族服饰、烤全羊、吊脚楼、乌篷船等)、戏曲歌舞(如民歌、地方戏、民族舞蹈等)、节日庆典(如春节、中秋节、重阳节、舞龙舞狮、赛龙舟、傣族泼水节、蒙古族那达慕大会等)、民间习俗(如清明踏青、中秋赏月、扭秧歌等)等"恋地"活动,以及神灵祭祀仪式(如潮神祭祀仪式、蒙古族祭火神、贺兰山山神庙《贺兰祭》等)、祈福禳灾仪式(如萧山河上龙灯胜会、贵州苗族祭祀求雨仪式、祭祀兄弟公出海仪式、傈僳族刀杆节"跳火海"、傩舞表演等)、宗祠寺庙祭祀(如清明祭祖民俗、炎帝陵祭祀典礼、徽州祠祀民俗等)等"敬(恐)地"活动,也包括生活性社区、烟火气场景、活化文化遗产等原住民日常活动,只有原真性保护这些传统仪式和生活方式,才能有效延续文化遗产地的居民文化记忆、地方情感和身份认同。一旦对旅游胜地和文化遗产地采取了"存表去里"式的"保护"开发,忽视了原住民的生活方式、情感认同和利益诉求,能唤起居民归属感与认同感的地方精神逐渐流逝,就会造成原住民对生活地陌然、疏离和不愿参与的"无地方性"(placelessness)(雷尔夫,2021),旅游胜地和文化遗产地最具核心价值的地方性文脉(cultural placeality)和原真性环境(authentic atmosphere)将受到建设性破坏。

  本书所论述的"主客情感",涉及现代旅游地"东道主与游客"(Hosts and Guests)这两大感知主体。其中,居民对长期性旅游地发展起到主导作用,居民情感与态度是旅游地科学开发、成功营销和社区发展的重要因素(Deery, Jago & Fredline, 2012)。一方面,社会学家迪恩·麦肯奈尔(Dean Maccannel)提出了旅游地的"舞台原真性"(Stage Authenticity)理论(麦肯奈尔,2008),相当于旅游路线展示给游客的"前台"(front region)活动区域,旅游地居民所真实生活的活动区域则是"后台"(back stage),然而这种"后台"更具有原汁原味的社会文化原真性;另一方面,作为旅游地发展的重要利益相关者和参与者,以及地方文化的传承者、创造者和表演者,居民的旅游感知与情感态度直接关系到文化遗产地和旅游地的可持续发展(卢松、张捷、苏勤,2008)。随着旅游地的开发与发展,当地社区居民的居住生活环境和生产生计方式必然会旅游化,文化遗产地和旅游地的旅游化变迁和演化不可避免,旅游化影响也会呈现出多方面和多元化的演变特征(Seng,2005),尤其是灾害遗址型黑色旅游地(钱莉莉、张捷、郑春晖等,2018),而且,旅游影响既有积极方面又有消极方面,居民由旅游感知所产生的情感和态度为获益感知的积极(正向)方面和成本感知的消极(负向)方面。

总体上说,旅游地居民情感包括旅游满意感、生活幸福感、主观幸福感、归属感、自豪感、旅游支持行为等(唐文跃、龚晶晶、赵多平等,2021),它们会受到旅游获益感知、相对剥夺感、社区满意度、社区依恋、社区参与等重要因素影响。在居民情感的纵向演变层面上,多克西(Doxey)1975年提出的愤怒指数理论认为旅游地居民对待旅游开发和来访游客的态度会呈现出融洽(euphoria)、冷漠(apathy)、愤怒(irritation)、敌视(antagonism)等四个基本情感阶段,然而,因其同质性、线性和有限的复杂性,愤怒指数理论不断受到批评(Cheung & Li,2019;Schönherr, Bichler & Pikkemaat,2023),这种单向和单一的居民态度演变模式不足以概括当前多类型旅游地多向和复杂的居民情感演变现实。在居民情感的主客交互层面上,依据社会学家埃米尔·杜尔凯姆(Emile Durkheim)1912年提出的意指社会认同感的情感凝聚(Emotional Solidarity)概念,Woosnam(2012)开发出包含欢迎性、情感亲近、同情理解等三大维度的旅游地居民情感凝聚量表(Emotional Solidarity Scale,ESS)。综上所述,旅游地居民情感是个异常复杂的个体心理过程和社会文化现象,受到了个体、家庭、社区和社会文化环境等复合因素的交互影响(朱金悦,2021),"居民对旅游地的情感是驱动其行为的关键前置变量,以往研究聚焦在居民对旅游业发展的态度等后端因素"(Chen & Dwyer,2018:1026),亟待以居民作为文化遗产地"主人翁"和旅游地"东道主"角色的内在双重新视角,全面深入探讨旅游地居民情感产生和演变的影响机制。

## 6.2 敬畏记忆调研设计

正如 Moal-Ulvoas(2017)把敬畏分为三类超越自我的精神性积极情感,敬畏对象分别为自然美和人与自然关系、文化遗产和艺术美以及社会善和人际关系,叶巍岭、周欣悦、黄蓉(2018)认为敬畏是人们对奇特的自然景观、文学艺术和宗教神灵的体验情绪,林荣茂和连榕(2020)提出了自然、生命、道德、关系和宗教等五维敬畏感,因此,如第三章"敬畏记忆"的概念界定,本书把居民敬畏情感划分为自然灾害(潮灾)敬畏、民间信仰(潮神)敬畏、自然景观(观潮)敬畏等三类。

(1) 自然灾害(潮灾)敬畏感

作为敬畏感的首要维度,恐惧来自感知到的威胁(Keltner & Haid, 2003)。人类自然灾害史警示我们对自然要保持该有的敬畏心。在收集西周初年至春秋中叶诗歌的《诗经》灾害诗中,"胡不相畏,不畏于天?"(《诗经·小雅·雨无正》),"灾者,天之谴也;异者,天之威也。谴之而不知,乃畏之以威。《诗》云'畏天之威',殆此谓也"(西汉·董仲舒《春秋繁露·二端》)。古人对天灾充满了恐惧和敬畏,特别是敬畏自然灾异更是"天人感应"。先民对赖以生存的自然环境的依赖性极强,钱塘江的不利因素,如涌潮、海啸、河口改道等,"海潮失度,大塘决口,海水内灌,农田被淹,民居被毁,民众死伤无算",直接威胁到钱塘江两岸人类生存,这种敬畏潮灾的文化记忆便在区域地方历史文化长河中延续下来,如钱王射潮民间传说、潮神崇拜民间信仰等。特别是国家权力介入筑塘御潮之后,中央政府和地方政府组织修建了捍海石塘、潮神庙等,原有灾害文化"软记忆"增添了国家在灾害记忆重构中的灾害文化"硬记忆",潮灾记忆在敬畏再生中得以传承与发展。

(2) 民间信仰(潮神)敬畏感

敬畏的初期研究便是探讨宗教和神灵,构建人与神之间的内在情感联系,敬畏感不管是钦佩还是神秘感,均产生自超自然因果感知(Keltner & Haid,2003)。我国原始的自然崇拜和古代的图腾崇拜,即赋予了自然物以神的属性,出于对超自然力量的敬畏、恐惧和希冀,人们祈求神灵能庇护降福。古人无法科学解释钱塘潮的超常规破坏力量,认为怒潮神秘莫测,必然有潮神、海神、水神等神灵掌管,将其视为绝对权威加以祭祀,向其祈求庇佑,产生最强大的潮神敬畏。这种潮神敬畏及其民间信仰、官方祭潮、立庙镇潮,在一定程度上起到巩固社会阶层、维持社会稳定的作用,神圣感对人类生存具有适应性功能(Keltner & Haid,2003),借助祭祀潮神的仪式展演,重温文化记忆,巩固传统社会内部的有机团结(董蕊、彭凯平、喻丰,2013)。

(3) 自然景观(观潮)敬畏感

在自然旅游环境中,游客面对雄伟高山、浩瀚大海或是壮美雪山,此类浩大、宏伟、新奇的自然环境,总是被激发出印象深刻的敬畏情绪和旅游体验(Powell,Brownlee,Kellert,et al.,2012),这是敬畏感的审美愉悦感维度(Keltner & Haid,2003)。Coghlan、Buckley 和 Weaver(2012)在《旅游体验中敬畏情绪的分析框架》一文中指出,游客被自然环境激发的敬畏情绪能促使个体延长记忆或重温过去体验,导致恋地情结或地方感的产生,而地方依恋属于地方感的研究范畴,也是一种正面的人地情感联结,显示了游客对自然旅游地的积极评价与情感忠诚。在日常生活中,敬畏能促进人们的积极行为,能增强个体与自然界的联系,敬畏促使人们亲近大自然,体验人与自然合一的感觉(Shiota,Keltner & Mossman,2007)。

"然而,到目前为止,还没有一个量表能够全面反映敬畏体验的深度和广度。"(Yaden,Kaufman,Hyde,et al.,2019:474)对于这种混杂着恐惧、惊奇、尊崇、超越等复杂心理的态度情感,敬畏的内在机理主要受到国内外心理学研究者的重视,但敬畏的多元本质及其心理过程、演化过程、影响机制、关系模型等诸多问题却尚未探讨清楚,遑论深入、全面或完善,因此,亟须开发测量量表,拓展理论体系,多学科综合发展论证(赵小红、童薇、陈桃林等,2021)。而在中国历史文化语境下,敬畏情感中的"畏"与"敬"更是相辅相成、密不可分,远远超越了心理学视野中的"畏"情绪乃至自我超越性,这一点在上述居民对钱塘潮的敬畏情感分析中可见一斑,因此,亟待在地理学、人类学和社会学等多学科开展敬畏情感的社会文化层面研究。

对注重感知、体验和情感阐释人与自然关系的人文主义地理学来说,地方是被赋予情感联通性的存在空间(周尚意,2013),而"质性研究方法尤其适用于这一揭示空间社会意义的研究"(李一溪、张荷、冯健,2017:65),所以,质性研究方法也受到人文地理学的学术青睐,它通过观察、访谈、交流进行个案研究,力求以访谈材料、口述史或生活经验,理解与解读某种人文地理现象,侧重于探究和总结"因果机制",而非"因果关联"(耿曙,2019)。正是源于此,本书基于观潮胜地居民对钱塘潮和潮灾的敬畏感知,收集、搜集和梳理敬畏感和文化记忆等相关理论文献,以及钱塘潮和潮灾相关的史料记载、地方志、古地图、老照片等,并采用受访居民对钱塘潮、潮灾记忆和描绘的认知绘画法。本章对案例地居民开展半结构化访谈调查,针对当地居民对钱塘潮的潮灾、潮神和观潮等敬畏记忆的研究主题,提前拟定半结构化的访谈提纲,进行正式的深度访谈,质性分析所获取的访谈文本资料。

在案例地居民敬畏的调研设计和访谈实施过程中,本书也重点参考了Keltner 和 Haid(2003)侧重于敬畏感倾向性水平测量的"敬畏相关情绪家族"(the family of awe-related states),其敬畏感测量体系包括恐惧、钦佩、神秘感、审美愉悦感、道德提升感等五大维度。基于以上居民(古代先人)对钱塘潮的敬畏情感分析,笔者参考和吸收相关文献和学者意见,设计拟定并修正完善出正式的居民访谈提纲(表 6-1)。针对潮灾敬畏记忆,我们设计了访谈问题 4:"你知道过去大潮成灾吗?你会害怕吗?"针对潮神敬畏记忆,我们设计了访谈问题 3:"你知道潮神吗?你有没有去祭拜过他?相信潮神吗?你觉得人们为什么要供奉他?是怕他还是尊敬他?"针对观潮敬畏记忆,我们设计了访谈问题 1:"你看过多少次大潮?一般都是怎么去的?感觉怎么样?有没有难忘的什么回忆?"此外,为了考察人与潮水的居民情感关系,针对居民对观潮胜地的家乡自豪感,我们设计了访谈问题 2:"现在这么多人来旅游看大潮,你有什么看法?会不会主动跟同学朋友介绍讲讲大潮?"针对居民对观潮胜地家乡的地方依恋,我们设计了访谈问题5:"我们应该保护大潮还是利用好它?你有什么建议吗?有一天它要是消失了,没有大潮了,你会难过吗?"

表6-1 钱塘潮居民敬畏记忆访谈提纲

| 调研目的1:<br>敬畏记忆 | 调研目的2:<br>恋潮情结 | 居民访谈问题 |
| --- | --- | --- |
| 自然景观(观潮)敬畏感 |  | (1) 你看过多少次大潮?一般都是怎么去的?感觉怎么样?有没有难忘的什么回忆? |
|  | 人与潮水:居民的自豪感 | (2) 现在这么多人来旅游看大潮,你有什么看法?会不会主动跟同学朋友介绍讲讲大潮? |
| 民间信仰(潮神)敬畏感 |  | (3) 你知道潮神吗?你有没有去祭拜过他?相信潮神吗?你觉得人们为什么要供奉他?是怕他还是尊敬他? |
| 自然灾害(潮灾)敬畏感 |  | (4) 你知道过去大潮成灾吗?你会害怕吗? |
|  | 人与潮水:居民的地方依恋 | (5) 我们应该保护大潮还是利用好它?你有什么建议吗?有一天它要是消失了,没有大潮了,你会难过吗? |

## 6.3 观潮旅游胜地居民调研过程

在参加张捷教授主持的国家自然科学基金项目"自然声景观的资源分类体系、地理空间结构及评价模型研究"过程中,课题组拟定了包括钱塘潮观潮胜地在内的多个自然声景观案例地和调研点。在查阅相关图书文献、检索网络资源、初步了解钱塘潮和盐官古城之后,笔者于2016年10月14日至17日在盐官古城进行了实地调查,现场录制了钱塘潮的音视频调研资料,并通过非结构化谈话方式对民宿与店铺老板、当地居民、观潮游客进行了简要访谈,确定了本研究选题的下一步调研重点。此后,笔者开始开展全面深入的国内外文献检索工作,一方面,收集和整理地方志和钱塘潮的纸质史料与图书资源;另一方面,通过互联网搜索引擎检索和收集海宁观潮的在线信息,如海宁旅游、马蜂窝、携程等重要旅游网站;最重要的是,通过中国知网(CNKI)和 Web of Science、Elsevier ScienceDirect 等国内外数据库,检索、搜集和梳理钱塘潮、环境魅力、声景观、地方依恋、敬畏等相关理论文献,编制了相关问卷量表。在电话联系了盐官旅游度假区管委会和盐官观潮公园景区等相关工作人员之后,本次调研正式得到了官方支持。2019年7月19日至25日,钱塘潮调查人员第二次到盐官古城,进行观潮游客的结构化问卷调查。在问卷调查过程中,笔者结识了汉服馆老板 LYS,在填写问卷和愉快交谈后,互添微信好友,以待下次交流联系;古城民俗爱好者 XJJ 和多名受访居民均推荐我去调查一位"老盐官文化达人"高尔兴老人,受制于时间仓促,只是跟他做了简短面谈,互添微信好友,之后高尔兴老人经常会发送一些添加问候语的绘画作品。

之后,笔者通过中国知网(CNKI)和 Web of Science、Elsevier ScienceDirect 等国内外数据库,检索、搜集和梳理旅游地居民感知、敬畏、文化记忆、自然灾害、潮神信仰等相关理论文献,初步设计并逐步完善了钱塘潮的潮灾、潮神和观潮等敬畏记忆的居民访谈提纲。针对当地居民和钱塘潮文化精英,笔者于2021年1月17日—22日,在盐官观潮景区开展访谈调查的现场记录(记笔记、拍摄、录音、录像等),在案例地海宁市区和盐官古城做了居民调研(见表6-2)。在盐官古城,笔者半结构化访谈了 GEX(FT-YG01M,男,农民,76岁)、LYS(FT-YG02M,男,创业人,40岁)、SAD(FT-YG03F,女,农民,60岁)、SJ(FT-YG04M,男,民宿老板,41岁)等当地居民,并赴盐官旅游度假区管委会,针对涌潮保护开发和古城旅游规划,笔者专题访谈了党工委委员兼办公室主任 SYL(FT-HN01M),他提供了包括《海宁潮志》《钱塘江志》《盐官志》等大批图书资料;就涌潮"一潮三看"问题,笔者简略访谈了观潮"野导"SZB(FT-HN02M);在海宁市,针对潮文化、海塘水利工程和文化遗产,笔者专题访谈了海宁市水利局党组书记、副局长、海宁市潮文化研究会会长 ZY(FT-HN03M);在海宁中国皮革城,就居民对钱塘潮的认同感问题,笔者非结构访谈了 XHQ(FT-HN04M,男,退休教师,73岁);在海宁爱琴海购物广场,就居民对钱塘潮的信息认知问题,笔者非结构访谈了 FQS(FT-HN05M,男,大学生,19岁)。一对一的半结构化访谈时间一般为30—45分钟,笔者提前征得受访者同意,对深度访谈全程录音(见表6-2)。访谈者在跟受访者建立了较为熟悉和相互信任的良好关系后,在轻松融洽的访谈气氛中开始提出问题,并鼓励和启发受访者尽量回忆主题信息,提供更多的回忆故事。基于对敬畏记忆的大量文献研读和多元理论整合,以及四年来的钱塘潮案例地数据收集和实地调查,笔者较为全面地设计出居民敬畏记忆访谈提纲,并对居民访谈做了效果预想和备选方案。鉴于本次居民访谈并非针对一般的环境感知和旅游体验等调查主题,而是必须对钱塘潮有更深厚的情感记忆,受访者务必能够讲述出更为丰富和生动的回忆往事,因此,笔者基本上采用滚雪球(Snowball)的受访者选取方法,即由初定的最佳受访者居民再次推荐下一批合适的受访者居民。

表6-2 访谈对象基本情况及访谈时间

| 访谈对象编号 | 性别 | 年龄 | 职业 | 文化程度 | 访谈时间 | 访谈地点 |
| --- | --- | --- | --- | --- | --- | --- |
| FT-YG01M | 男 | 76岁 | 农民 | 中学 | 2021年1月18日 | 盐官古城半爿草堂客厅 |
| FT-YG02M | 男 | 40岁 | 创业人 | 本科 | 2021年1月18日 | 盐官古城栖月摄影工作室 |
| FT-YG03F | 女 | 60岁 | 农民 | 小学 | 2021年1月19日 | 盐官古城汐墨民宿茶座 |
| FT-YG04M | 男 | 41岁 | 民宿老板 | 大专 | 2021年1月19日 | 盐官古城汐墨民宿茶座 |

续 表

| 访谈对象编号 | 性别 | 年龄 | 职业 | 文化程度 | 访谈时间 | 访谈地点 |
|---|---|---|---|---|---|---|
| FT-HN01M | 男 | 37岁 | 公务员 | 本科 | 2021年1月19日 | 盐官度假区管委会办公室 |
| FT-HN02M | 男 | 42岁 | 眼镜店老板 | 高中 | 2021年1月19日 | 盐官古城云栖月摄影工作室 |
| FT-HN03M | 男 | 52岁 | 公务员 | 大专 | 2021年1月20日 | 海宁市水利局大厦 |
| FT-HN04M | 男 | 73岁 | 退休教师 | 中专 | 2021年1月21日 | 海宁中国皮革城 |
| FT-HN05M | 男 | 19岁 | 大学生 | 本科 | 2021年1月21日 | 海宁爱琴海购物广场 |

本次居民访谈按照半结构化访谈普遍要求的"信息饱和原则",笔者首轮访谈了 GEX 和 LYS 两位受访者[有筛选,如放弃半结构化访谈观潮"野导"SZB(FT-HN02M)],他们一位是江潮并热衷于古城保护的老盐官,一位是已在古城居住 12 年的以潮会友的外地商户,他们对盐官古城和钱塘潮文化了如指掌,感情深厚,叙述起他们经历和身边的潮往事,侃侃而谈,可谓是当地的海宁潮文化精英,访谈结束后,笔者获得的信息基本上已经涵盖了调查主题的记忆类型和重要信息。经由两位受访者推荐了 SJ 和 SAD,他们都是土生土长的盐官居民。前两位受访居民全面而生动地讲述出他们的大潮故事和大潮情感,但第三位受访居民的访谈内容出现新信息频次降低的情况,潮故事开始有所叠加和重复。考虑到这位老年女性居民的文化层次较低(小学),社会活动能力和语言表达能力不强,笔者继续访谈了第四位居民。虽然第四位受访居民讲述精彩生动,但他的潮故事基本上与前三位叠加和重复,他推荐了另两位访谈对象 YLB 和 ZF,笔者认为访谈信息基本饱和,即结束了本次半结构化访谈。之后,笔者把调查重心转移到对相关管理部门负责人员和其他居民的非结构化访谈上。

## 6.4 居民敬畏记忆形成机制

按照 Keltner 和 Haidt(2003)的敬畏原型理论,认知、物理、社会等敬畏诱发源都会引出人的敬畏情绪,它们分别对应于自然灾害、自然景观、民间信仰等敬畏记忆的三维构成要素。无论是令人生畏的潮灾,还是护佑安澜的潮神和声势浩大的潮景,都能够引发观潮胜地居民的畏惧、崇敬、震撼等敬畏记忆。因此,钱塘潮成为"可指代容纳某类主题的话语或思想于其中的框架性的'容器'。……凝聚着某一社群或共同体的集体记忆,它们在情感上总是起着统合和聚集的作用"(龙迪勇,2015:388)。在钱塘潮文化景观的历史发展过程中,这些敬畏记忆不断积淀、演化和流变,那么,观潮胜地居民对钱塘潮的敬畏记忆是如何形成的呢?而探究居民敬畏记忆的形成机制,需要切入人与自然的交互关系,本章审视观潮旅游地社区居民对钱塘潮的潮灾、潮神和潮景等敬畏记忆诱发源的作用机制。

### 6.4.1 自然灾害(潮灾)敬畏记忆形成机制

中国自然灾害发生频率高、种类多,灾情严重,是世界上自然灾害威胁最严重的国家之一。如上所述,灾害地质遗迹、灾害纪念馆(碑)、灾害历史记载、灾害文艺作品等,均是作为文化记忆的灾害记忆,可视为记忆主体(人)对自然灾害的事件记录和意义建构。而社会解读自然灾害,需要在其自然属性上考察自然灾害的量化描述(灾害地质遗迹、灾害纪念碑、灾害历史记载等"硬记忆"),更需在其社会属性上考察自然灾害的记忆表征(灾害文艺神话、灾害民间信仰、灾害口述史等"软记忆")(陈安、牟笛,2019)。钱塘江潮灾既有"捍海石塘"和《历代灾害性海潮史料》等"硬记忆",又有"钱王射潮""制龙王""观音借地"等民间传说故事"软记忆"。

"门前成巨浸,屋里纳奔湍。直怕连墙倒,宁容一榻安。卑怜虫窟掩,仰羡燕巢乾。海阔天空际,谁知寸步难。"(清·查慎行《七月十九日海灾纪事五首》其一)即便有被誉为"捍海长城"的鱼鳞石塘御潮防灾,数千年汹涌肆虐的潮水成灾,依然令钱塘江感潮区的民众产生敬畏之心和祭拜之仪。编注过《历代钱江潮诗词集》的八旬海宁老人朱明尧的钱塘潮文化情结异常深厚,他在接受采访时回忆,在他童年时代的记忆中,"那时观潮,一方面陶醉于大潮的磅礴气势,雄浑惊险,变化多端,但同时也为它极强的破坏力感到害怕和遗憾。因为那时的海塘经常会被潮水摧毁,我家门前的那条小河里甚至我家门口,都曾经有大潮冲过塘堤而流入内河的海水及河滩边积成的海沙泥"(陈强,2018)。

总体而言,当地居民口述的灾害记忆,既是记录了灾害民俗的记忆,也是作为灾害记忆的故事,它们原生态地表现和传承了当地居民群体共同的灾害体验和集体记忆。让受访居民高尔兴老人记忆尤深的是1964年盐官特大潮水,他在画作中生动绘制了潮水冲毁海塘、淹毁农田和房舍,有小孩子爬在树上躲过汹涌潮水的场景(见图6-1,绘画1),他受访时多次强调对于代表大自然的神异力量要有敬畏之心。高尔兴老人在接受访谈时,娓娓道来他记忆中对钱塘江大潮的灾害敬畏往事,那是他亲身经历过的真实体验,他在其他场合接受报刊和电视台记者采访时,对于这些敬畏记忆都津津乐道,他的记忆绘画被收录在《话说盐官》(杨秀兰著,中国旅游出版社,2012)和盐官古城彩绘墙中。正是通过这些传播媒介,自然敬畏和文化记忆让当地居民、来访游客和媒介受众知道和理解,从而使钱塘潮文化景观遗产得到了更为广泛的传播和更为有效的传承。其他受访居民虽然没有亲身经历潮灾,但长辈和邻里描述潮水的恐怖情形,实际上会传递自身的潮灾体验和灾害记忆,这种灾害讲述,对口头传承当地"小传统"起到尤为重要的记忆作用。因此,自然灾害敬畏记忆源于灾害发生地的地方知识,通过自身灾害体验和代际口头讲述进行传承和传递。

在人们认知本地风险和应对自然灾难过程中,这种作为一种地方性民俗认知的地方知识发挥着重要作用。地方知识(Local Knowledge)产生于特定的自然环境和区域社会,蕴含着自然生态智慧和生存生活技能(郭建勋,

图 6-1 受访居民钱塘潮记忆绘画

2014),体现了人与自然如何实现共存的意识思想和民间策略。地方知识是长期居住在某一区域环境和地域文化中的当地人群体所持有的特色文化和独特经验,地方知识的在地性决定了其并不一定是正统正规的传统文化,而当地居民由于掌握某种地方知识则被称为"局内人"(insiders)。不论是原始先民通过禳灾仪式表达的认知图式与神话叙事,还是当今居民通过应灾习俗和口述叙事体现的灾难体验与地方知识,都既是一种较长时期的历史积淀,积累过去的经验知识,也是一种相对稳定的意义传承,传递共同体的伦理价值,更是一种较为重要的社会秩序,反映社会的阶序与团结(罗吉华、巴战龙,2016)。从人的体验情感上讲,"地方感是地方性知识的深化概念"(彭兆荣、吴兴帜,2009:72)。尤其重要的是,因为潜移默化影响了当地居民的地方性灾害认知和避灾、减灾、防灾及应灾行动,地方知识发挥着不可替代的重要实践效用,"适当利用传统、土著及地方知识和实践"已在联合国第三次减灾大会被写入《2015—2030年仙台减灾风险框架》国际减灾议程,地方知识已成为地方性防灾减灾策略和社区灾害风险管理(CBDRM)的重要基础。而且,当地居民所熟知的日常经验和生活习俗等地方知识,当前已同现代科学知识相结合,在防灾减灾和风险管理中表现出了较为显著的实践效果。

  传统社会的人们因畏惧、依赖自然而表现出对自然和万物的尊重,并采取有限利用自然资源的现实策略,这种生态观的认识和发掘有助于人类重新认识和处理与自然的关系。随着现代标准化海塘工程建成,灾难性的自然潮灾已不再发生,但偶发性的观潮事故时有发生,受访者居民FT-YG04M[①]在谈到潮灾时,记忆深刻地说:"我记得非常清楚是在2011年的8月31号。那天是大潮日,我是在老盐仓那个位置看潮的,那天那里的回头潮水很大,回头的时候潮水都打到钱塘江最上面的一层堤坝上面去了,冲掉了100多米的缺口。当时有三十几个人受伤送到了长安医院里,那一天好像有两个人丢了性命,很厉害的大潮。"但当地居民一般不会发生这种意外,另一受访者居民FT-YG02M[②]认为,"其实真的你科学看潮,我们本地看潮是没有危险的,我们都有数的","我们沿海边的人不是很怕,因为我们对潮水已经很熟悉了,知道只要你不站在海堤上,潮水是不会将你带到海里去的。但只要你站在堤坝上,潮水就肯定会把你带到水里。第一浪是冲进来的,最后一浪是冲出去的"。他除了熟知潮水,还读过大学,学过现代科学知识,因此,他感叹涌潮的巨大威力,"它确实是大自然的力量,你挡不住,它冲过来好像是几十吨的卡车一样的暗流,还是要有敬畏之心,

---

 ① 受访谈人:FT-YG04M,男,41岁,民宿老板,访谈时间:2021年1月19日上午,访谈地点:盐官古城·汐墨民宿茶座。
 ② 受访谈人:FT-YG02M,男,40岁,创业人,访谈时间:2021年1月18日下午,访谈地点:盐官古城·栖月摄影工作室。

包括现在好多游客一样的,因为现在潮水怎么样是发生事故,你未知的大潮会卷上来,卷上来以后把人带到江面里","我觉得跟美国海啸一样的,它在特定情况下会形成这种特别震撼性的效果。别的地方很少"(FT-YG02M)。先民对潮灾的敬畏之心,不管是拜潮,还是镇潮,展现的是民众根据认知传统对灾害记忆所做的神圣化行为,而当前的年轻居民由于接受了现代科学教育,他们自觉地利用现代科学知识对灾害记忆进行世俗化分析。如受访居民FT-YG04M也没有经历过潮灾,却多次体验刺激凶恶的回头潮,因此他就联想到海啸灾难,是对自身敬畏记忆和外界灾害信息的联想再加工处理:"想过(潮灾),但不是主动想的,而是联想到的,那是日本大地震海啸那一年。我就想到如果钱塘江大潮像那样涨起来是多可怕的一个事情。海啸也是水,钱塘江也是水,不过钱塘江近百年来没有发生过那种情况。"

灾害发生地当地居民的地方知识引致自然灾害敬畏记忆,主要通过口述传统、民谚俗语、祭祀仪式等三种方式。(1)口述传统的灾害故事蕴含着自然灾害观念和灾难意识。受访居民FT-YG01M[①]在谈到潮灾的经历和记忆时,直言"害怕!那个时候的潮很大,我们这边的小普陀(濒临盐官观潮公园的寺庙)直接给冲没了","我们以前海塘边有小火车,小火车的铁轨都是铺在平地上的,大潮一来,铁轨都被拔起带到了海里,很厉害很可怕",并且他兴致勃勃地讲述起"观音借地"的民间传说,访谈之后他还把所赋诗词通过微信发送给笔者,赞赏在钱塘江与潮水搏击捕捞的普通劳动者:"沙滩潮浊人字波,鸥击叉口鱼遭缚。赤条男儿争相抟,抢得肥鱼过堤坡。"(2)民谚俗语经过代代相传,成为地方知识的重要呈现方式。关于钱塘江潮灾的地方知识,最为典型的是大量在民众间口耳相传的与观潮时机和避险安全有关的民间传统知识和谚语俗语,如:"初一月半子午潮。初三十八点心潮。十一十二(潮水来)吃饭不及。初八念三,早夜潮来。念五六,沟里干毕驳。

---

[①] 受访谈人:FT-YG01M,男,76岁,农民,访谈时间:2021年1月18日上午,访谈地点:盐官古城半爿草堂客厅。

初十潮,无得摇。初八念三,卯酉翻滩。"(3)祭祀仪式是应对灾难和祈福避灾的重要表达方式。由于家中父亲和叔父等多名族人从事航运工作,受访的76岁居民FT-YG01M甚为笃信和祭祀潮神:"祭拜过,现在还有祭拜潮神。我在船上的时候就祭拜过潮神","专门正式的祭拜,因为我过去其实是在海上捕鱼的","我爸爸在我4岁的时候因为发生意外船翻了就去世了","我的舅舅和我的叔叔全部都在海里遭遇过翻船","像我们如果要在大潮的时候出去,就会用一条鱼、一块肉和三种酒来供奉他,祈求保佑我们平安和多福"。

### 6.4.2 民间信仰(潮神)敬畏记忆形成机制

自然灾害是制约古代民间信仰发展的重要因素,面对未知而不可测的大自然力量和巨大而不可抵挡的灾害破坏力,先民就敬畏和崇祀能消灾去难的自然神灵,如海神、山神、火神、牲畜神等。此外,先民在面对和抗御自然灾害时,会将灾害应对经验主要通过俗信仪式和节日活动等形式保存并流传下来,如求雨和祭潮神等仪式。通过自然灾难的仪式化记忆建构,"人们很容易油然而生一股凝聚力,这种情感的共享,可以带来一种神圣感和升华感,这对强化原有的某种政治、文化或者社会认同有着极大的帮助"(范可,2011:33)。英国宗教人类学家布莱恩·威尔逊(2005)认为,人的宗教情感的最初来源是人在不安定状态、未知状态以及相伴随而来的难以应对之感之压力下所产生的对死亡、自然力量的恐惧、敬畏、崇敬、憧憬等心理状态。

"子胥因随流扬波,依潮来往,荡激崩岸。"(东汉·赵晔《吴越春秋》)东周春秋时期,钱塘潮形成之际,正值春秋末期吴国大夫伍子胥被冤杀,伍子胥被视为最早的潮神,潮神民间信仰即随之产生。随着杭州湾的农桑开发和经济发展,人潮互动日益频繁,伍子胥以潮神身份护佑官府筑城修堤,政府通过封号赐爵,纳入潮神伍子胥到国家祀典活动,完成了官方精英思想对民间祭祀知识的吸收,官民于是共同祭祀起潮神伍子胥。北宋两浙转运使张夏由于大力募民修建海塘治水有功,张夏之祠由"生祠"演变成

"神祠",张夏成为潮神"张老相公",其历史背景与当时杭州城的潮灾盛行有关(朱海滨,2015)。郑衡泌(2012)指出地方认同是人与地的感情关系及其精神活动层面的心理情感因素,进而提出地方认同的三结构框架:空间、象征和集体记忆互相依存,共同组成整体。民间信仰是指信仰并崇拜某种或某些超自然的力量(以万物有灵为基础,以鬼神信仰为主体),以祈福禳灾等现实利益为基本祈求,自发在民间流传的非制度化、非组织化的准宗教。人们面对大自然多表现出敬畏的社会心理,没有科学手段来应对潮灾的古代民众便借助于原始神话、信仰、传说、歌谣、仪式等习俗来达到对灾难的预警以及灾后的应对。

民间信仰(潮神)敬畏记忆形成于代际传承的祭祀仪式。2014年,海宁"潮神祭祀"入选国家级非遗代表性项目名录。从祭祀类别上讲,潮神祭祀可分为御祭、官祭和民祭等三类,民祭可分为船祭、庙祭和塘祭等三种(张炜芬,2015)。76岁的受访居民FT-YG01M出生和成长于钱塘江畔,祖孙三代做过船运工,他17岁从学校毕业后,即在钱塘江渔船做工,之后在盐官水文站工作了7年,检测钱塘江的水文信息,与潮水结下了不解之缘,每年他都会参加海神庙的祭潮神庙祭(官祭)仪式,源于潮神祭祀的家庭船祭氛围影响:"相信(潮神)。也有这种感觉,看老一辈的这么做所以我们也这么做。我到船上的时候也只有17岁,所以便跟着他们做。"究其原因,因为他家族三代人都从事江海航运工作,而且亲历亲人的安危和死亡,所以对潮神敬畏有加,希冀从祭祀中得到心理安慰和神灵护佑:"因为潮神人人都敬畏他,他很厉害,可以影响到你生死。我爸爸在我4岁的时候因为发生意外船翻了就去世了,我爸爸去世的时候只有24岁,所以对潮神很敬畏。我的舅舅和我的叔叔全部都在海里遭遇过翻船。我的舅舅有一次从这里出去就遇到了海难,他就许愿祈求潮神保佑平安,并许诺在海宁为他做一场大戏。"敬畏产生于恐惧,正是由于这种恐惧,人创造了许多神话人物和民俗信仰,构造了诸多神灵和禁忌(王晓升,2020)。对他们家庭来说,船上工作充满艰辛和未知性,出于对潮灾和海难等超自然力量的恐惧、敬畏和希冀,他们祈求潮神、海神和水神等神灵的庇护和降福,因此,潮神祭祀关乎着出海的生与死问题,是家族头等大事。通过对地方水神的信仰，他们把自己迷惘、恐惧的心情化为祈愿神灵保护航行平安的强烈愿望。虽然不能实质性地避免潮灾发生，但在这种祈求中，他们消解了对海难风险的恐惧，在尊重自然中怀着积极应对的心理，找到了与自然和谐相处的平衡方式。因此，潮神敬畏以民间信仰为精神力量，协调人与自然的互动关系，对钱塘江感潮区的民众社会生活有一定的保障功能。潮神敬畏民间信仰既表现出当地居民对大自然的尊重与敬畏，同时又是他们面对不定风险的消解心理，可以说是对潮灾的另类征服。

从地方与空间上讲，民众敬畏潮神的文化记忆，附载体于祠庙景观和节日仪式等文化空间中。郑衡泌（2011）通过对宁波地区鄞县、慈溪等6县方志中记载的与海洋相关的祠神进行统计，分析海神信仰、信众群体和地方祭祀的关系。杭州市区还有潮王庙、潮王桥、潮王路等地名遗迹。受访居民FT-YG01M谈到："我们盐官这边总共有52座庙，不过它们大部分是以祭拜海神和观音为主。那么为什么要祭观音呢？因为这其中有个很奇妙的故事。到了明末时期，钱塘江变道以后，我们这（江）边的地全部塌下去了，后来发现越塌越近，那时海宁城已经岌岌可危了。过去的人都比较迷信，有人说我们这块地是当时观世音菩萨借来的，所以这块地要还给他了。"这个"观世借地"的民间传说虽纯属虚构，但神话传说中的明末钱塘江变道和海宁城危在旦夕等钱塘潮灾事件，均可得到史实证实。

从地方与时间上讲，时间有日常的世俗时间和节日的神圣时间之分（王加华，2016），神圣时间主要包括节日、庆典仪式，以及协调人与自然和官民关系的祭祀活动。每年农历八月十八是潮诞日，民间称之为"潮生日"，是钱塘江畔海宁地区特有的古老节日，届时官方会举行祭潮仪式，"天师致祭"，"僧人诵经"，"郡守以牲醴致祭于潮神"；而四方民众则会涌来盐官，祭潮神观大潮，逛庙会听大戏，此时此地，祭潮庙会是钱塘江地方信仰的时空展现，而海神庙、白石坛和占鳌塔是祭祀潮神的神圣空间，是官府、民众和潮神交流的展演场地。因此，在高尔兴老人的画作中，他小时候和青年时过潮神节，除了家里祭拜潮神仪式，节日期间总会有热闹非凡的戏曲演出（见图

6-2,绘画3),说明民间社会不仅敬畏神圣化的潮神,还享受着难得的世俗化庙会(民间狂欢):"我叔公也乘过大船,他说如果遇到了海难许了愿,你回来就必须还这个愿,所以就请上海有名的戏班子到海宁来唱了三天三夜,祈求海神保佑。唱戏之前要先去供奉他、祭拜他,然后再唱戏。那时候是不收票的,免费供大众欣赏。所以看戏的时候都是人山人海。"(FT-YG01M)

### 6.4.3 自然景观(观潮)敬畏记忆形成机制

对于自然景观敬畏感,在Bonner和Friedman(2011)解释现象学的敬畏感补充原型模型中,敬畏感包括三大类10个要素,具体为认知类的浩大、存在意识、开放性与接受性以及妙不可言的惊奇等;情绪类的恐惧感、深刻感、连接感以及神圣感等;感觉类的当下、高度性感知等(董蕊、彭凯平、喻丰,2013),而Sundararajan(2009)在此基础上增加了意识这一维度,认为敬畏更应该注重沉思体验和自我反思。钱塘潮由于其自身独特景观和宏大声势,会给观潮游客带来内心的敬畏、感官的冲击和深刻的印象,根据笔者三次实地调查,观潮游客的问卷调查和访谈调查显示,外地游客会感觉首次观潮非常新奇:"第一次看潮,感觉很新奇,感受很奇特,给我触动很深!"他们也会自认为:"估计当地人天天看,没有了新鲜感,也会感觉平常,再没有意思了吧!"然而,在笔者的半结构化居民访谈中,当地居民年龄越大,看潮越多,越觉得"看不够!",居民观潮的敬畏记忆越为深刻和独特。

真实难忘的观潮体验会给居民带来刺激和独特的敬畏记忆。观潮游客在现场观潮得到观感体验之前,已经根据各种媒介信息和别人"添油加醋"的生动描述做出了观潮预期,他们观潮后会对实际场景和预期奇观进行比较,因此,游客的观潮敬畏感可以说是不真实的,是被虚拟的期待潮景没有得到满足而"较为失望"的现场感知处理加工过的。而本地居民则不同,他们对潮水很是熟悉和认同,他们会综合多次观潮的难忘经历(哪怕只是一两次),这种经历不仅仅是潮水本身的声势大小,也会联想到观潮往事的其他记忆,如在居民手绘潮意象图中,既有钱塘潮与月的意境组合(见图6-2,手绘3和手绘5),又有占鳌塔的标志性观潮景观意象(见图6-2,手绘4)。而高尔兴老人则撰诗道:"古刹风铃响叮当,夜半潮声不可挡。惊动檐口沉睡鸟,蹬足展翅空转荡。"在他的敬畏记忆中,钱塘潮声与小普陀寺风铃声琴瑟和鸣的夜潮声景,令这位身怀深厚潮文化情结的老居民,时时回味潮水的"韵味"和观潮的趣事,深深眷恋这种乡愁和依恋情感(见图 6-1,绘画 4)。

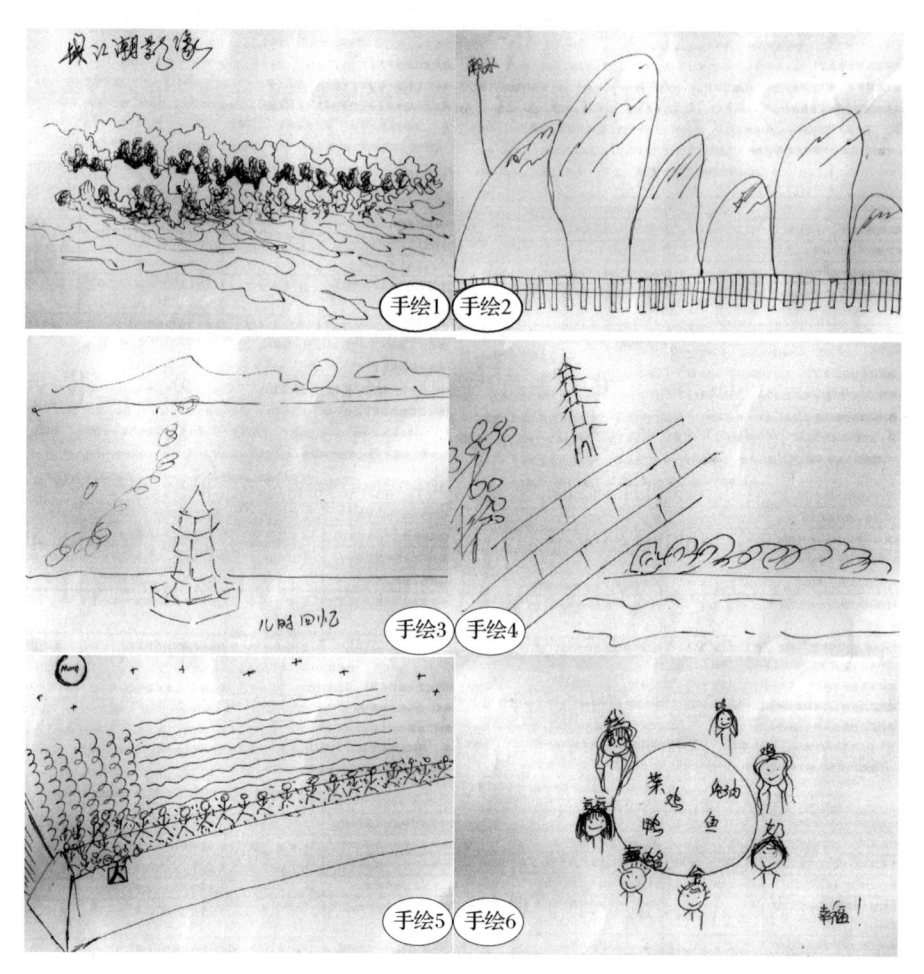

图 6-2 受访居民钱塘江观潮意象手绘图

因此,结合前文(第三章"概念构建与研究设计")所构建的视听魅力(VALF),本书认为,自然景观(观潮)敬畏记忆形成于钱塘潮的景观魅力,其景观魅力包括景观视觉魅力、声景听觉魅力和文化景观魅力:"在海边生活过的人知道潮水是很有韵味的,不管是它的声音,它的浪花,还是它的变化都

122

## 第六章 观潮旅游胜地居民敬畏记忆形成及影响机制

是出其不意的。"(FT‐YG01M)(见图6‐1,绘画4;图6‐2,手绘1和手绘2)

(1)居民观潮的敬畏记忆首先来源于景观视觉魅力。受访居民FT‐YG04M赞叹钱塘潮的宏伟气势:"一线潮的特点,宏伟,声势很大,像毛爷爷一样的,他在这边做了一首诗,就像千军万马,场面宏大,整齐,像万马奔腾一样的。"他更惊叹于钱塘潮的多样性、奇特性和震撼性:"交叉潮那边,一个我觉得奇,一个我觉得奇奇怪怪,每次都不一样的。还有一个,就是凶狠。"(FT‐YG04M)即便是看了很多次的当地居民,依然是充满新奇感、震撼感和惊奇感,正如杭州本地人、唐代诗人徐凝感叹道"钱塘郭里看潮人,直到白头看不足"(《观浙江涛》),76岁的受访居民FT‐YG01M也深有体会:"潮水对我们来说是百看不厌的,因为它每一天都会不一样,每一天都会给你新的印象,变化无常的。"他还绘声绘色地描述起自己遭遇"老江火"怪潮的观潮难忘经历:"我记得我在水文站工作时,有一天看到来一场怪潮,它的时候整个江面像荧光灯那么亮。过去老人传说它叫'老江火',即海上的鬼火,那时候看到以后我心里真的很害怕。潮水来的时候就突然刷刷的亮起来了,当潮水过来以后,潮水后面还是散发着亮光。"(FT‐YG01M)因此,受访居民才会纷纷表示,对潮水真真是"常看常新""百看不厌":"潮水我们明天看后天看都是不一样,没有重复的,我想你看过潮水应该也知道。"(FT‐YG02M)"我们说为什么本地人对看潮,看潮文化也是乐此不疲,像我爸爸也是经常有空就去看看的,因为每次都不一样,有新奇感,盐官就比较平淡无奇(因为只能看到一线潮,就没有新奇感)","冲天潮角度会打得非常高,十几米多有的,震撼性还是蛮大的"(FT‐YG04M)。他们描述的所有观潮感知属性均符合旅游魅力的景观维度。

(2)居民观潮的敬畏记忆也来源于声景听觉魅力。尽管从钱塘潮的客观属性上讲,涌潮既有横贯江面、潮高数米、气势壮观的视觉魅力,又有轰轰声响、声势震天的听觉魅力,但外地游客或白天观潮因为噪声影响而难以全真感知其声景听觉魅力,或晚上观潮因为安全问题而难以成行倾听夜潮声景。当地居民则不同,他们生于斯长于斯,与大潮日夜陪伴,"我们从小就生长在海边,是伴着大潮长大的"(FT - YG03F①),因此,他们对潮水的身形、声调还是秉性都熟悉有加:"难忘的经历肯定有的,每次潮水远远地像一条白线涌来的时候,好像万马奔腾而来的样子,轰隆隆的声音很响亮。"(FT - YG03F)76 岁的受访居民 FT - YG01M 回忆说:"我们家离得很近,一听到潮水来的声音我再跑过去看都来得及。我原来在水文站工作过 7 年,天天要看潮,晚上看白天看,所以潮水已经是很熟悉了。在海船上也待过很长一段时间,整整 8 年就在海面上度过的。"因此,"有声"又"有色"的观潮记忆才是最记忆深刻的,声色美妙迷人的潮水才最有"韵味"和惊奇感:"在海边生活着过的人知道潮水是很有韵味的,不管是它的声音、它的浪花还是它的变化都是出其不意的。"(FT - YG01M)听夜潮,特定潮时去江边夜游本身就是声景专程之旅,没有视觉景观、熙攘游人及其纷扰噪音的感官干扰,把大部分注意力放在倾听"涛声"上,这种听潮声景听觉魅力所导致的潮景敬畏记忆无疑是无与伦比的:"特别因为有些人是看夜潮的,夜潮的特点,听潮,声音会放大效果。老远望不了,轰轰的,声音很大,就像军队一样的特别整齐,第一次来看的确是蛮壮观的。"(FT - YG04M)

(3) 居民观潮的敬畏记忆更会来源于文化景观魅力。在闻名中外的观潮胜地,不管是对于本地居民还是外地游客,吸引人们观潮的不仅仅是大潮本身的观感刺激,还有精神和人文层面的钱塘潮文化魅力,因此,受访居民 FT - YG02M 才说:"大家一般都是奔着潮水来的,这说明潮水的魅力还是很大的。永立潮头、勇往直前,这都寓意着一种永远在潮头上一个精气神;亦是乘万马奔腾之势,一直往前走,不要走回头路的一种精神。"(FT - YG02M)另外,祭潮庙会期间,在海神庙对面老戏台唱大戏(见图 6 - 1,绘画 3),在海神庙和观潮公园恢复举行的祭潮神文化民俗庆典活动也很受居民心理认同,游客参与热情很高:"我们这边前几年都会有祭海神的一个活动,之前可能在民国和清朝的时候,可能是各级官员要参与参与的仪式,现在则

---

① 受访谈人:FT - YG03F,女,60 岁,农民,访谈时间:2021 年 1 月 19 日上午,访谈地点:盐官古城·汐墨民宿茶座。

是我们这边每年隆重举行的表演。"(FT-YG02M)之后,他兴致勃勃地谈起海宁名人金庸武侠小说中的传奇故事:"这就要谈到乾隆时期了。金庸笔下的有一本书叫《书剑恩仇录》,该书里面的主角叫陈家洛,有传言说乾隆也是汉人,是海宁人陈家以后的子嗣。""陈家洛死了之后,他的兄弟就觉得对不起哥哥,亏欠他,那怎么办呢?于是就给他找了个风水宝地葬在那边。这个风水宝地便是靠近自己的家——钱塘江。而后又为他造了一座海神庙。乾隆建海神庙他的寓意在哪里呢?就是寓意说,我在北京是一天上一场朝,你在这边是一天两朝(潮),这比他在首都还要好。"他坚信,这种充满传奇色彩的潮文化和海神庙故事,肯定会令观潮游客着迷,因此,他喜欢跟民宿客人神侃海聊,总是津津乐道地讲述这个传奇趣闻:"来观潮的游客都很喜欢听这个传说。因为他们在电视剧、史料上和其他民间传说中都没听过这个版本,所以对此十分感兴趣。"(FT-YG02M)

## 6.5 观潮旅游胜地居民敬畏记忆影响机制

如上所述,敬畏感由多种感知刺激源引发,并会在人与自然关系中强化人地联结,但目前针对敬畏感影响机制的系统研究却较为匮乏(Keltner & Haidt,2003;Bonner & Friedman,2011)。对于钱塘潮,潮灾、潮神和潮景都会引发当地居民的敬畏记忆,那么,观潮胜地居民的敬畏记忆是如何发挥其影响机制的呢?

### 6.5.1 敬畏记忆影响地方依恋

一般来说,地方依恋被认为是敬畏情感的潜在影响结果(雷尔夫,2021),如受访 76 岁居民在谈到他观潮"百看不厌"时讲:"因为我们从小在海边长大,从小就喜欢在海边。我们那时候生产队的地也在海边,每次去干活都会跑上去看看(大潮)。"(FT-YG01M)他对大潮的深厚情感溢于言表,表达出强烈的"恋地情结"和归属感,原因在于他畏惧潮灾、祭拜潮神、最爱潮景的生活经历和生活记忆,已同朝夕相伴的潮水息息相关了,经年日久轮回潮至的钱塘江"海边"早已成为他的精神家园。但受访居民钟表店的"野导"宋老板FT-HN02M,他每次带观潮游客去"一潮三看",都觉得没啥好看的,他只是做生意的,带人去看潮就是完成业务,没有其他居民这么深厚的钱塘潮文化感情,可能是因为他不是从小在海边生活,不算是地地道道的土著居民。

从客观的地理空间和自然景观向主观的人地情感的转换演化,是人与自然相处关系中地理景观感知的典型过程,居民对钱塘潮的敬畏记忆能够影响其地方依恋即是这种人地情感的具体体现。(1)"恋潮情结"显著凸显。本地居民通过长期的钱塘潮敬畏记忆,把观潮和生活、家庭和社会交往等结合起来,人潮生活融为一体构成"恋潮情结",即我们所说的更为深度的地方依赖和地方认同,也是"人与大潮和谐共生"根深蒂固感(Place Rootedness)的具体体现。73岁的受访居民FT-HN04M热情洋溢地写下留言:"我爱钱江潮,我在江边已经生活了73年,钱塘江是一浪推一浪,我的儿孙是潮水养育他们!太开心了!我每天听潮声!"他自行留下详细地址和手机号码,叮嘱笔者安排好更进一步的大潮专访,"恋潮情结"深厚浓烈而无比坚定。这种"恋潮情结"符合包括社区居民的好客度、亲密度和认同度等基本属性在内的情感凝聚(Emotional Solidarity)(Woosnam,2012),属于一种更为强烈和独特的地方依恋类型范畴。(2)人潮关系的日常生活。居民感受潮水"每天给人的感受都不一样",跟他们的生活经历、社会阅历和文化知识方面关系密切,76岁的受访居民FT-YG01M从小与潮水相伴,观潮成为他的"地方芭蕾"(Place Ballet),对潮水的脾气秉性是了如指掌,所以,他谈论起钱塘潮文化可谓是如数家珍、兴致勃勃,而且,他们以前还要利用观潮招待客人,售卖土货:"在我们沿海一般是在八月十八和正月初一,我们的亲朋好友都会来看潮,这时你要招待他们,给他们提供一下食宿。自己还要忙着做生意,都要去买土货的。"(FT-YG01M)受访居民FT-YG02M虽是新移民,但在盐官古城工作生活定居了12年,已经把盐官当成了第二家乡:"你看我在古城生活了十几年,这么一个小地方,十几年前也还年轻了,现在已经40岁了,一般别人都说去市区和杭州好,但我除非万不得已,不然我不会去杭州。"因为他早已同观潮结下了不解之缘:"像我在这边开店,一方面因为我是搞摄影的,所以自己偶尔会去拍一些照片和视频,另一方面有朋友来我们海宁看潮,我们刚好在钱塘江边上会带他们去看潮,以这样的一个状态去看潮。客人来了没什么好吃好喝的招待,但是潮水一定要带你去看。"(FT-YG02M)他认同和醉心于这种生活状态,把邀友观潮视为主人的一种待客之道,大潮算得上是必上的"一道家常菜"。受访居民 FT-YG03F 同样是"从小就生长在海边,是伴着大潮长大的",她的日常观潮早有了生活经验:"我们都知道大潮有一个星期左右,但我们平时也不太去,只有到观潮的时候我们才会去的。"并且,她的观潮活动跟社会交往和闲暇生活紧密结合起来了:"有的时候会几个人一起(观潮),大家结伴而行;有的时候没事了,一个人也会去。"(3)大潮带来的生活感悟。当地居民在观潮记忆中,会产生感慨之情和敬畏之心,也会反思自身的人生经历和生活状态,萌生出对生命的敬畏感和神圣感。受访居民 FT-YG02M 总会"通过海宁潮想到自己身边的人以及自己身边的事","特别是有人跳江自杀的时候,我们看到视频的时候就很有感触,感到很揪心,觉得人应该活在当下。我认为潮水就像人的一生一样,今天过了就过来了,你壮观地过来,不要唯唯诺诺"。观潮让他深感人生必须敬畏生命,学会坚强:"潮水一来,本来长在堤坝下面的中间段的小草,潮水来就给你冲掉了,小草第二天还会长出来。"正如孙中山先生在观潮后有"猛进如潮"的世界观产生,观潮诗词大都联系到诸多景观意象,钱塘潮最终塑造和形成了极具地方性的"弄潮儿"地方象征及"勇往直前"地方精神。

## 6.5.2 敬畏记忆影响主观幸福感

在深度访谈当地居民对钱塘潮的敬畏记忆时,受访居民 A17 绘制草图,描绘她在观潮旅途中,和爷爷奶奶等家人围坐在鸡鸭鱼丰盛美食餐桌旁,上写"幸福!"二字(A17,女,22 岁,本地居住 3 年)(见图 6-2,手绘 6);而受访居民 FT‐YG02M 表示出对大潮的真心偏爱:"我到这边来以后便觉得潮水是值得我蛮骄傲的一个东西。"因为观潮最后构成了自己工作和生活不可缺少的重要部分,让自己感受到工作状态和生活质量的满意感、满足感、幸福感:"我觉得看潮是一件很开心的事。我们每次看潮,基本上都会提前 40 分钟到一个小时去,等潮的时候会聊聊天,聊一聊潮文化,我觉得这蛮好的!""这可能跟我所从事的摄影工作也有一定关系,像我们有空的时候去看潮就会拍点照片,邀三五个圈内的摄影好友一起,会拍点小视频,回来以后一起分享,看大家拍的怎么样。"(FT‐YG02M)这便是当前用来衡量城乡居民心理健康和生活质量的主观幸福感(Subjective Well-Being,SWB)。主观幸福感既涵盖认知维度的满意度,也涵盖情感维度的快乐(王丰龙、王冬根,2015),心理学研究者实验发现,敬畏情绪能够提高个体的身心健康、生活满意度和主观幸福感(Gordon,Stellar,Anderson,et al.,2017),本访谈结果基本上与他们的研究结论相一致。

这种钱塘潮居民敬畏记忆带来的主观幸福感,一方面反映在观潮胜地旅游口碑给观潮胜地居民带来的极大自豪感上。钱塘江大潮这种"百看不厌"的无二景观,来自"一潮三看"甚至 28 种潮景的亲身感知,以及由此而来的"恋潮情结",他们会引以为傲,热衷于为他人推荐和介绍这一"天下奇观":"我们一般出去旅游的时候别人都会问我们海宁有什么好玩的地方,我们都会很自豪地推荐别人来海宁观潮,说我们海宁大潮是天下奇观。"(FT‐YG03F)由此可见,这种大潮给当地居民带来自豪感和幸福感,导致他们的观潮推荐度和潮乡忠诚度极高:"我一般不管是谁,只要是跟我认识的,我都会跟他说你来海宁玩啊,我带你去看大潮;我不会说来玩,我带你去唱歌啊。全国各地的都有,我都会说我带你去看潮,因为这是我们独有的。"(FT‐YG04M)同时,他们也会思索和迷恋于潮景的"奇怪",尽力使自己成为观潮内行,可以"头头是道"地讲述其观潮的心得体会和门道诀窍:"其实我们看到的潮水是千变万化的,它有的时候很汹涌,有的时候却很温柔。因为它一个月里面有两次大的变化,初一初二和十七十八这一段时间是大潮,二十七和二十八的时候是小潮,它是周期性的,所以说每一次潮水都是不同的,

都有很大的变化。"(FT-YG01M)

另一方面,这种敬畏记忆带来的主观幸福感也反映在当地居民对观潮胜地未来发展的巨大信心上。受访居民 FT-YG04M 回顾前几年和现在的钱塘江自然环境变化,认为生态环境和卫生状况等大大改善了,显示出较高的居住环境满意度:"你看钱塘江有时候旁边有白鹭什么的,以前哪有的,现在还是变好了,生态环境还是变好了,包括原来还臭烘烘的,现在还是比较重视(生态)的。"另外,他做民宿也表示肯定跟观潮胜地一荣俱荣的决心,对自己长期性的事业发展充满信心,并已经提前注册"百里海塘"商标,期待在不久的将来这一 IP 商标升值变现,显示出满满的预期获得感:"把盐官打造成一片(超级度假旅游区),现在有百里绿道和百里钱塘,我也注册了个'百里海塘'商标,提前注册一个,就等(以后)盐官发展起来。"(FT-YG04M)

### 6.5.3 敬畏记忆影响旅游支持态度

在回答"有一天它要是消失了,没有大潮了,你会难过吗?"这一访谈问题时,受访居民 FT-YG04M 表达出对保护好大潮和发展好旅游较高的积极意愿和支持态度:"因为大自然的神奇,大自然赋予人类的奇观,现在也其实变害为宝了。我觉得海宁依托潮文化还是发展了不少经济,也让中国老百姓能看到大自然的奇观,我觉得挺好,如果没有了真的是比较遗憾的。"(FT-YG04M)旅游社区居民的支持态度和参与意愿,对旅游地可持续发展至关重要。一般认为,积极的旅游影响感知,如收入就业增加、生活质量提高、家乡美誉自豪等,会带来当地居民的社区满意和社区认同,从而使其更有力地支持旅游发展(郭安禧、王松茂、李海军等,2020),当地居民会乐于参与旅游开发、主客交流和推介传播等旅游支持行为。

具体而言,这种旅游支持态度,正是观潮胜地居民对潮水的敬畏感所生成的社会责任感,对游客生命安全和家乡潮文化开发的强烈责任:"开发旅游,自然奇观肯定要有的,但是要在安全的前提下去观赏它,在安全的同时也要知道潮水以前是多厉害,首先是要管理好。"(FT-YG02M)一方面,潜在观潮游客会误以为大潮很恐怖、很危险,不敢来看潮,受访居民就感觉很委屈和不平,认为媒体有误导、民众有误解:"我(民宿)的游客有时候会讲会问,潮水危险不危险,会不会出事情,他们很关心的,因为他们会放大(误解和担心)。有时这边出事情了,钱塘江什么又淹死人了,但钱塘江淹死人,客观性很多。我举个例子,你真正是因为大潮淹死的,其实现在基本上没有,但架不住现在,有人跳江,宣传起来钱塘江又死人了。"(FT-YG04M)因此,他忧心忡忡地出谋划策,主张当地政府文旅局和景区管理部门有责任去做好宣传和科教工作,以消除这种较为普遍的公众惧潮错误认知。同时,不管是钱塘江还是涌潮,当然存在一定的危险(所谓"水火无情"的常态危险),钱塘江有其自身的特征(江面波澜不惊,但却潮头突至、暗潮汹涌),因此,观潮游客的安全管理还是必须高度重视的,即便是整个江岸均设置了安全警示标牌和高音喇叭摄像头,但总有外地游客无视警告,不听劝告,冒险下塘进入江中滩涂:"还有前面不是有一次,三个外地游客在钱塘江下面的滩地上,潮水来了,他们爬下去了,跟他们讲潮水来了,三个人还慢悠悠地,你说你怎么办?没办法。但其实真的你科学看潮,我们本地看潮是没有(危险)的,我们都有数。"(FT-YG04M)对外地游客的无知行为和冒险举动,受访居民多深表愤慨,表示他们不珍惜自己的生命安全简直是不可理喻。

另一方面,受访居民的旅游支持态度,反映在他们深感自己有义务有责任去保护、弘扬和发展潮文化,对盐官古城观潮景区的旅游开发非常关心,对拆迁深表痛惜和遗憾,担心垦荒填海会导致潮水变小,对未来音乐小镇的总体规划开发表示充满信心,满怀期待。高尔兴老人眼看盐官古城变迁巨大,自2012年古城拆迁开始,用800多张钢笔画记录了古城记忆。"生活过的地方,感情很深,但是一旦拆掉后就会被遗忘,我要在拆之前把它们画出来,让盐官古城的模样和故事一直流传。"受访居民FT-YG02M对此评论道:"我认为现在海宁观潮这一块好几个亮点还没有全部提出来。比如来到盐官看潮最好看的是一线潮,至今书本上还是这样写。其实最好看的并不是一线潮,可以说它只是(多种潮景)其中之一。我认为应该把其他几个(潮景)最好看点都发掘出来,让大家都知道。"除了当地政府观潮开发过于单一、未能有效开发出一线潮之外的数十种潮景外,他还认为盐官古城没有做好旅游营销:"故事没讲好,没有好故事你凭什么说潮好看?"因此,他建议可以通过抖音等新媒体使观潮胜地成为网红打卡地,同时要重点开发名人文化和野史卖点:"钱塘江大潮绝对是一个最亮的卖点,让别人觉得虽然打卡点一样但还是觉得海宁值得去,我认为很重要","海宁历史上它比乌镇和西塘的典故要多很多,像金庸、王国维、徐志摩都是我们海宁人,还有最扑朔迷离的乾隆皇帝,这些都是卖点"(FT-YG02M)。在笔者访谈盐官古城居民和景区管理部门人员时,他们经常会推荐和介绍不少从事钱塘江大潮绘画、摄影或文学创作的当地知名人士,谈论这些"海宁潮迷"的创作经历、获奖作品和潮文化情怀:"我还认识杭州的一个画家,当时是2004年盐官开发旅游的时候,这边当时私人开发的老总让他画了一个系列的百潮图,当时被一个人花了10万块钱收藏起来了,有100幅所以叫百潮图","我说的画百潮图的在老盐仓,前面说看回头潮的地方。画百潮图的姓楼,名上游,在百度上可以搜到"(FT-YG02M)。

## 6.6 小结与讨论

钱塘潮造成感潮区潮灾,从观潮胜地居民的文化记忆角度,充分挖掘居民记忆,获取钱塘潮的景观演变,审视居民对钱塘潮的敬畏情感产生,以及影响其地方依恋的人与自然关系作用机制。气势浩大与声势震撼的钱塘潮,极大地吸引着观潮游客的视觉和听觉注意力,视听魅力凸显,这种魅力感知能带来地方依恋和主观幸福感等人地情感(见图6-3)。直接面对钱塘潮的演变过程,钱塘江两岸民众畏惧自然,崇拜自然,抗击自然,征服自然,"栖居"自然,历史遗留下大量宝贵的遗迹、档案、诗歌、神话故事、建筑、节日仪式、纪念活动、日常交流等有形以及无形的物质载体和行为方式,形成独特的钱塘潮文化记忆,成为城市历史与文化灵魂的根结之地。通过人与自然关系视角分析和归纳钱塘潮文化景观的演变历程,中国古代潮论、古海塘、潮神、镇海、弄潮、观潮等潮文化遗产,均可视为钱塘潮文化景观的记忆载体。

图 6-3 观潮胜地居民敬畏记忆示意图

综合梳理敬畏感的概念维度,结合中国文化语境的敬畏情感,以及钱塘潮带给本地居民的敬畏情感,居民敬畏情感可划分为自然灾害(潮灾)敬畏、民间信仰(潮神)敬畏、自然景观(观潮)敬畏等三类。探究居民敬畏记忆的形成机制,需要切入人与自然的交互关系,审视观潮旅游地社区居民对钱塘潮的潮灾、潮神和潮景等敬畏记忆诱发源的作用机制(见图6-3)。(1)自然灾害(潮灾)敬畏记忆形成机制。自然灾害敬畏记忆源于灾害发生地的地方知识,通过自身灾害体验和代际口头讲述进行传承和传递。灾害发生地当地居民的地方知识引致自然灾害敬畏记忆,主要通过口述传统、民谚俗语、祭祀仪式等三种方式。(2)民间信仰(潮神)敬畏记忆形成机制。民间信仰(潮神)敬畏记忆形成于代际传承的祭祀仪式。从地方与空间上讲,民众敬畏潮神的文化记忆,附载体于祠庙景观和节日仪式等文化空间中。从地方与时间上讲,时间有日常的世俗时间和节日的神圣时间之分,节日与庆典仪式,协调人与自然和官民关系的祭祀活动。(3)自然景观(观潮)敬畏记忆形成机制。自然景观(观潮)敬畏记忆形成于钱塘潮的景观魅力,其景观魅力包括景观视觉魅力、声景听觉魅力和文化景观魅力。

观潮胜地居民敬畏记忆的影响机制。(1)敬畏记忆影响地方依恋。从客观的地理空间和自然景观向主观的地方情感的转换,是人与自然相处关系中地理景观感知的典型过程,居民对钱塘潮的敬畏记忆能够影响其地方依恋即是这种具体体现,"恋潮情结"凸显,人潮关系成为日常生活的"地方芭蕾",以及大潮生活萌生出人生感悟。(2)敬畏记忆影响主观幸福感。这种钱塘潮居民敬畏记忆带来的主观幸福感,既反映在观潮旅游口碑给观潮胜地居民带来的极大自豪感,也反映在当地居民对观潮胜地未来发展的巨大信心。(3)敬畏记忆影响旅游支持态度。这种旅游支持态度,正是观潮胜地居民对潮水的敬畏感所生成的社会责任感,对游客生命安全和家乡潮文化开发的强烈责任,一方面,潜在观潮游客会误以为大潮很恐怖很危险,不敢来看潮,受访居民就感觉很委屈和不平;另一方面,反映在受访居民深感自己有义务有责任去保护、弘扬和发展潮文化,对盐官古城观潮景区的旅游开发非常关心,对未来音乐小镇的总体规划开发表示充满信心,满怀期待。

# 第七章
# 钱塘潮视听魅力的游客感知理论模型

"自然环境中的高度魅力有助于恢复注意力,并有效解释自然对人的身心影响。"(Sato & Conner,2013:199)"动作若惊骇,声音若雷霆"(东汉·袁康《越绝书》),气势磅礴的钱塘潮,毫无疑问最典型地符合注意力恢复理论(ART)中的魅力(Fascination)属性,在视觉和听觉方面均具备较高的景观魅力。钱塘潮视听魅力展现的是观潮胜地人地情感关系的游客感知维度。那么,就人地情感关系的观潮者感官体验层面而言,钱塘潮的视觉和听觉魅力如何测量?其影响又是怎样的呢?本章在视听魅力的理论概念基础上,开发了视听魅力的测量量表,对观潮游客进行结构化问卷调查,并实证构建和系统验证了景观魅力、声景魅力、地方依恋、游客忠诚度的结构方程模型(SEM)。

## 7.1 旅游地游客感知简论

作为研究游客旅游心理与旅游行为的逻辑起点,游客感知是旅游地管理和游客管理的核心研究领域之一(史达、张冰超、衣博文,2022)。一般来说,游客感知是游客在旅游行前、旅途、游后的认知、体验和情感等社会心理综合体,尤其是指游客在目的地的旅游活动中,对目的地物质环境、旅游吸引物、接待场所设施和各种人事物等进行多感官体验的一种心理认知过程(吴小根、杜莹莹,2011),也可以被视为游客与旅游目的地发生人地互动和人际交流,从而产生旅游认知、态度和情感的建构过程(Jong & Shin,2020)。游客感知具有感受性、整体性、适应性、理解性、选择性等多种特征,会直接影响到游客的满意度、旅游决策、旅游体验、旅游评价和忠诚度,因此,其理论意义和实践价值极为重要。然而,刘建国、黄杏灵和晋孟雨(2017)全面梳理了国内外的游客感知研究文献发现,当前的学术研究尚停留在游客感知的理论及实践表象上,对游客感知系统理论体系和内在影响机理的深入研究依然薄弱,亟待旅游学、心理学、社会学、地理学等相关学科的交叉研究,跨学科、多案例地全面探讨游客感知的动态演变、影响效应、理论构建等科学问题。

总体上,游客感知具有过程性、复合性、动态性和多感官性等基本属性。一般而言,当游客受到自身、家庭、组织或社会环境(如法定假期、媒体传播等)等内外条件的旅游刺激,而萌发、计划和决策某次旅游出游时,他(她)会对旅游目的地的自然环境、接待设施、旅游吸引物、文化活动、游乐项目等产生期望、想象或预测。当游客到达旅游目的地,他(她)会对所接触到的自然、场所、旅游、社会、文化、服务等旅游目的地环境氛围,做全方位、全过程和多感官的身心体验和感知评价。当游客结束旅程离开了旅游目的地,他(她)会对本次旅游经历做出总体的体验反刍和游后评价。游客感知的过程性,一方面反映在游客在整个旅游途中的感觉过程、知觉过程和体验过程,另一方面则反映在游客旅游认知与情感的形成、演变和深入过程。游客感知从内在本质上讲,是一种游客心理情感时序有变的旅游体验状态,可分为预体验、现场体验和回忆体验等感知阶段(马天、谢彦君,2015),并影响游客对旅游目的地的满意度、忠诚度、环境责任行为等态度和行为。游客感知的复合性,反映在游客对旅游目的地感知和体验的对象和内容上,如环境氛围感知、主题吸引物感知、风险安全感知、文化原真性感知和接待服务感知等,因为游客感知会受到旅游资源、接待支持、环境氛围、社会文化、接待服务及社区等综合因素影响(史春云、张捷、尤海梅,2008)。游客感知的动态性,反映在游客感知的多个维度如感知价值(Perceived Value)、感知质量(Perceived Quality)、感知意象(Perceived Image)、感知恢复性(Perceived Restorativeness)等是动态变化的,以及游客正面和负面感知情感的动态性,一方面,游客感知会受到天气状况、接待场景(如狂欢、空寂、等待、拥挤等)、人际关系、突发意外等外在因素的动态影响;另一方面,游客感知本身即是游客个体和集体的人生体验和旅行学习过程,不同时间和阶段游客的旅游偏好、期望、需求和观念是动态变化的(谢彦君,2011)。游客感知的多感官性,主要包括视觉、听觉、触感、嗅觉、味觉等五感,旅游景观也被分为视觉景观、听觉景观(声景观)、触觉景观、嗅觉景观和味觉景观,即五感景观或多感官景观(sensescape)(Porteous,1985)。

如上所述,游客对旅游目的地的感知与体验已经不再限于"走马观花""一饱眼福"了,而是"游客置身于环境中高度参与、多感官体验"(李萌、陈钢华、胡宪洋等,2022:70),多感官和全身心的整体"具身化"体验(embodied experience),旅游体验是在物质身体和社会建构的身体的交叉中进行的(Small,Darcy & Packer,2012)。对于体验经济时代的旅行者来说,他们更追求自主化、个性化、沉浸式、多元化的旅游体验方式,更希望通过视觉、听觉、味觉、触觉等,全身心投入并参与到整个旅行生活中,融入当地居民日常生活,感受和享受当地的社会生活和文化氛围,获得真实和丰富的旅游体验,乃至达到忘记"消费"场所和时间存在的"畅爽"(Flow)沉浸式体验心理状态(Lunardo & Ponsignon,2020)。游客的各种身体感官对旅游体验有着重要意义,能够提升游客满意度和忠诚度等行为意向,因此有必要有效开展旅游地的感官营销(Agapito,Pinto & Mendes,2017),而且"游客体验的感官维度研究对旅游地的游客管理至关重要"(Meacci & Liberatore,2018:7)。2019年,《旅游与具身化》一书出版,通过对旅游情境中运动、思维和感觉实践的多案例探讨,集中展示了具身化在理解文化和自我方面所起的重要作用(Palmer & Andrews,2019)。

"姑苏城外寒山寺,夜半钟声到客船。"(唐·张继《枫桥夜泊》)游客对旅游地的认知、感知、情感均建立在具体生动的身体之上,他们通过身体感官体验所处的整体环境空间,并赋予特定的旅游体验和社会意义,尤其是残障游客(Darcy,2012)、儿童游客(徐彩霞、钟士恩、彭红松等,2022)、视觉损失游客(Small, Darcy & Packer,2012)的旅游体验,并且会发生多感官体验的联觉(Synesthesia)效应,如视听联觉(赵警卫、杨士乐、张莉,2017)、视嗅联觉(Kuruppath & Belluscio,2021)、视听触嗅联觉(Kastenholz, Marques & Carneiro,2020)等,此类具有康复和治疗功能的园艺、动植物等恢复性环境成为康复景观(therapeutic landscape)(袁晓梅、周同月,2020)。总体上,运用旅游学、心理学、营销学和地理学等相关学科,旅游地的感官营销和游客体验主题研究,探讨游客在整个旅行过程中感知到的多感官环境刺激,关注游客身体、感知体验、旅行情境之间的交互过程和人地关系(林开森、沈姝筱、元晓春,2024),游客据此对旅游地形成感官意象,并产生正面或负面的生理感受、心理情绪、精神反应和体验质量,进而影响他(她)的情感态度、旅行记忆和行为意向,因此,我们可以用以发掘和塑造旅游地独特而深刻的"感官标识"(或称"感官印象")(sensory signature)(吕兴洋、吴艾凌、李惠璠,2022)。具体来说,比如在海滨、乡村或者城市旅游地,游客通过所处环境的海景海滩、田园村落或城市街区,会具身感受海风海浪、炊烟袅袅或繁华街市,他们会听到水流声、鸟鸣声或音乐声,触摸到沙滩海水、溪流野花或街景雕塑,也会品尝到海鲜烧烤、农家菜肴或茗茶咖啡,涵盖着游客在旅游地"吃住行游购娱"的全过程体验感知(Kim & Kerstetter,2016)。一方面,从游客感知和旅游效益来看,积极的感官体验能引发游客的身心健康恢复(肖拥军、段梦怡、郑楚钰,2024)、长期的深刻回忆(Buckley,2022)、信任度和安全感(Elvekrok & Gulbrandsøy,2022)、心情放松和快乐感(徐虹、周泽鲲,2020),从而提升游客的旅游体验质量和主观幸福感。另一方面,从旅游地营销和游客管理来看,积极的感官体验可有效提升游客对旅游地的偏爱、满意度(施思、黄晓波、张梦,2021)、意象感知(Trang, Yoo & Joo,2023)、亲环境行为和环境责任行为(林源源、邵佳瑞,2021),从而强化游客的地方依恋和忠诚度(Yang, Huang & Huang,2021)。而对于游客感官体验对其地方依恋、怀旧等情感态度的影响机制而言,听觉、味觉、嗅觉等感官知觉可能比视觉效益更为突出(董引引、曲颖,2022),尤其是"为有暗香来"(北宋·王安石《梅花》)的气味景观(smellscape)(或称"香景"),在中国传统环境美学、古典园林艺术方面的独特价值(陈意微、袁晓梅,2017),气味对游客的环境认知、时空记忆(Michon,Chebat & Turley,2005)、康体保健和旅游体验都异常重要(徐虹、周泽鲲,2020),更能激发出人们心里最深处的记忆情感,乃至成为同视觉地标同等重要的"气味标记"(smellmarks)(段义孚,2018)。

## 7.2 视听魅力(VALF)量表开发

魅力是自然景观的内在特性。在 Kaplan(1995)提出的魅力(Fascination)概念的理论基础上,已有不少关于环境魅力的实证研究和测量量表展开(Korpela & Hartig,1996;Laumann,Garling & Stormark,2001;Lehto,2013)。根据注意力恢复理论(ART),以往的研究和测量都将魅力视为恢复性环境的单一维度和中心成分(Lehto,2013),如恢复性旅游地(Kirillova & Lehto,2016)。Lehto 开发和编制了"旅游地环境恢复性感知量表"(PDRQ),该量表包括魅力、程度、相容性、不和谐、精神上的远离和身体上的远离等六大维度(Lehto,2013)。因此,从理论和实践上讲,专门建立一个多维度的旅游地魅力量表愈来愈显得重要(Liu,Wang,Huang,et al.,2017)。

正是因为旅游地魅力(Destination Fascination,DF)是比魅力更广泛、更复杂的学术概念,旅游地魅力量表已在其生成项目中进行了多维度开发,并已做了信度和结构效度评估(Liu,Wang,Huang,et al.,2017)。整合和梳理 Liu、Wang、Huang 等(2017)和 Wang、Liu、Huang(2020)的研究文献,我们不难发现,旅游地魅力量表已从最初的单一维度(3 个题项)扩展到最新的六个维度(24 个题项),这六个维度包括神秘性、丰富性、吸引力、独特性、适合性和友好性。就本书的视听魅力(VALF)而言,多感官魅力是以多感官景观为目标而非针对旅游地提出的,因此视听魅力(VALF)的五维量表可以具体建构起来,包括神秘性、丰富性、吸引力、独特性和适合性等,第六个维度的友好性被删除,这也能得到相关文献综述的支持(Kaplan,1983,1995;Korpela & Hartig,1996;Liu,Wang,Huang,et al.,2017)。

如上所述,旅游体验和环境魅力本来就应该是多感官的(Kirillova,Cai & Lehto,2016),不断开发的多感官魅力量表逐步涌现,譬如 Davies、Adams、Bruce 等(2009),Axelsson、Nilsso 和 Berglund(2010),Brown、Kang 和 Gjestland(2011),Payne(2013),Hong 和 Jeon(2013),Aletta、Kang 和 Axelsson(2016)等种种声景量表,特别是 Payne(2013)开发和测试的感知恢复性声景量表(Perceived Restorativeness Soundscape Scale,PRSS)(包含 5 个声景听觉魅力题项),以及感官维度感知(Perception of Sensory Dimensions,PSD)(Grahn & Stigsdotter,2010;Stigsdotter,Corazon,Sidenius,et al.,2017)等,例如,"我觉得这声音很悦耳"或"我觉得这声音很令人兴奋"。研究表明,提升自然场所的视听环境品质和视听景观耦合评价,须重视视听觉关系,以及愉悦度(Axelsson,Nilsson & Berglund,2010)、唤醒度(Davies,Adams,Bruce,et al.,2009)、和谐度(Hong & Jeon,2013)、舒适度(马蕙、王丹丹,2012)等视听维度。目前声景魅力尚未得到系统化的专题研究,但 Payne(2013),舒珊(2020),朱天媛、刘江、郭渲等(2022)在探讨自然声景观的恢复性效益时,均聚焦于自然声景观的愉悦度、唤醒度与和谐度等三大维度,也隐含了自然声景观的魅力属性(即自动吸引游客的注意力)。因此,本书提出开发三维的自然声景魅力量表(Natural Soundscape Fascination Scale,NSFS),包括愉悦度、唤醒度、和谐度等三个维度(Davies,Adams,Bruce,et al.,2009;Axelsson,Nilsso & Berglund,2010;Brown,Kang & Gjestland,2011;Hong & Jeon,2013;Medvedev,Shepherd & Hautus,2015;Aletta,Kang & Axelsson,2016),共计 12 个题项。

2019 年 5 月,笔者对 20 位专家和游客进行了视听魅力(VALF)测量量表的预调查,根据其题项完成结果和观潮感知意见,将包含意义相近的题项删除或合并,并检验了该量表的表面效度和内容效度,最后提炼出 32 个题项,形成初始的视听魅力量表(见表 7-1)。

表 7-1 视听魅力开发量表

| 类别 | 维度 | 题项 | 来源 |
|---|---|---|---|
| 景观魅力量表 | 神秘性（mystique） | L1. 大潮很神秘 | Liu, et al., 2017；Wang, et al., 2020 |
| | | L2. 我对大潮充满了好奇 | |
| | | L3. 大潮有值得探索的奥秘 | |
| | | L4. 大潮给了我不同寻常的体验 | |
| | 丰富性（richness） | L5. 大潮是值得探索的非凡景观 | |
| | | L6. 我在观潮胜地这里玩不觉得无聊 | |
| | | L7. 观潮给了我极好的观感体验 | |
| | | L8. 观潮让我有了非同寻常的感悟 | |
| | 吸引力（attractive-ness） | L9. 大潮真是挺吸引人的 | |
| | | L10. 大潮让我感觉良好 | |
| | | L11. 大潮让我忘了所有烦恼 | |
| | | L12. 大潮让我回味了好久 | |
| | 独特性（uniqueness） | L13. 大潮本身独一无二 | |
| | | L14. 大潮很有地方特色 | |
| | | L15. 大潮给人以独特体验 | |
| | | L16. 大潮在视觉上很震撼 | |
| | 适合性（fitness） | L17. 观潮胜地的环境是我喜欢的类型 | |
| | | L18. 大潮反映了真实的自我 | |
| | | L19. 大潮让我想到自己的生活经历 | |
| | | L20. 大潮代表了我期望的人格特征 | |
| 声景魅力量表 | 愉悦度（pleasantness） | S1. 大潮这种声音听起来很舒适 | Davies, et al., 2009；Axelsson, 2010 |
| | | S2. 我觉得大潮声很吸引人 | Shu & Ma, 2017 |
| | | S3. 听到大潮声我觉得很享受 | Brown, et al., 2011 |
| | | S4. 我被大潮声迷住了 | Shu & Ma, 2017 |

续　表

| 类别 | 维度 | 题项 | 来源 |
|---|---|---|---|
| 声景魅力量表 | 唤醒度（arousal） | S5. 大潮听起来令人兴奋 | Medvedev, et al., 2015 |
| | | S6. 这种声音让我很感兴趣 | Davies, et al., 2009; Shu & Ma, 2017 |
| | | S7. 大潮需要静心聆听 | Davies, et al., 2009 |
| | | S8. 大潮声让人产生敬畏感 | Davies, et al., 2009 |
| | 和谐度（appropriateness） | S9. 在观潮胜地我最想听到大潮声 | Bruce & Davies, 2014 |
| | | S10. 大潮声跟这个环境很和谐 | Hong & Jeon, 2016; Aletta, et al., 2016 |
| | | S11. 大潮声让我想象自然的神奇力量 | Shu & Ma, 2017 |
| | | S12. 大潮声让我想在这里多待一会时间 | Shu & Ma, 2017 |

## 7.3　概念模型与研究假设

如上所述,自然景观和声景观等恢复性环境早已被视为景观魅力的重要来源(Berto, Massaccesi & Pasini, 2008)。总的来说,环境魅力是"参与探索和理解环境的过程"(Berto, Baroni, Zainaghi, et al., 2010:494),它直接影响到人在环境中的态度和行为(Kaplan & Kaplan, 2009),强化了自然环境与人的积极情绪之间的交互关系。"钱江潮到千骑疾万马奔腾,声驱气卷万山来地动山摇"(萧山区塘头老街·镇海殿楹联),钱塘潮气势浩大、声威恢宏、形态多样,兼具视觉景观和声景观的自然属性。由于钱塘潮的声势非凡,而且,"早知潮有信,嫁与弄潮儿"(唐·李益《江南曲》),每日两次的潮水按照可预报时间到达观潮点,"猛进如潮",奔涌向前,其即时性的景观特性使观潮游客非提前候潮不能完整观赏其潮水行进全过程。所经之处,无一不引起观潮游客和过路人的"注目礼",专心凝视,屏气倾听。因此,钱塘潮在视觉景观和声景观方面均极具吸引观潮游客注意力的魅力属性。

基于现有的研究文献与Wang、Liu和Huang(2020)所验证的旅游地魅力影响地方依恋、忠诚度和主观幸福感的旅游地魅力(DF)研究模型,以及Girish和Park(2020)发现旅游地魅力对游客的环境态度、主观规范和感知行为控制的显著影响,我们构建视听魅力(VALF)的概念模型和研究假设,即景观魅力和声景魅力将积极影响观潮游客的地方依恋和忠诚度(见图7-1)。

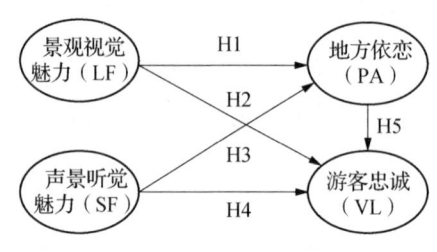

**图7-1 模型构建**

在景观魅力方面,以往关于环境魅力和恢复性环境的研究结果表明,个体可以在恢复性环境中建立情感联结和积极情绪(Sato & Conner, 2013),产生对魅力性环境的归属感,并会去造访和游览这种类型的环境(Korpela, Hartig, Kaiser, et al., 2001)。Zheng、Qiu和Morrison(2022)运用计划行为理论(TPB)和认知—影响—行为(CAB)模型,建构和验证了旅游地魅力对亲环境行为意图(TPEBI)的理论模型。Girish和Park(2020)调查海岛游客的行为意向,结果表明,旅游地魅力对游客的环境态度、主观规范和感知行为控制有显著影响。此外,在偏爱性较强的旅游地,游客感知到的魅力可能会增强其地方依恋和心理参与,从而间接提高他们对魅力型旅游地的忠诚度(Yuksel, Yuksel & Bilim, 2010; Veasna, Wu & Huang, 2013; Wu & Lee, 2022)。

因此,我们提出如下研究假设:

H1:景观魅力对地方依恋有正向影响。

H2:景观魅力对忠诚度有正向影响。

在声景魅力方面,游客感知到的声景魅力可以增强其地方依恋和游客忠诚度。自然声景或具有更多自然声音的自然环境可直接对居民和游客的恢复性感知产生积极影响(Voigt & Schulte-Fortkamp,2012)。在声环境或声景空间中,声音总是在特定的时间出现在特定的空间环境中,并可能引发特定地方的依恋情感,当然这种声环境或声景观是与整体环境的视觉景观相结合的(Carles,Barrio & de-Lucio,1999)。在声景空间中,由于声音对地方认同的多重影响(Gibson & Waitt,2009),游客总是会识别和记住一些特定的声音信息,并将有意义的声音融入他们的旅游体验中,从而产生忠诚度。

因此,我们提出如下研究假设:

H3:声景魅力对地方依恋有正向影响。

H4:声景魅力对忠诚度有正向影响。

游客与旅游地的人地情感联结对忠诚度的形成起到重要作用,地方依恋对忠诚度的正向影响已被众多调查研究证实(López-Mosquera & Sánchez,2013;龙江智、段浩然、张方馨,2020)。为了确定旅游地的地方依恋影响机制,Lee、Pei、Ryu 等(2019)研究发现,地方依恋是有利于自然旅游地可持续管理的关键因素,忠诚度和亲环境行为之间的相互协同可通过加强地方依恋来实现。Stylos、Bellou、Andronikidis 等(2017)对英国和俄罗斯两国的游客进行了抽样调查,发现游客的地方依恋始终如一地积极决定了他们的重游意向,表明旅游地忠诚是地方依恋的一个关键结果。

因此,我们提出如下研究假设:

H5:地方依恋对忠诚度有正向影响。

## 7.4 问卷调查

为有效地总结研究文献,设计和完善调查问卷,笔者于 2016 年 10 月 14 日至 17 日在盐官古城进行了初步的实地调查,现场录制了钱塘潮的音视频,并通过非结构化谈话对观潮游客进行了访谈交流。在初步研究和小组讨论的基础上,笔者初步设计了视听魅力游客感知的测量量表和调查问卷(共44项),为了避免调查问卷过于书面化,钱塘潮用"大潮"或"海宁潮"等口语化表述用语。随后进行了多轮的修订和完善。本次量表问卷包括景观魅力、声景魅力、地方依恋、忠诚度等四类内容。地方依恋(PA)量表主要参考了Williams和Vaske(2003)、Chung和Petrick(2010)、Ramkissoon、Weiler和Smith(2013)等学者的量表文献,共有8个测量题项,包括"这次观潮对我来说意义重大""大潮让人有所遐想""这次观潮会成为我难忘的回忆""我觉得自己跟大潮融为一体了""对我来说这是个特别的地方""我已经深深喜欢上这个观潮胜地了""这个观潮胜地是我游玩最喜欢去的地方""来看大潮是其他游玩方式不可替代的"。游客忠诚度(VL)量表主要参考了Yuksel、Yuksel和Bilim(2010)、Prayag和Ryan(2012)等学者的量表文献,共有8个测量题项,包括"我想再来这里玩""我会把这个观潮胜地作为游玩首选""我会把大潮推荐给别人""我会跟别人分享我观潮的体验感受"等。测量量表均采用Likert 5分量表,1＝非常不同意,2＝稍微不同意,3＝一般,4＝稍微同意,5＝非常同意。

2019年7月19日至25日,钱塘潮视听魅力调查人员第二次到盐官古城,在观潮公园景区随机向现场的观潮游客发放了调查问卷389份,共回收有效问卷367份(剔除答案不全、固定的无效问卷22份)。具体而言,当奔流的潮水经过观潮公园后(预报日潮到达时间:7月19日,下午1:40;7月20日,下午2:20;7月21日,下午2:50;7月22日,下午3:20;7月23日,下午4:20;7月24日,下午5:00;7月25日,下午5:50),随即向刚参观过大潮的游客发放问卷,必要时给予解释和回答,并当场回收答卷。但是,游客通常在参观完大潮后即离开公园,因此调查人员必须赶往公园外附近的游览景区,询问游客"您看过大潮吗?",得到肯定答复后,请求他们填写调查问卷(如果游客赶时间,调查人员把问卷二维码发放给他们,他们空闲时可以手机扫码在线填写),如果回答"没有看过",他们就无法填写问卷。在每天观潮的时间段(不同的潮汛候潮时)之外,在盐官古城的游客集散中心、酒店、餐馆、商铺、汽车站和居民区等地点,调查人员同样询问和请求游客、居民(以前看过大潮的)填写调查问卷。与此同时,调查人员也在观潮公园调查点把问卷二维码发放给来不及填写纸质问卷的观潮游客,并发放电子问卷。为了尽可能保证调查样本的科学性,笔者遴选出10名调查员:1位文旅管理者和1位大学生(海宁市)、1位文旅管理者和1位民宿创业者(盐官古城)、1位文旅管理者(海盐县)、3位本科院校教师和2位高职院校教师(杭州市),他们于2019年7月19日至8月9日负责在海宁市和杭州市微信群扩散,共收到电子问卷填写数据109份。Wu和Lee(2022)在调研和验证旅游地魅力(DF)与旅游地参与(DI)、文化适应和忠诚度等关系模型时,即采用了现场调查和在线调查相结合的数据采集方法。最终,本研究的调查人员总共收集476份有效问卷,以待下一步的数据分析(见表7-2)。

表7-2 受调查者社会人口结构特征($n=476$)

| 项目 | 人口特征 | 频率/人 | 百分比/% | 项目 | 人口特征 | 频率/人 | 百分比/% |
| --- | --- | --- | --- | --- | --- | --- | --- |
| 性别 | 男性 | 249 | 52.3 | 类型 | 当地参观者 | 209 | 43.9 |
|  | 女性 | 227 | 47.7 |  | 非本地游客 | 267 | 56.1 |
| 年龄 | 24岁及以下 | 138 | 29.0 | 次数 | 1 | 232 | 48.7 |
|  | 25—34岁 | 145 | 30.5 |  | 2 | 51 | 10.7 |
|  | 35—44岁 | 110 | 23.1 |  | 3 | 36 | 7.6 |
|  | 45—54岁 | 52 | 10.9 |  | ≥4 | 157 | 33.0 |
|  | 55岁及以上 | 31 | 6.5 | 职业 | 公务员 | 16 | 3.4 |
| 受教育程度 | 初中以下 | 86 | 18.1 |  | 企事业管理 | 84 | 17.6 |
|  | 高中 | 92 | 19.3 |  | 专业/文教 | 51 | 10.7 |
|  | 大专院校 | 235 | 49.4 |  | 公司员工 | 71 | 14.9 |
|  | 研究生学历 | 63 | 13.2 |  | 工人 | 45 | 9.5 |
| 月收入 | ≤2 500元 | 133 | 27.9 |  | 农民 | 14 | 2.9 |
|  | 2 501—5 000元 | 113 | 23.8 |  | 士兵 | 1 | 0.2 |
|  | 5 001—10 000元 | 118 | 24.8 |  | 学生 | 112 | 23.6 |
|  | 10 001—15 000元 | 53 | 11.1 |  | 退休人员 | 18 | 3.8 |
|  | 15 001—20 000元 | 18 | 3.8 |  | 其他 | 64 | 13.4 |
|  | >20 000元 | 41 | 8.6 |  |  |  |  |

在钱塘潮视听魅力的受访观潮游客中,男性 249 人(52.3%)、女性 227 人(47.7%),性别比例大致持平;当地参观者 209 人(43.9%)、非本地游客 267 人(56.1%);首次参观者 232 人(48.7%)、多次参观者 244 人(51.3%)(见表 7-2),受访人群的代表性较合理。

## 7.5　研究结果

本书运用 SPSS 24.0 和 AMOS 24.0 软件进行统计分析。首先,进行了问卷量表的信度和效度检验;其次,用结构方程模型(SEM)构建概念模型,对 H1、H2、H3、H4 和 H5 等研究假设进行路径分析。

### 7.5.1　量表的信度与效度检验

本书对变量进行 KMO(Kaiser-Meyer-Olkin)检验和 Bartlett 球形检验,结果显示 KMO 值(0.965)大于 0.7,Bartlett 球形检验 sig 值小于 0.05,适合进行因子分析。利用 SPSS 24.0 统计软件,本书对测量模型的信度和效度进行检验,各观测变量的标准化因子负荷在 0.676~0.85 之间,$t$ 检验值均在 0.001 水平上显著。而后利用 Cronbach's α 系数检验量表的内部一致性,该系数越高表明量表的可靠性越高。经 SPSS 24.0 软件计算得出,整体量表的内部一致性系数值(Cronbach's α)为 0.871,景观魅力、声景魅力、地方依恋、游客忠诚度等四个维度的内部一致性系数分别为 0.864、0.873、0.889、0.835,表明本书的量表和各维度信度良好。

本书采用 CR 值和 AVE 值来检验回收数据的收敛效度,如果 CR 值超过 0.8,AVE 值接近或高于 0.5,则说明各构念间具有较好的收敛效度。景观魅力的 CR 值为 0.866,AVE 值为 0.501;声景魅力的 CR 值为 0.87,AVE 值为 0.508;地方依恋的 CR 值为 0.89,AVE 值为 0.574;游客忠诚度的 CR 值为 0.841,AVE 值为 0.638,即各构念收敛效度得到验证,具体结果见表 7-3。

表 7-3 信度和收敛效度

| 构念 | 指标 | 非标准化因子载荷 | 标准误差 | 临界值 | 显著性 | 标准化因子载荷 | Cronbach's α 系数 | 建构信度 (CR) | 平方差提取值 (AVE) |
|---|---|---|---|---|---|---|---|---|---|
| 景观魅力 | 大潮很神秘 | 1 | | | | 0.683 | 0.864 | 0.866 | 0.501 |
| | 大潮给了我不同寻常的体验 | 0.880 | 0.061 | 14.392 | <0.001 | 0.753 | | | |
| | 我在观潮胜地这里玩不觉得无聊 | 0.876 | 0.066 | 13.254 | <0.001 | 0.685 | | | |
| | 大潮真是挺吸引人的 | 0.843 | 0.06 | 14.049 | <0.001 | 0.732 | | | |
| | 大潮让我忘了所有烦恼 | 1.046 | 0.079 | 13.204 | <0.001 | 0.682 | | | |
| 声景魅力 | 大潮这种声音听起来很舒适 | 1 | | | | 0.682 | 0.873 | 0.870 | 0.508 |
| | 这种声音让我很感兴趣 | 1.297 | 0.085 | 15.316 | <0.001 | 0.791 | | | |
| | 大潮需要静心聆听 | 1.076 | 0.079 | 13.542 | <0.001 | 0.688 | | | |
| | 在观潮胜地我最想听到大潮声 | 1.144 | 0.081 | 14.091 | <0.001 | 0.719 | | | |
| | 大潮声跟这个环境很和谐 | 1 | 0.075 | 13.329 | <0.001 | 0.676 | | | |
| | 大潮声让我想在这里多待一会 | 1.153 | 0.082 | 14.031 | <0.001 | 0.716 | | | |
| 地方依恋 | 这次观潮对我来说意义重大 | 1 | | | | 0.700 | 0.889 | 0.890 | 0.574 |
| | 这次观潮会成为我难忘的回忆 | 1.021 | 0.066 | 15.544 | <0.001 | 0.760 | | | |
| | 我觉得自己跟大潮融为一体了 | 1.205 | 0.080 | 15.067 | <0.001 | 0.735 | | | |
| | 对我来说这是个特别的地方 | 1.066 | 0.067 | 15.965 | <0.001 | 0.782 | | | |
| | 这个观潮胜地是我游玩最喜欢去的地方 | 1.222 | 0.075 | 16.334 | <0.001 | 0.801 | | | |
| | 来看大潮是其他游玩方式不可替代的 | 1.126 | 0.072 | 15.637 | <0.001 | 0.765 | | | |

(续 表)

| 构念 | 指标 | 非标准化因子载荷 | 标准误差 | 临界值 | 显著性 | 标准化因子载荷 | Cronbach's α系数 | 建构信度(CR) | 平方差提取值(AVE) |
|---|---|---|---|---|---|---|---|---|---|
| 忠诚度 | 我想再来这里玩 | 1 | | | | 0.746 | 0.835 | 0.841 | 0.638 |
| | 我会把大潮推荐给别人 | 1.060 | 0.059 | 17.844 | <0.001 | 0.850 | | | |
| | 我会跟别人分享我观潮的体验感受 | 0.927 | 0.055 | 16.839 | <0.001 | 0.797 | | | |

### 7.5.2 结构方程模型拟合与假设验证

本书运用 AMOS 24.0 软件中的极大似然估计法,利用结构方程对模型进行检验,数据与模型的拟合指标如下:CMIN/DF=2.694,RMSEA=0.06,GFI=0.915,NFI=0.919,TLI=0.939,CFI=0.947。各主要拟合指标均大于或接近0.9,拟合指标均达到良好水平,模型整体配适效果良好,具体结果见表 7-4。

表 7-4 修正结构模型拟合度检验

| 指标类型 | 指标名称 | 适配标准 | 拟合值 | 拟合结果 |
|---|---|---|---|---|
| 绝对拟合指数 | CMIN/DF | 1~3 | 2.694 | 是 |
| | 拟合优度指数(GFI) | >0.9 | 0.915 | 是 |
| | 近似误差的均方根(RMSEA) | <0.08 | 0.06 | 是 |
| 相对拟合指数 | 比较拟合指数(CFI) | >0.9 | 0.947 | 是 |
| | 规范拟合指数(NFI) | >0.9 | 0.919 | 是 |
| | Tucker-Lewis 指数(TLI) | >0.9 | 0.939 | 是 |

基于最大似然估计法对修正模型进行参数估计,本书依据标准化路径估计值验证分析模型的假设关系。模型验证结果(见表 7-5)表明:(1)研究假设 H1 成立,景观魅力对地方依恋有显著的正向影响,标准化路径系数为 0.34,$p<0.001$;(2)研究假设 H2 成立,景观魅力对游客忠诚度有显著的正向影响,标准化路径系数为 0.19,$p<0.05$;(3)研究假设 H3 成立,声景魅力

对地方依恋具有显著的正向影响作用,标准化路径系数为 0.66,$p<0.001$;(4) 研究假设 H4 不成立,声景魅力对忠诚度没有显著的正向影响,其标准化路径系数为 0.06,$p>0.05$;(5) 研究假设 H5 成立,地方依恋对忠诚度有显著的正向影响,标准化路径系数为 0.71,$p<0.001$(见图 7-2)。

表 7-5 设定模型路径及验证结果

| 假设路径 | 标准化路径系数 | $p$ 值 | 验证结果 |
| --- | --- | --- | --- |
| H1:景观魅力(LF)→地方依恋(PA) | 0.34 | *** | 支持 |
| H2:景观魅力(LF)→游客忠诚度(VL) | 0.19 | * | 支持 |
| H3:声景魅力(SF)→地方依恋(PA) | 0.66 | *** | 支持 |
| H4:声景魅力(SF)→游客忠诚度(VL) | 0.06 | 0.06 | 不支持 |
| H5:地方依恋(PA)→游客忠诚度(VL) | 0.71 | *** | 支持 |

注:* $p<0.05$;*** $p<0.001$。

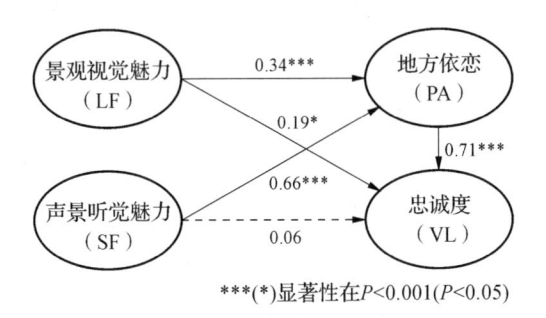

图 7-2 模型验证

## 7.5.3 研究结论

如以上结果显示,研究假设 H1、H2、H3 和 H5 均通过了验证,钱塘潮的景观视觉魅力对观潮游客的地方依恋和忠诚度均有显著的正向影响,其声景听觉魅力会正向影响观潮游客的地方依恋,观潮游客的地方依恋对忠诚度有显著的正向影响;而研究假设 H4 未通过验证,声景听觉魅力对观潮游客忠诚度的直接影响不显著。

通过上述结果分析,本书得出以下研究结论:

(1) 钱塘潮的景观视觉魅力对观潮游客的地方依恋和忠诚度均有显著

的正向影响。

  我们在人教版语文小学四年级上册首篇课文《观潮》中了解到观潮的整个体验过程:"江潮还没有来,海塘大堤上早已人山人海。大家昂首东望,等着,盼着。"(赵宗成、朱明元《观潮》)候潮之后,潮终于来了,远远望见一条白线,观潮游客目不转睛地注视着潮水滚滚而来,又绝尘而去。钱塘潮的景观视觉魅力指的是潮水的壮观与否、高低大小、形态变化,以及潮水由远而近、声势渐大、高潮离去的全过程,它轻易吸引了在场所有人的注意力与兴奋度,其景观视觉魅力超乎寻常。

  钱塘潮的景观视觉魅力对观潮游客的地方依恋有显著的正向影响。钱塘潮的景观视觉魅力包含着对潮水的观赏、思考、反思和想象,对这一神秘和新奇的旅游景观,观潮游客全身心投入其中,乐此不疲。在本次观潮游客问卷调查中,利用"请您最多用三个词或短语来描述你所认识的钱塘江大潮"题项,对所收集的774个关键词,生成观潮游客的钱塘潮景观意象词云图(见图7-3),可以发现,词云图出现频率较高的关键词为"气势磅礴""雄伟""波涛汹涌""汹涌澎湃""壮观""奇观""万马奔腾"等。在现场观潮的感知环境中,游客是否会产生地方依恋,符合环境心理学的"刺激—反应"模型,如地方的原真性感知对个人的地方依恋会产生直接影响。观潮游客在亲身观潮时,会原真感知和独特体验钱塘潮的景观视觉魅力,深感震撼和触动,直至感到自己与观潮环境融为一体,感悟生命、人生和世界的意义与价值。

图7-3 观潮游客潮意象词云图

钱塘潮的景观视觉魅力对游客忠诚度有显著的正向影响。这与Wang、Liu、Huang等(2020)的研究发现不同,他们未能验证旅游地魅力对游客忠诚度的显著影响作用。这种差异原因在于,同一类型的旅游地具有可替代性,即便是具备一定魅力度的旅游地,可能也不会带来游客重游的行为意向。但钱塘潮大为不同,本来海滨和河岸滨水区等"蓝色空间"环境,就比绿地和公园等"蓝色空间"更能促进人的身心恢复(White, Pahl, Ashbullby, et al., 2013),环境魅力也更为显著。"钱塘郭里看潮人,直至白头看不足。"(唐·徐凝《观浙江涛》)钱塘潮这一自然奇观,是国内唯一且气势壮丽的旅游景观,盐官古城也是闻名遐迩的观潮胜地,因此,其景观视觉魅力会直接影响观潮游客的忠诚度。为证明这一研究结论的普适性,我们会在其他类型的自然旅游地和自然景观,以及观潮节的潮文化节事活动,再做调查研究和模型验证。

(2)钱塘潮的声景听觉魅力会正向影响观潮游客的地方依恋。

"一千里色中秋月,十万军声半夜潮。"(唐·赵嘏《钱塘》)钱塘潮的声景观属性突出,尤其是"只闻其声,不见其形"的夜潮更为明显和突出。按照Schafer(1994)的声景观界定,涌潮声景是一种"标志声"(soundmark),是最具地方性、代表性和魅力度的自然与人文声景观,成为观潮胜地的独特"声标"和"声脉"(对应于地标和地脉)。作为地方感知的重要表征,标志性声景观与自然环境的协调融洽,能产生人与自然和谐共生的听觉地方感。

对于钱塘潮这一自然声景,声景听觉魅力会正向影响观潮游客的地方依恋。Zhang和Kang(2017)所做的滨水公园声景注意力恢复实验发现,自然声对受试者的注意力恢复效果积极,听觉魅力效应较为显著。涉及人地交互过程中游客对旅游地的声环境感知,新奇感的旅游体验会影响环境魅力(Pals, Steg, Siero, et al., 2009),专心倾听钱塘潮这种声势浩大的自然声景会使观潮游客对观潮胜地产生记忆深刻的地方依恋。

更进一步,刘爱利、胡中州、刘敏等(2013)认为,声景观与特定地理空间会发生历史、文化和社会等多重关联,因此必须从人文、社会和审美等多个角度,探讨人、声景与环境关系中声景观的文化内涵、历史意义和社会价值,这一点在兼具自然和文化景观的钱塘潮上表现得淋漓尽致。钱塘潮文化声景更是如此,如在杭州和海宁均有候潮门、潮音禅院、听涛亭、闻涛苑等遗迹和地名,特别是咏潮诗中声景听觉魅力的艺术赞誉,由钱塘潮声景魅力带来的地方依恋被赋予了丰富的历史文化意义。在观潮胜地这一既彰显着人与自然和谐共生又具备历史与文化意义的自然—人文声景空间,声景听觉魅力正向影响观潮游客的地方依恋,便隐含着涌潮声景和观潮胜地及其地方依恋的社会和文化潜在因素,这一点有待开展专题性调查研究。

(3) 观潮游客的地方依恋对忠诚度有显著的正向影响。

观潮游客的地方依恋对忠诚度有显著的正向影响,也与 Stylidis、Woosnam、Ivkov 等(2020)通过地方依恋和熟悉度来解释游客忠诚度的形成机制相一致。这一发现也印证了笔者在 2016 年初次调研时,非结构化访谈过多名首次观潮的游客感知倾向。他们远道(如云南、广东、四川等)慕名而来,问及观潮的新鲜感受,多谈到"还行!没有我想象中的大!",但"还是比较满意的!""来这里不就是为了看潮嘛!还是非常神奇滴!不愧是天下奇观!""下次有机会再来看!不是有一潮三看嘛,再去看看回头潮!"。在观潮游客出游前,会根据各种媒介信息(如所学课文、电视节目、网络资源等)产生钱塘潮的游前期望和景观意象,这些行前认知信息会影响到游客对观潮胜地的地方依恋,进而影响其满意度和忠诚度。

(4) 钱塘潮的声景听觉魅力对游客忠诚度的直接影响不显著。

声景听觉魅力不能直接影响到观潮游客的忠诚度,这与 Wang、Liu 和 Huang 等(2020)的研究发现相一致。尽管 Jiang、Zhang、Zhang 等(2020)模型验证了自然声景意象直接影响游客满意度,并以满意度为中介间接影响游客忠诚度,但自然声景观假如只是作为自然旅游的声环境,而非核心旅游吸引物(如黄果树瀑布、黄河壶口瀑布等),可能确实不足以影响到游客忠诚度。

然而,钱塘潮的声景听觉魅力对观潮游客忠诚度的直接影响不显著,原因可能在于本次调查实施的时机和方式,即日潮(而非夜潮)问卷调查存在着不可避免的现实问题。一般来说,观潮者白天看潮看的是日潮,由于安全和潮时等原因,很少有人能去造访夜潮。"士女杂坐列城下,人声反比潮声高。"(清•李调元《观钱塘潮》)白天看潮,一方面,视觉潮景占据着绝对优势,观潮游客对涌潮声音相对不会太注意;另一方面,游客集体观潮,除了受到江边风声影响,也会受到人群的欢呼声、讲话声、脚步声等噪音干扰,感知涌潮声音受到负面影响,总之,在钱塘潮的日潮游客问卷调查中,其声景听觉魅力指数大大降低了。夜潮调查虽能针对钱塘潮的声景听觉魅力,但因为夜晚听潮游客极少,并不具有可行性。未来研究,对钱塘潮的声景听觉魅力,可采用夜潮游客的实验方法,招募被试者进行晚间现场实验,或者运用虚拟现实技术(VR),在实验室模拟夜潮视听场景进行实验室实验。

## 7.6 小结与讨论

景观评价的现有研究,多侧重于视觉或者听觉感知的单一感官维度,基于游客视听感知的评价研究尚为匮乏,因此,本书针对视听魅力的景观感知评价研究可谓是恰逢其时。本书借鉴和整合注意力恢复理论(ART)中的魅力和旅游地魅力等学术概念和基础理论,初步构建出视听魅力(Visual-Auditory Landscape Fascination,VALF)的理论体系。本书也整合开发出视听魅力(VALF)的测量量表,包括神秘性、丰富性、吸引力、独特性、适合性等景观视觉魅力量表和愉悦度、唤醒度、和谐度等声景听觉魅力量表。回潮视听魅力(VALF)概念及其量表的根源所在,它们基本上契合 Kaplan(1978)最初对魅力的特性界定,即人们会偏好那些美感丰富、神秘吸引并具一定和谐秩序感的魅力性环境。

在案例地观潮胜地盐官古城,针对钱塘潮观潮游客的问卷调查及其统计分析结果表明:钱塘潮的景观视觉魅力对观潮游客的地方依恋和游客忠诚度均有显著的正向影响,其声景听觉魅力会正向影响观潮游客的地方依恋,观潮游客的地方依恋对忠诚度有显著的正向影响,但声景听觉魅力对观潮游客忠诚度的直接影响不显著。钱塘潮的多感官魅力在于从视觉、听觉、触觉等层面为人们提供较为舒适的感知觉刺激,听觉与视觉景观两者相互影响,使人在观潮体验过程中被钱塘潮吸引,获得愉悦感受(见图7-4)。当视觉与声音之间的和谐度越高,景观的感受力越强,景观美学评价度越好。本书的视听魅力(VALF)测量量表和研究发现可适用于瀑布、海浪、喷泉、溪流等动态水体,对于海洋、湖泊、河流等静态水体,以及诸如"三山五岳"等具有文化魅力的自然景观,需要进一步的理论探讨和调查研究。更进一步,Kaplan(1978)认为魅力性环境除了生理和心理上的身体参与和积极效益之外,本身也具备审美、社会和文化方面的属性特质,那么,视听魅力的审美、社会和文化等人文机制如何呈现?以及不同文化背景的人群是否存在差异?如果存在差异,又是怎样的跨文化差异?此类科学问题,有待更为深入和全面的学术讨论和理论挖掘。

图7-4 观潮游客视听魅力感知图

在实践层面上,有必要利用景观规划的管理手段,有针对性地对观潮胜地杭州和盐官的视听魅力(VALF)进行测量、分析、管理和提升,通过对观潮胜地视听魅力成体系和有层次的综合评价,形成对旅游魅力整体性的评价结果。从恢复性环境体验和审美认知层面对景观资源评价进行剖析,我们应该构建一系列视听魅力评价指标,使之成为自然景观资源评价的理论依据。总之,从景观美学、景观生态性、可持续发展等多角度对自然视听魅力进行建设和提升,有助于旅游地自然景观的科学化管理,以及旅游资源和环境管理的制度化完善。

# 第八章
# 总结与展望

本书以段义孚(Yi-Fu Tuan)空间地方理论和人地情感视角为出发点,针对钱塘潮的自然灾害、自然景观和文化景观等多元属性,探讨钱塘潮景观意象演变的时空阶段和驱动机制。钱塘潮旅游胜地意象演变展现的是钱塘潮所在地人地情感关系的历史演变维度,钱塘潮文化景观敬畏记忆展现的是感潮区人地情感关系的居民情感维度,钱塘潮视听魅力展现的是观潮胜地人地情感关系的游客感知维度。本书选取观潮旅游胜地海宁市盐官古城为典型案例地,以人文主义和实证主义地理学相结合的方法论和调查方法,实证研究观潮胜地居民敬畏记忆的形成及影响机制和游客视听魅力(VALF)的感知理论模型,这对诠释和解析段义孚的恐惧景观、"逃避主义"、恋地情结、人地情感、空间与地方等学术思想,对完善和重构地方、景观、敬畏、魅力等旅游研究的理论体系,对提升旅游地的自然景观资源管理和视听魅力游客管理,均具有重要意义。

## 8.1 主要结论

(1) 基于人与自然关系视角,参考咏潮诗词的重要文献资料,本书把文化景观旅游胜地旅游发展总结为自然景观形成阶段、文化景观形成阶段、旅游地形成阶段、旅游胜地形成阶段等四大阶段,尝试提出"自然灾害地(Natural Disaster Area)—景观所在地(Landscape Zone)—地标文化区

(Cultural Symbolic Centre)—文化遗产旅游胜地(Cultural Heritage Tourist Destination)"的文化景观旅游胜地时空演变DLCH模型，文化景观旅游胜地演变发展先后主要受到自然环境、科学技术、历史文化和社会经济等四种因子驱动影响。在人与钱塘江的潮、水、地等互动历程中，钱塘潮才衍生出辉煌灿烂的钱塘潮文化景观遗产，主要包括中国古代潮论、海塘文化遗产、观潮文化景观等。追溯钱塘潮的地理形成和历史演进，钱塘江防御体系的构建和海塘修筑技术的发展完善，潮灾自然灾害越来越成为涌潮自然景观。治理潮灾和建筑海塘的科学技术体系则奠定了钱塘潮文化景观形成和观潮旅游胜地兴起的坚实基础，而在整个钱塘潮文化景观演变过程中，历代文人墨客创作了大量的咏潮诗词，钱塘潮文化景观逐步形成了"罗刹潮灾""观涛听涛""弄潮儿""怒涛家国""浙江观潮"等地理景观意象，这些更进一步强化了钱塘潮文化景观的自然遗产与文化遗产双重属性。

（2）观潮胜地居民对钱塘潮的敬畏记忆划分为自然灾害(潮灾)敬畏、民间信仰(潮神)敬畏、自然景观(观潮)敬畏等三类。探究居民敬畏记忆的形成机制，需要切入人与自然和人地情感交互关系，审视观潮胜地居民对钱塘潮的潮灾、潮神和潮景等敬畏记忆诱发源的作用机制，其中自然灾害敬畏记忆源于灾害发生地的地方知识，民间信仰敬畏记忆形成于代际传承的祭祀仪式，而自然景观敬畏记忆则形成于钱塘潮的景观视觉魅力、声景听觉魅力和文化景观魅力。对于观潮胜地居民敬畏记忆的影响机制，研究发现，居民的钱塘潮敬畏记忆会影响其地方依恋、主观幸福感和旅游支持态度。

（3）借鉴旅游地魅力(Destination Fascination, DF)和声景观理论，本书构建了视听魅力(Visual-Auditory Landscape Fascination, VALF)的学术概念，开发研制了视听魅力(VALF)测量量表，并在观潮旅游胜地开展观潮游客的结构化问卷调查，建构和验证了景观视觉魅力、声景听觉魅力、地方依恋和游客忠诚度的结构方程模型。结果表明，钱塘潮的景观视觉魅力对观潮游客的地方依恋和忠诚度均有显著的正向影响；声景听觉魅力对地方依恋有显著的正向影响，对忠诚度的直接影响不显著；观潮游客的地方依恋对忠诚度有显著的正向影响。

## 8.2　主要创新点

（1）本书全面探讨了钱塘潮从令人恐惧和敬畏的潮灾自然灾害到赋予人"恋潮情结"的文化景观遗产的演变过程，跨越了正向与负向人地情感的人文地理研究鸿沟。段义孚关于人与自然关系中的正向人地情感（即 Topophilia，恋地情结）及负向人地情感（即 Landscape of Fear，恐惧景观）是经典人文地理概念。恋地情结及地方感在多个学科领域形成深远影响，但人与自然关系的恐惧景观及其从恐惧到恋地情结的演变研究目前仍然较为匮乏和薄弱。本书以人文主义和实证主义地理学相结合的方法论和研究方法，探讨钱塘潮的景观演变和公众（居民和游客）人地情感，解析和拓展了段义孚的空间与地方学术思想，诠释和例证了其恐惧景观、恋地情结、"逃避主义"等重要概念，跨越了这种正向与负向人地情感的鸿沟。

（2）本书通过大量文学历史资料的梳理，归纳出感潮区基于人与自然关系的文化景观旅游胜地时空演变 DLCH 模型，并质性分析了观潮胜地居民三位一体的敬畏记忆的形成及影响机制，丰富和深化了现有的人与自然关系及人地情感研究。长期以来，景观演变虽然是国内外旅游学界的经典研究议题（Bender，Boehmerb & Schumacher，2005；翁毅、周永章、张伟强，2007），但突破性和复合型的理论研究仍相当滞后和薄弱，亟待从人与自然关系的整体系统角度全面探讨旅游驱动文化景观的时空过程和演变机制（卢松，2014）。在历史时空中，钱塘潮从自然灾害和自然现象，演变为自然景观吸引物、文化象征和文化景观，最后成为现代社会的旅游"天下奇观"。钱塘潮文化景观演变时空阶段包括自然景观形成阶段、文化景观形成阶段、旅游地形成阶段、旅游胜地形成阶段等，而文化景观旅游胜地发展演变主要受到自然环境变迁、科学技术发展、历史文化演化和社会经济发展等四种驱动因子影响，这一动态和历史的研究方法将有助于丰富和深化旅游地演变规律及其机制的科学研究。针对观潮胜地居民的钱塘潮敬畏记忆,本书开展自然灾害(潮灾)敬畏、自然崇拜(潮神)敬畏、自然景观(观潮)敬畏等三位一体敬畏记忆的半结构化访谈及其质性分析,全面探究了观潮胜地居民敬畏记忆的形成与影响机制。

(3)针对恋潮情结,本书较为系统地探索了视听魅力(VALF)的概念、定义和维度,初步开发了视听魅力的测量量表和调查问卷,并建构和验证了视听魅力的观潮游客感知模型。魅力(Fascination)概念近年来才从注意力恢复理论(ART)中分离出来,即Liu、Wang、Huang等(2017)正式提出旅游地魅力(Destination Fascination,DF),并开发出多维度的旅游地魅力量表,旅游魅力的实证研究崭露头角,但其国际学术研究依然是方兴未艾(Girish & Park,2020),且缺乏多类型的案例研究和多感官的维度测度。本书利用注意力恢复理论(ART),借鉴和整合旅游地魅力和声景观等理论,系统建构出视听魅力(VALF)的学术概念和测量体系。本书遵循严格的量表开发程序,通过多轮数据采集与分析,开发并验证了包含景观视觉魅力和声景听觉魅力等两个层面共32个题项的视听魅力(VALF)测量量表。在案例地盐官古城,本书开展针对观潮游客的问卷调查,使用SPSS和AMOS软件对所获数据进行统计分析,调研检验视听魅力与地方依恋和忠诚度等关系模型和影响机制。本书所构建的视听魅力(VALF)学术概念和测量量表,为未来游客多感官体验与旅游地魅力的理论研究和管理实践提供了有力工具,视听魅力(VALF)的实证研究是对现有旅游地魅力理论体系的关键扩展和重要补充。

## 8.3 研究不足与展望

本书对钱塘潮的景观意象时空演变、居民敬畏记忆和游客视听魅力进行了积极探索,但仍有几个方面值得未来进一步研究:(1)考虑到当地居民对钱塘潮敬畏记忆的特殊人地情感,本书进行了半结构化的居民访谈,虽未做定量化数据分析,但所揭示的敬畏记忆形成及影响机制等理论发现可为后续的量化研究奠定学术基础。(2)观潮胜地不同案例地游客的视听魅力感知存在一定差异,因此,比较具有不同代表性案例地的问卷及访谈调查对研究结论的科学性和可靠性十分重要。(3)视听魅力具有文化的动态性与累积性,本书虽然考虑了钱塘潮自然景观的现场感知,但并未充分考虑观潮游客的不同心理、社会和文化因素等综合因素。

因此,未来研究可在以下四个方面展开:(1)可收集更大规模的居民结构化深度访谈,以及携程、马蜂窝和新浪等网络平台中的观潮游记,进行科学系统的扎根理论分析。(2)在海宁盐仓和萧山美女坝等其他观潮案例地,可对比实施问卷调查和访谈调查(分农历八月十八观潮节期间、全年非观潮节的初一及十五前后大潮讯期间)。(3)在研究声环境与声景观常用的方法中,除了问卷调查、声景漫步和深度访谈等调查方法外,还可以尝试使用声学实验方法,如实验方法、视听实验和物理测量和主观评价的整合。在之后的视听魅力机制研究中还将结合现代技术手段,如眼动仪、虚拟现实(VR)等实验研究手段,使视听魅力调查研究更有据可依。可以采用专用软件和声学模拟度量的实验方法,测量不同季节和天气的声源和相关物理数据,绘制钱塘潮声景图。(4)针对钱塘潮的文化环境,可在自然视听魅力的模型构建及其验证中,引入文化接触的调节变量,特别是祭潮仪式作为重头戏的观潮节这一旅游节事。

## 8.4 对策建议

本书旨在丰富人与自然关系、地方理论、景观理论、人地情感、旅游地魅力、钱塘潮文化景观等理论研究体系,为剖析景观演变机制、评估游客魅力感知,促进自然旅游地和观潮旅游胜地的可持续发展提供理论支持和应用依据。

(1) 全面探讨钱塘潮演化系统和文化景观演变机制,科学保护钱塘潮和潮文化景观。

钱塘潮虽然是起源于自然地理环境的发展演化,但也受到人类活动的极大影响,因此,要保护钱塘潮及其文化景观需要从人和自然两个维度,以及人与自然的互动关系等方面入手。回顾钱塘潮的景观演变历程,钱塘江江槽改道带来更为丰富多样的潮景奇观和一潮三看的多处观潮胜地,古人筑造海塘技术保障了城镇产业发展和观潮胜地形成,大量咏潮诗词更为钱塘潮旅游胜地意象和钱塘江文化提供了弥足珍贵的文献记忆。

目前,人类利用现代科技在很大程度上能够控制自然,钱塘江严重的潮灾不会重演。历史上,法国塞纳河河口和瑞安市飞云江河口的涌潮皆因河道整治水利工程而消失,从半个多世纪以来钱塘潮的人类活动影响来看,钱塘江河口必须避免实施人工岛和拦江大坝的大型工程,否则会直接削弱涌潮,甚至致其消亡,因此,在钱塘江河口修筑大型桥梁或者开凿海底隧道等大型工程,须充分论证工程对涌潮的负面影响。此外,滩涂围垦致使钱塘江急剧缩窄,影响到钱塘江生态环境和涌潮景观,有必要科学论证和有效实施"退地还江""退地还海"等生态环保工程项目。

随着杭州快步从"西湖时代"迈向"钱塘江时代",应规划建设钱塘潮文化园,全面和生动地展示潮景、潮患、控潮、观潮、用潮、崇潮等专题,尤其是海塘文化、潮论诗文、海潮神话、潮神信仰、民俗风情、观潮文化等非物质文化遗产。为保护、传承和开发钱塘潮文化记忆,可规划建设钱塘潮文化博物馆、潮文化公园、潮文化主题创意园。如"钱江旧影——钱塘江流域老照片特展"即设计了包括"风起潮涌,勇立潮头"和"桥江辉映,塔影潮声"等在内的多个展厅单元,通过老照片和新实景充分展示祭潮、镇潮、观潮等民俗风情,并借助涌潮声景音效,为游客营造沉浸式的多感官体验。利用文物实物、文化遗产、全息演示和VR人机交互模型,在各类观潮景区(公园)、博物馆、展览馆和科技馆,全面开展钱塘潮和潮文化研学基地的规划建设。

(2) 系统梳理钱塘潮文化景观体系,有效推动钱塘潮—海塘申报世界文化景观遗产。

钱塘潮是独特的自然遗产和宝贵的旅游资源,自然遗产与文化遗产相互依存。钱塘潮以及感潮区先人为御潮而筑的古海塘已具备了申报世界自然与文化双遗产的特征、标准和价值(李云鹏、扎西端智、陈方舟,2017)。近年来,钱塘潮—海塘的申遗工作已稳步推进,《中国海洋文化发展报告(2014年卷)》专设一章"中国'万里海塘'文化遗产及其保护的现状、问题、对策与前景分析",探讨海塘文化遗产的保护对策和申遗前景;在2015年全国政协十二届三次会议上,杭州市政协原主席叶明提交了《钱塘江古海塘(包括钱江潮)申报世界遗产》的全国"两会"提案,建议将钱塘江古海塘(包括钱江潮)列入世界文化遗产申报预备名录。2018年,海宁市海盐县鱼鳞海塘水利风景区成为国家水利风景区。2019年,国家文物局将"海宁海塘·潮文化景观"列入《中国世界文化遗产预备名单》。2019年,钱塘江海塘海盐敕海庙段和海宁段入选全国重点文物保护单位,钱塘海塘工程被列入第二批《中国工业遗产名录》。2020年,杭州海塘遗址博物馆正式开馆。可以说,钱塘潮文化景观申报世遗已经"在路上",亟待深入研究和科学论证钱塘潮文化景观申报世界遗产的现状、问题和对策。但目前钱塘潮文化景观申报世遗的遗产对象、范围、价值、策略等尚存在不少现实问题,需要在重新思考世界遗产要素的基础上,将钱塘潮文化景观视为一个有机结合的文化景观遗产体系,阐释其系统性和关联性,并在此基础上进一步挖掘和提炼其突出普遍价值(OUV)。

钱塘潮与海塘具有世界遗产的突出普遍价值(OUV),符合世界遗产的第四、第五、第六等三项标准,价值内涵符合世界文化景观的评价标准。对照《保护世界文化和自然遗产公约》,钱塘潮与海塘是"人与自然共同创造的杰作",具有文化景观遗产的综合价值,是人与自然和谐共生的典型代表。钱塘潮这一动态有信、变化多端的独特自然遗产,既发源于钱塘江河口自然地理的江道演变结果,又受到海塘屏障制约和水利工程的影响。与涌潮相伴而生的海塘工程是人与自然和谐共生的遗产见证,从最初的土塘、竹笼石塘和柴塘,到竹笼石、条石和土塘的组合塘,到鱼鳞石塘,以及备塘河与备塘,管理制度上从捍江兵士、五指挥到修江司,不但见证了古人两千年来的技术发展和智慧进步,也反映了杭州湾古人敢于与海争地、与潮争胜的名副其实的弄潮精神。钱塘潮是历史悠久的潮文化景观形成的缘起和动因,并因之产生了观潮、祭潮、镇潮等民俗文化,以及古代潮论、咏潮诗词与观潮书画等,是支撑所有遗产价值的自然基础。

(3) 全面提升钱塘潮视听魅力,精心讲好观潮旅游胜地的钱塘潮文化魅力故事。

魅力性环境更强调人们对特定环境和吸引物保持好奇并不断探索的兴趣度。魅力吸引物是最具魅力旅游地的品质保障,是增强旅游者向往之的法宝,是旅游地品牌营销的获胜买点。从恢复性环境体验和审美认知层面对景观视觉魅力资源评价进行剖析,需要构建一系列魅力资源评价指标,使之成为自然景观资源评价的理论依据,并通过对旅游地自然景观旅游魅力成体系及有层次地综合评价,形成对旅游魅力整体性的评价结果。从景观美学、景观生态性、可持续发展角度对自然视听魅力进行提升建设,有助于旅游地自然景观的科学化管理、旅游资源及环境管理的制度化改善。对于钱塘潮这一誉满天下的魅力奇观,独具魅力的大潮已随着CCTV卫星直播蜚声海内外。然而,游客们或听闻观潮客被潮水卷入江而心怯不敢往,或乘兴而来匆匆观望潮水却未尽兴而归。因此,应重视为观潮游客提供生动有趣的观潮秘籍(如"可远观而不可近玩")、有声有色的视听魅力、引人入胜的文化魅力,以给人受益匪浅、回味无穷的潮景、潮(涛)声和潮人潮事(传奇),把盐官打造为最原真魅力的观潮听涛圣地。

在现代旅游地开发中,只有再造地方,赋予旅游地以意义、故事和传说,才能创造出场景、情节、愿望、想象、幻象等景观意象,实现旅游地与游客体验性、独特性、有魅力、激动人心的心灵感应。故事讲述成为旅游时代地方再造的重要方式,通过故事讲述再造地方进而塑造地方品牌,这是旅游发展演进的基本逻辑。在观潮胜地的品牌营销中加入故事元素,通过一个或一系列潮文化品牌事件,能够创造出对受众来说具有价值和吸引力的潮文化品牌故事。如2000年观潮节期间,中央电视台和浙江电视台通过9颗卫星,水陆空全方位对钱塘潮进行现场直播，以及2018年在北京音乐厅惊艳亮相的大型舞台剧和民族管弦乐组曲《钱塘江音画》。但就目前的建设规模和综合效益来看，钱塘潮的多元开发滞后，潮文化品牌打造不足，观潮胜地其实难副，旅游胜地目标也尚未实现。在地方政府、民俗精英、媒体、资本等力量组成的复合体的主导下，钱塘潮文化应表征为一种符合主流意识形态同时又包含鲜明地方特色的地方标志性文化。在钱塘潮文化记忆的地方建构过程中，非遗、官方话语、国家政策、传统复兴、旅游开发、民众情感等内容交织在一起，构成一幅复杂的文化图景。比如，作为重要的非物质文化遗产，潮神祭祀的民俗复兴实际上是一个文化记忆重构的过程，也是一个民众文化认同重建的过程，政府与社会需要互相监督、互相协调、互相配合，通过双方的良性互动，建立协同运作的潮神祭祀文化管理机制。

整合钱塘江文化研究会、钱塘潮研究会、潮文化研究会等三大研究基地，提档升级现代潮文化主题的各专业智库群，为保护、开发和传播潮文化出谋划策。"现在的海宁潮已不仅仅是一种天文地理奇观，还是像滚雪墩一样越滚越大的经济浪潮、文化浪潮和时尚生活，是一种不惧艰险、勇往直前、敬业奉献的精神。"（朱明尧，2018）2020年12月，海宁市潮文化研究会成立，为"国际品质潮城"建设谋发展，海宁市潮文化研究会将主要致力于创新潮城、开放潮城、人文潮城、时尚潮城研究，助力潮文化景观申遗及浙江生态海岸带建设。

（4）强化观潮胜地居民的潮文化记忆传承，提升观潮旅游的研学活动与安全教育。

为延续钱塘潮文化景观遗产的文化记忆，有效保护和合理开发地方特色景观资源，增进观潮胜地居民的认同感和凝聚力，重构和强化观潮旅游胜地的景观记忆和地方意象，意义重大。钱塘潮文化景观遗产可以借助文化记忆的居民通道，激活或重构观潮胜地的潮文化记忆场域，也可激发观潮游客的潮文化民俗认同感，并赋予观潮胜地民俗文化空间孕育"恋潮"文化情感和重构"潮乡人"身份认同的重要作用。因此，应构建起以"潮灾＋潮神＋观潮"为核心架构的钱塘潮文化居民敬畏记忆营造策略，重点关注观潮胜地社区的潮文化传承物质化、日常化和常态化开展,并提升本地居民保护潮文化的自觉意识和社会氛围。在保护开发观潮胜地历史文化街区时,应挖掘和利用潮文化记忆,创作出文艺和景观,尽可能保持潮文化原真性,留住原住居民的"恋潮"乡愁与潮文化记忆。在祭潮神民俗活动期间,可组织民俗文化工作者深入民间进行现场记录,并保护和补充相关口述史文本、史料和影像,丰富和完善祭潮神的文化记忆,为潮文化景观遗产认证提供更为可靠和动态的文献资料支撑。可通过数字化的文字记录、录音、拍照、录像乃至虚拟现实技术(VR)和人工智能(AI)等方式形成"活态潮文化传承记忆",完善潮神祭祀表达、仪式符号、方志文、民间传说、日常生活行为等非遗传承体系。拓展多群体的潮文化记忆共同体和多维度的潮文化空间,如可通过网络空间的数字信息保存机制和新媒体互动传播机制,构建可记忆征集、全真体验、分享互动的"潮文化数字原生记忆"。

针对观潮游客应拓展钱塘潮的研学项目,开展潮灾、潮神、潮景的潮文化主题调研研学活动,观潮游客可深入了解钱塘潮的灾害史、民俗志和多种潮景成因,形成更为系统和深刻的观潮体验、文化接触和科学认知。此外,由于钱塘江"月月有大潮,天天可观潮",观潮安全的传播普及、防范预警和警示教育成为一个常态性的现实问题。应针对观潮游客或潜在观潮游客的无知、好奇、冒险等不同心理动机,通过观潮文旅全媒体传播、观潮日常网络预警、现场观潮安全警示等各种媒介方式,制作和宣传具有较高传播效率和较大影响力的观潮旅游专题片、短视频或网络直播节目,减少观潮游客无意识的不安全冒险行为,使民众科学认知、了解和对待钱塘潮的危险性和安全性,让观潮游客远离危险,安然欣赏这一最具魅力的"天下奇观"。

(5)全新整合观潮节潮系列主题节事活动,持续打造钱塘江国际冲浪赛事品牌。

依托钱塘江潮涌这一独特的自然景观和旅游资源,钱塘江潮涌与冲浪运动完美结合打造出钱塘江国际冲浪赛,冲浪赛已经成为我国独具特色的品牌赛事,在推进体育赛事与自然旅游结合的同时,也为杭州增添了一张向世界宣传城市形象的崭新名片(孟文光、张宏博、尚志强,2017)。作为一种为旅游造梦的文化创意产业,观潮节文旅演艺借助奇观化的文化盛事和美学特质,通过萃取钱塘潮文化艺术的有效元素,进行钱塘潮系列主题展演,有力地促进了更为广泛的潮文化传播。应精准链接新时代趋势,从观潮节的品牌命名、品牌形象、品牌故事、品牌价值、品牌产品、品牌运营等方面,制定钱塘潮文化品牌"超级IP"打造战略,重新设计观潮节潮品牌形象体系。体育赛事与城市旅游所倡导的户外、自然与生态的理念,在钱塘江冲浪赛中找到完美的共生、共存、共融的阐释载体。

钱塘江由于水文复杂多变,特别是涌潮凶猛异常,尽管有古代的弄潮竞技活动,但目前一直被列为冲浪运动的冲浪禁区。2007年,杭州市体育局牵头组织多部门负责人和多领域专家,论证钱塘江开发冲浪运动的项目可行性,论证结论钱塘江可发展冲浪特色运动。2008年,钱塘观潮节邀请巴西冲浪选手进行冲浪表演,也正式拉起了国际钱塘江冲浪赛的发展序幕。自2009年起,国际钱塘江冲浪赛邀请巴西、西班牙、澳大利亚、美国等国家的国际顶尖冲浪选手,并制定了详细的比赛规则与竞技标准,钱塘江冲浪赛事逐步完善。建议利用涌潮打造钱塘江国际冲浪赛事品牌,将世界内河冲浪中心的知名度提升到国际一流水平,以实现杭州观潮胜地和赛事之城的发展目标。

# 参考文献

Agapito, D., Mendes, J. & Valle, P. Exploring the conceptualization of the sensory dimension of tourist experiences[J]. Journal of Destination Marketing & Management, 2013, 2(2): 62-73.

Agapito, D., Pinto, P. & Mendes, J. Tourists' memories, sensory impressions and loyalty: In loco, and post-visit study in Southwest Portugal[J]. Tourism Management, 2017, 58(1): 108-118.

Alvarsson, J. J., Wiens, S. & Nilsson, M. E. Stress recovery during exposure to nature sound and environmental noise[J]. Phlebology, 2010, 7(3): 1036-1046.

Anderson, K. & Smith, S. J. Editorial: Emotional geographies[J]. Transactions of the Institute of British Geographers, 2001, 26(1): 7-10.

Basu, A., Duvall, J. & Kaplan, R. Attention restoration theory: Exploring the role of soft fascination and mental bandwidth [J]. Environment and Behavior, 2019, 51(9-10): 1055-1081.

Batty, M. Virtual geography[J]. Futures, 1997, 29(4): 337-352.

Bender, O., Boehmerb, H. J. & Schumacher, K. P. Using GIS to analyse long-term cultural landscape change in Southern Germany[J]. Landscape and Urban Planning, 2005, 70(1/2): 111-125.

Berman, M. G., Kross, E., Krpan, K. M. et al. Interacting with nature improves cognition and affect for individuals with depression[J]. Journal of Affective Disorders, 2012, 140(3): 300-305.

Berto, R. Exposure to restorative environments helps restore attentional capacity[J]. Journal of Environmental Psychology, 2005, 25(3): 249-259.

Berto, R., Baroni, M. R., Zainaghi, A. et al. An exploratory study of the effect of high and low fascination environments on attentional fatigue[J]. Journal of Environmental Psychology, 2010, 30(4): 494-500.

Berto, R., Massaccesi, S. & Pasini, M. Do eye movements measured across high and low fascination photographs differ? Addressing Kaplan's fascination hypothesis[J]. Journal of Environmental Psychology, 2008, 28(2): 185-191.

Bonner, E. T. & Friedman, H. L. A conceptual clarification of the experience of awe: An interpretative phenomenological analysis[J]. The Humanistic Psychologist, 2011, 39(3): 222-235.

Brown, A. L., Kang, J. & Gjestland, T. Towards standardization in soundscape preference assessment[J]. Applied Acoustics, 2011, 72(6): 387-392.

Buckley, R. C. Sensory and emotional components in tourist memories of wildlife encounters: Intense, detailed, and long-lasting recollections of individual incidents[J]. Sustainability, 2022, 14(8): 4460.

Buhalis, D. Marketing the competitive destination of the future[J]. Tourism Management, 2000, 21(1): 97-116.

Butler, R. W. The concept of a tourist area cycle of evolution: Implications for management of resources change on a remote island over half a century view project[J]. Canadian Geographer, 1980, 24(1): 5-12.

Carles, J. L., Barrio, I. L. & Lucio, J. V. Sound influence on landscape values[J]. Landscape and Urban Planning, 1999, 43(4): 191-200.

Chanson, H. The rumble sound generated by a tidal bore event in the Baie du Mont Saint Michel[J]. The Journal of the Acoustical Society of

America, 2009, 125(6): 3561-3568.

Chanson, H. Undular tidal bores: Basic theory and free-surface characteristics[J]. Journal of Hydraulic Engineering, 2010, 136(11): 940-944.

Chanson, H. Current knowledge in tidal bores and their environmental, ecological and cultural impacts[J]. Environmental Fluid Mechanics, 2011, 11(1): 77-98.

Chanson, H. Atmospheric noise of a breaking tidal bore[J]. The Journal of the Acoustical Society of America, 2016, 12(1): 12-20.

Chen, N. & Dwyer, L. Residents' place satisfaction and place attachment on destination brand-building behaviors: Conceptual and empirical differentiation [J]. Journal of Travel Research, 2018, 57(8): 1026-1041.

Cheung, K. S. & Li, L. H. Understanding visitor-resident relations in overtourism: Developing resilience for sustainable tourism[J]. Journal of Sustainable Tourism, 2019, 27(8): 1197-1216.

Coghlan, A., Buckley, R. & Weaver, D. A framework for analyzing awe in tourism experiences[J]. Annals of Tourism Research, 2012, 39(3): 1710-1714.

Compte-Pujol, M., Eugenio-Vela, de San, J. et al. Key elements in defining Barcelona's place values: The contribution of residents' perceptions from an internal place branding perspective[J]. Place Branding and Public Diplomacy, 2018, 14(4): 245-259.

Cooper, C., Fletcher, J., Gilbert, D., et al, (eds). Tourism: Principles and Practices [M]. 2nd ed. England: Addison Wesley Longman, 1998.

Cresswell, T. Place: A Short Introduction[M]. Malden, MA: Wiley-Blackwell Publishing, 2004.

Crouch, D. & Desforges, L. The sensuous in the tourist encounter. Introduction: The power of the body in tourist studies[J]. Tourist Studies,

2003, 3(1): 5-22.

Dann, G. & Jacobsen, S. Leading the tourist by the nose[C]// Dann, G. (Ed. ). The Tourist as a Metaphor of the Social World. New York: CABI Publishing, 2002: 209-217.

Davidson, J. & Milligan, C. Editorial: Embodying emotion sensing space: Introducing emotional geographies [J]. Social and Cultural Geography, 2004, 5(4): 523-532.

Daugstad, K. Negotiating landscape in rural tourism[J]. Annals of Tourism Research, 2008, 35(2): 402-426.

Deery, M., Jago, L. & Fredline, L. Rethinking social impacts of tourism research: A new research agenda[J]. Tourism Management, 2012, 33(1): 64-73.

Doxey, G. A causation theory of visitor-resident irritants: Methodology and research inferences[C]// In Travel and tourism research associations (Chair), The sixth annual TTRA conference proceedings (San Diego), 1975.

Edensor, T. Sensing tourist spaces[C]// Minca , C. & Oakes, T. (Eds). Travels in Paradox: Remapping Tourism. Lanham etc.: Rowman and Littlefield Publishers, Inc., 2006: 23-45.

Elvekrok, I. & Gulbrandsøy, P. Creating positive memory in staged experiences through sensory tools[J]. Current Issues in Tourism, 2022, 25 (14): 2239-2252.

Escobar, A. After nature: Steps to an anti-essentialist political ecology [J]. Current Anthropology, 1999, 40(1): 1-30.

Fowler, P. World Heritage Cultural Landscapes, 1992-2002: A Review and Prospect[M]. WHC. Cultural Landscapes: The Challenges of Conservatio. Paris: UNESCO World Heritage Center, 2002.

Franco, L. S., Shanahan, D. F. & Fuller, R. A. A review of the benefits of nature experiences: More than meets the eye[J]. International Journal of

Environmental Research and Public Health, 2017, 14(8): 864 - 883.

Frediline, E. & Faulkner, B. Host community reactions[J]. Annals of Tourism Research, 2000, 27(3): 763 - 784.

Gibson, C. & Davidson, D. Tamworth, Australia's country music capital: Place marketing, rurality, and resident reactions[J]. Journal of Rural Studies, 2004, 20(4): 387 - 404.

Gilhuly, K. & Worman, N(Eds.). Space, Place, and Landscape in Ancient Greek Literature and Culture[M]. Cambridge, UK: Cambridge University Press, 2014.

Girish, V. G. & Park, E. Testing the influence of destination source credibility, destination image, and destination fascination on the decision-making process: Case of the Cayman Islands[J]. International Journal of Tourism Research, 2020, 23(2): 569 - 580.

Gordon, A. M., Stellar, J. E., Anderson, C. L. et al. The dark side of the sub-lime: Distinguishing a threat-based variant of awe[J]. Journal of Personality and Social Psychology, 2017, 113(2): 310 - 328.

Grahn, P. & Stigsdotter, U. K. The relation between perceived sensory dimensions of urban green space and stress restoration[J]. Landscape and Urban Planning, 2010, 94(3): 264 - 275.

Gregory, D. Human geography and space[C]// Johnston, R. J. (Eds). The Dictionary of Human Geography. Oxford: Blackwell, 2000: 767 - 773.

Gregory, D., Johnston, R., Pratt, G. et al. A Dictionary of Human Geography[M]. Chichester (UK): A John Wiley & Sons, Ltd., Publication, 2009.

Hall, A. I., Edmondson-Jones, M. & Phillips, S. An exploratory evaluation of perceptual, psychoacoustic and acoustical properties of urban soundscapes[J]. Applied Acoustics, 2013, 74(2): 248 - 254.

Hashimoto, T. & Hatano, S. Effect of factors other than sound to the perception of sound quality [C]// Proceedings of the 17th International Congress on Acoustics (ICA), Rome, Italy, 2001.

Hemsworth, K. 'Feeling the range': Emotional geographies of sound in prisons[J]. Emotion, Space and Society, 2016, 20: 90 – 97.

Henderson, E., Nolin, C. & Peccerelli, F. Dignifying a bare life and making place through exhumation: Coban CREOMPAZ former military garrison, Guatemala[J]. Journal of Latin American Geography, 2014, 13(2): 97 – 116.

Hong, J. Y. & Yong, J. Influence of urban contexts on soundscape perceptions: A structural equation modeling approach[J]. Landscape and Urban Planning, 2015, 141: 78 – 87.

Hubbard, P., Kitchin, R. & Valentine, G(Eds.). Key Thinkers on Space and Place[M]. London: Sage Publications, 2004.

Jiang, J., Zhang, J. & Zhang, H. et al. Natural soundscapes and tourist loyalty to nature-based tourism destinations: The mediating effect of tourist satisfaction[J]. Journal of Travel & Tourism Marketing, 2018, 35(2): 218 – 230.

Jiang, W. & Tao, C. H. The Seawall in Qiantang Estuary[M]. Netherlands: Springer, 2002.

Jones, O. & Fairclough, L. Sounding grief: The Severn Estuary as an emotional soundscape[J]. Emotion, Space and Society, 2016, 20: 98 – 110.

Jong, M. & Shin, H. H. Tourists' experiences with smart tourism technology at smart destinations and their behavior intentions[J]. Journal of Travel Research, 2020, 59(8): 1464 – 1477.

Joye, Y., Pals, R., Steg, L., et al. New methods for assessing the fascinating nature of nature experiences [J]. PLoS ONE, 2013, 8(7): e65332.

Kaplan, S. Tranquility and challenge in the natural environment[R].

In northeastern forest experiment station. Children, nature, and the urban environment (USDA forest service general technical report NE-30). Upper Darby, PA, 1977: 181-185.

Kaplan, S. Attention and fascination: The search for cognitive clarity [C]// Kaplan, S. & Kaplan, R.(Eds.), Humanscape: Environments for People. Ann Arbor, MI: Ulrich, 1982.

Kaplan, S. The restorative benefits of nature: Toward an integrative framework[J]. Journal of Environmental Psychology, 1995, 15(3): 169-182.

Kaplan, S. & Kaplan, R. The Experience of Nature: A Psychological Perspective[M]. Cambridge: Cambridge University Press, 1989.

Kaplan, S. & Kaplan, R. Creating a larger role for environmental psychology: The reasonable person model as an integrative framework[J]. Journal of Environmental Psychology, 2009, 29 (3): 329-339.

Kastenholz, E., Marques, C. P. & Carneiro, M. J. Place attachment through sensory-rich, emotion-generating place experiences in rural tourism[J]. Journal of Destination Marketing & Management, 2020, 17: 100455.

Keltner, D. The development of the Awe Experience Scale (AWE-S): A multifactorial measure for a complex emotion[J]. The Journal of Positive Psychology, 2019, 14(4): 474-488.

Keltner, D. & Haidt, J. Approaching awe, a moral, spiritual, and aesthetic emotion[J]. Cognition and Emotion, 2003, 17(2): 297-314.

Kim, J. & Kerstetter, D. L. Multisensory processing impacts on destination image and willingness to visit[J]. International Journal of Tourism Research, 2016, 18(1): 52-61.

Korpela, K. M., Hartig, T., Kaiser, F. G., et al. Restorative experience and self-regulation in favorite places[J]. Environment and Behavior, 2001, 33(4): 572-589.

Korpela, M., Ylén, M., Tyrväinen, L. et al. Favourite green, waterside and urban environments, restorative experiences and perceived health in Finland [J]. Health Promotion International, 2010, 25(2): 200-209.

Kuper, R. Restorative potential, fascination, and extent for designed digital landscape models[J]. Urban Forestry & Urban Greening, 2017, 28(3): 118-130.

Kuruppath, P. & Belluscio, L. The influence of stimulus duration on olfactory perception[J]. PLoS One, 2021, 16(6): e0252931.

Lai, I. K. W. & Wong, J. W. C. Comparing the effects of tourists' perceptions of residents' emotional solidarity and tourists' emotional solidarity on trip satisfaction and word-of-mouth intentions[J]. Journal of Travel Research, 2024, 63(1): 136-152.

Laumann, K., Garling, T. & Stormark, K. M. Rating scale measures of restorative components of environments[J]. Journal of Environmental Psychology, 2001, 21(1): 31-44.

Lee, Y., Pei, F., Ryu, K., et al. Why the tripartite relationship of place attachment, loyalty, and pro-environmental behaviour matter? [J]. Asia Pacific Journal of Tourism Research, 2019, 24(3): 250-267.

Lehto, X. Y. Assessing the perceived restorative qualities of vacation destinations[J]. Journal of Travel Research, 2012, 52(3): 325-339.

Lewicka, M. Place attachment, place identity, and place memory: Restoring the forgotten city past[J]. Journal of Environmental Psychology, 2008, 28(3): 209-231.

Liu, C. R., Wang, Y. C., Huang, W. S. et al. Destination fascination: Conceptualization and scale development [J]. Tourism Management, 2017, 63(2): 255-267.

Lunardo, R. & Ponsignon, F. Achieving immersion in the tourism experience: The role of autonomy, temporal dissociation, and reactance

[J]. Journal of Travel Research, 2020, 59(7): 1151-1167.

Masataka, N., Yuki, N., Pamela, M. T., et al. Individual and cultural differences in predispositions to feel positive and negative aspects of awe[J]. Journal of Cross-Cultural Psychology, 2020, 51(10): 771-793.

Meacci, L. & Liberatore, G. A senses-based model for experiential tourism[J]. Tourism & Management Studies, 2018, 14(4): 7-14.

Medvedev, O., Shepherd, D. & Hautus, M. J. The restorative potential of soundscapes: A physiological investigation[J]. Applied Acoustics, 2015, 96: 20-26.

Michon, R., Chebat, J. C. & Turley, L. W. Mall atmospherics: The interaction effects of the mall environment on shopping behavior[J]. Journal of Business Research, 2005, 58: 576-583.

Moal-Ulvoas, G. Positive emotions and spirituality in older travelers[J]. Annals of Tourism Research, 2017, 66: 151-158.

Monaghan, P. Lost in place[J]. Chronicle of Higher Education, 2001, 47(27): 14-18.

Moran, D. Back to nature? Attention restoration theory and the restorative effects of nature contact in prison[J]. Health and Place, 2019, 57: 35-43.

Nogué, J. & Vela, J. S. E. Geographies of affect: In search of the emotional dimension of place branding[J]. Communication & Society, 2018, 31(4): 27-44.

Nordha, H., Evensen, K. H. & Skar, M. A peaceful place in the city—A qualitative study of restorative components of the cemetery[J]. Landscape and Urban Planning, 2017, 167: 108-117.

Palmer, C. & Andrews, H. Tourism and Embodiment[M]. London: Routledge, 2019.

Pals, R., Steg, L., Siero, F. W., et al. Development of the PRCQ: A measure of perceived restorative characteristics of zoo attractions[J]. Journal of Environmental Psychology, 2009, 29(4): 441-449.

Payne, S. R. The production of a perceived restorativeness soundscape scale[J]. Applied Acoustics, 2013, 74: 255-263.

Picard, D. Tourism, awe and inner journeys[C]// Picard, D. & Robinson, M. Emotion in Motion: Tourism, Affect and Transformation. Surrey: Ashgate Publishing Company, 2012: 1-19.

Porteous, J. Landscapes of the Mind. Worlds of Sense and Metaphor[M]. Toronto: University of Toronto Press, 1990.

Powell, R. B., Brownlee, M. T., Kellert, S. R., et al. From awe to satisfaction: Immediate affective responses to the Antarctic tourism experience[J]. Polar Record, 2012, 48(2): 145-156.

Ramkissoon, H., Weiler, B. & Smith, L. D. G. Place attachment, place satisfaction and pro-environmental behaviour: A comparative assessment of multiple regression and structural equation modelling[J]. Journal of Policy Research in Tourism, Leisure and Events, 2013, 5(3): 215-232.

Ratcliffe, E., Gatersleben, B. & Sowden, P. T. Bird sounds and their contributions to perceived attention restoration and stress recovery[J]. Journal of Environmental Psychology, 2013, 36: 221-228.

Reungoat, D., Leng, X. & Chanson, H. Turbulence and suspended sediment processes in the Garonne River tidal bore[J]. International Journal of Sediment Research, 2019, 34(5): 496-508.

Ricketts, J. Land of (re)enchantment: Tourism and sacred space at Roswell and Chimayó, New Mexico[J]. Journal of the Southwest, 2011, 53(2): 239-261.

Rudd, M., Vohs, K. D. & Aaker, J. Awe expands people's perception of time, alters decision making, and enhances well-being[J]. Psychological

Science, 2012, 23(10): 1130-1136.

Sato, I. & Conner, T. S. The quality of time in nature: How fascination explains and enhances the relationship between nature experiences and daily affect[J]. Ecopsychology, 2013, 5(3): 197-204.

Sauer, C. The Morphology of Landscape[C]// 1925. Leighlyed, J. Land and Life: A Selection from the Writings of Carl Ortwin Sauer. Berkeley: University of California Press, 1963: 315-350.

Scannell, L. & Gifford, R. Defining place attachment: A tripartite organizing framework[J]. Journal of Environmental Psychology, 2010, 30(1): 1-10.

Schafer, R. M. The Soundscape: Our Sonic Environment and the Tuning of the World[M]. Rochester, Vermont: Destiny, 1994.

Schönherr, S., Bichler, B. F. & Pikkemaat, B. Attitudes not set in stone: Existential crises changing residents' irritation[J]. Tourism Management, 2023, 96(2): 104708.

Scopelliti, M. & Giuliani, M. V. Choosing restorative environments across the lifespan: A matter of place experience[J]. Journal of Environmental Psychology, 2004, 24(4): 423-437.

Seamon, D. The Human Experience of Space and Place[C]. New York: St. Martin's Press, 1980: 148-159.

Seng, O. C. State-civil society relations and tourism: Singaporeanizing tourists, touristifying Singapore[J]. Journal of Social Issues in Southeast Asia, 2005, 20(2): 249-272.

Shiota, M. N., Keltner, D. & Mossman, A. The nature of awe: Elicitors, appraisals, and effects on self-concept[J]. Cognition and Emotion, 2007, 21(5): 944-963.

Shu, S. & Ma, H. A pilot study: The restorative potential of soundscape on children[J]. INTER-NOISE and NOISE-CON Congress and Conference Proceedings, 2017, 255(3): 4490-4496.

Simpson, J. H., Fisher, N. R. & Wiles, P. Reynolds stress and TKE production in an estuary with a tidal bore[J]. Estuarine Coastal and Shelf Science, 2004, 60(4): 619-627.

Small, J., Darcy, S. & Packer, T. The embodied tourist experiences of people with vision impairment: Management implications beyond the visual gaze[J]. Tourism Management, 2012, 33(4): 941-950.

Smith, C. A conversation with Prof. Yi-Fu Tuan on the coronavirus pandemic: A geographer's perspective on nature and culture in a landscape of fear[EB/OL]. [2020-05-30]. https://www.linkedin.com/pulse/conversation-prof-yi-fu-tuan-coronavirus-pandemic-nature-smith.

Son, A. & Pearce, P. Multi-faceted image assessment: International students' views of Australia as a tourist destination[J]. Journal of Travel and Tourism Marketing, 2005, 18(4): 21-35.

Steele, F. The Sense of Place[M]. Boston, MA: CBI Publishing, 1981.

Stigsdotter, U. K., Corazon, S. S., Sidenius, U., et al. Forest design for mental health promotion—Using perceived sensory dimensions to elicit restorative responses [J]. Landscape and Urban Planning, 2017, 160: 1-15.

Stylidis, D., Woosnam, K. M., Ivkov, M., et al. Destination loyalty explained through place attachment, destination familiarity and destination image [J]. International Journal of Tourism Research, 2020, 22(5): 604-616.

Trang, N. T., Yoo, J. J. & Joo, D. Incorporating senses into destination image[J]. Journal of Destination Marketing & Management, 2023, 27(2): 100760.

Tuan, Y. F. Humanistic geography[J]. Annals of the Association of American Geographers, 1976, 66(2): 266-276.

Tuan, Y. F. Geopiety: A theme in man's attachment to nature and to place[C]// Lowenthal, D. & Bowden, M. (Eds.), Geographies of the Mind. New York: Oxford University Press, 1976.

Tuan, Y. F. Space and place: Humanistic perspective[C]// Gale, S. & Olsson, G. Philosophy in Geography. Dordrecht: D. Reidel Publishing Company, 1979: 387-427.

Tuan, Y. F. A Life of Learning (Charles Homer Haskins Lecture by Yi-Fu Tuan)[M]. New York: American Council of Learned Societies, 1998.

Tuan, Y. F. On human geography[J]. Daedalus, 2003, 132(2): 134-137.

Tucker, H. The ideal village: Interactions through tourism in central Anatolia[C]// Abram, S., Waldren, J. & Macleod, D. Tourists and Tourism. Identifying with People and Places. Oxford: Berg, 1997: 107-128.

Van den Berg, A. E., Joye, Y. & Koole, S. L. Why viewing nature is more fascinating and restorative than viewing buildings: A closer look at perceived complexity[J]. Urban Forestry & Urban Greening, 2016, 20: 397-401.

Van Koppen, C. Resource, arcadia, lifeworld. Nature concepts in environmental sociology[J]. Sociologia Ruralis, 2000, 40(3): 300-318.

Veasna, S., Wu, W. Y. & Huang, C. H. The impact of destination source credibility on destination satisfaction: The mediating effects of destination attachment and destination image[J]. Tourism Management, 2013, 36: 511-526.

Voigt, K. S. & Schulte-Fortkamp, B. Quality of life —Why does the soundscape approach provide the correct measures? [J]. INTER-NOISE and NOISE-CON Congress and Conference Proceedings, 2012, 5: 6343-6350.

Wang, J., Liu, L. B., Ritchie, B. W., et al. Risk reduction and adventure tourism safety: An extension of the risk perception attitude framework (RPAF)[J]. Tourism Management, 2019, 74: 247-257.

Wang, Y. C., Liu, C. R. & Huang, W. S. Destination fascination and destination loyalty: Subjective well-being and destination attachment as mediators[J]. Journal of Travel Research, 2020, 59(3): 496-511.

Watts, G. R., Pheasant, R. J., Horoshenkov, K. V., et al. Measurement and subjective assessment of water generated sounds[J]. Acta Acustica United with Acustica, 2009, 95(6): 1032-1039.

White, M. P., Pahl S., Ashbullby, K., et al. Feelings of restoration from recent nature visits[J]. Journal of Environmental Psychology, 2013, 35: 40-51.

Williams, D. R. & Vaske, J. J. The measurement of place attachment: Validity and generalizability of a psychometric approach[J]. Forest Science, 2003, 49: 830-840.

Wolanski, E., Williams, D., Spagnol, S., et al. Undular tidal bore dynamics in the Daly Estuary, Northern Australia[J]. Estuarine, Coastal and Shelf Science, 2004, 60(4): 629-636.

Woosnam, K. M. Using emotional solidarity to explain residents' attitudes about tourism development[J]. Journal of Travel Research, 2012, 51(3): 315-327.

Wu, K., Liu, P. & Nie, Z. Estimating the economic value of soundscapes in nature-based tourism destinations: A separation attempt of a pairwise comparison method[J]. Sustainability, 2021, 13(4): 1809.

Wu, S. & Lee, J. Relationships between destination fascination, destination involvement, and destination loyalty: Acculturation as a mediator[J]. Korean Journal of Hospitality & Tourism, 2022, 31(2): 69-89.

Yang, F., Huang, A. & Huang, J. Influence of sensory experiences on tourists' emotions, destination memories, and loyalty[J]. Social Behavior and Personality, 2021, 49(4): 1-13.

Yaden, D. B., Kaufman, S. B., Hyde, E., et al. Landscape services as a bridge between landscape ecology and sustainable development[J]. Landscape Ecology, 2009, 24(8): 1037-1052.

Yuksel, A., Yuksel, F. & Bilim, Y. Destination attachment: Effects on customer satisfaction and cognitive, affective and conative loyalty[J]. Tourism Management, 2010, 31: 274-284.

Zanella, N. "Treading waves" on the Qiantang River: An exploration of wave riding in Chinese history and literature[J]. Text, 2021, 25(65): 28071.

Zhang, Y. & Kang, J. Effects of soundscape on the environmental restoration in urban natural environments[J]. Noise & Health, 2017, 19(87): 65-72.

Zheng, W., Qiu, H. L., Morrison, A. M., et al. Landscape and unique fascination: A dual-case study on the antecedents of tourist pro-environmental behavioral intentions[J]. Land, 2022, 11(4): 479.

阿·德芒戎.人文地理学问题[M].葛以德,译.北京:商务印书馆,1993.

阿维德·维肯,布伦希尔德·格拉纳.旅游胜地吸客密码:旅游目的地开发的主题性、文化性、政治性[M].何雯婷,译.北京:中信出版社,2016.

爱德华·雷尔夫.地方与无地方[M].刘苏,相欣奕,译.北京:商务印书馆,2021.

爱弥尔·涂尔干.宗教生活的基本形式[M].芮传明,译.北京:商务印书馆,2011.

白龙,路紫,郜方.论地理学的身体美学研究[J].世界地理研究,2017,26(4):168-176.

保继刚,陈苑仪,马凌.旅游资源及其评价过程与机制:技术性评价到社会建构视角[J].自然资源学报,2020,35(7):1556-1569.

布莱恩·威尔逊[C]//世俗化及其不满.汪民安,等译.现代性基本读本.开封:河南大学出版社,2005.

蔡霞."地方":生态批评研究的新范畴——段义孚和斯奈德"地方"思想比较研究[J].外语研究,2016,33(2):102-107.

曹颖,余炯,林炳尧.钱塘江景观与文化关系初析[J].浙江水利科技,2006,34(3):8-11.

陈安,牟笛.中国灾难文化:社会·历史·文艺[M].北京:中国科学技术出版社,2019.

陈钢华,李萌.旅游者情感研究进展:历程、主题、理论与方法[J].旅游学刊,2020,35(7):99-116.

陈钢华,奚望.旅游度假区游客环境恢复性感知对满意度与游后行为意向的影响:以广东南昆山为例[J].旅游科学,2018,32(4):17-30.

陈吉余.海塘:中国海岸变迁和海塘工程[M].北京:人民出版社,2000.

陈吉余,陈沈良.中国河口研究五十年:回顾与展望[J].海洋与湖沼,2007,38(6):481-486.

陈吉余,戴泽蘅,李开运,等.中国围海工程[M].北京:中国水利水电出版社,2000.

陈来华.钱塘江河口大规模治江围涂后对涌潮高度的影响[J].水科学进展,2007,18(3):385-389.

陈来华,潘存鸿.钱塘江强潮河段江道缩窄治理研究[J].海洋工程,2008,26(2):96-101,111.

陈麦池.基于人与自然关系的钱塘潮文化景观遗产属性研究[J].浙江水利水电学院学报,2022,34(2):1-7.

陈琼.文旅IP——特色小镇IP化运营策略与落地[M].北京:经济管理出版社,2018.

陈沈良,谷国传,刘勇胜.长江口北支涌潮的形成条件及其初生地探讨[J].水利学报,2003,44(11):30-37.

陈伟,倪舒娴,袁淼.钱塘江海塘建设的历史沿革[J].浙江建筑,2018,35(9):1-6.

陈曦东,毛凌潇,陈丙寅,等.宋词中情感的时空特征分析[J].地理科学进展,2017,36(9):1140-1148.

陈志根.钱江涌潮的自然文化特征和保护利用[J].浙江水利水电学院学报,2021,33(2):6-9.

陈苗,李薇,胡鹏,等.钱塘江河势变迁与径潮流相互作用研究[J].海洋工程,2022,40(1):149-159.

褚云皎.天下奇观钱江潮[M].呼和浩特:内蒙古人民出版社,2000.

大卫·布莱克本.征服自然:水、景观与现代德国的形成[M].王皖强,赵万里,译.北京:北京大学出版社,2019.

戴睿,刘滨谊.景观视觉规划设计时空转换的诗境量化[J].中国园林,2013,29(5):11-16

戴泽蘅.漫话钱江潮[N].浙江日报,1980-09-26.

邓辉.从自然景观到文化景观:燕山以北农牧交错地带人与自然关系演变的历史地理学透视[M].北京:商务印书馆,2005.

邓武功,贾建中,束晨阳,等.从历史中走来的风景名胜区:自然保护地体系构建下的风景名胜区定位研究[J].中国园林,2019,35(3):9-13.

迪恩·麦坎内尔.旅游者——休闲阶层新论[M].张晓萍,等译.桂林:广西师范大学出版社,2008.

丁涛,郑君,于普兵,等.钱塘江海塘防洪御潮经济效益评估研究[J].水力发电学报,2010,29(3):46-50,33.

董蕊.大学生敬畏情绪与主观幸福感研究[J].教育与教学研究,2016,30(5):31-40.

董蕊,彭凯平,喻丰.积极情绪之敬畏[J].心理科学进展,2013,21(11):1996-2005.

董引引,曲颖.感官刺激如何激发情感?多感官旅游体验对目的地依恋的持续性影响机制[J].旅游科学,2022,36(2):101-121.

杜春兰,周容伊.城市公共空间景观设计[M].北京:中国建筑工业出版社,2019.

杜春燕,唐雪琼,成海.聚焦"记忆":旅游社会文化影响研究的口述史方法[J].华侨大学学报(哲学社会科学版),2020,38(1):36-44.

段威,梁彤.从海涂到新城:浙江萧山南沙地区圩田景观和聚落形态的历史演变[J].风景园林,2020,27(3):91-96.

段义孚.逃避主义[M].周尚意,张春梅,译.石家庄:河北教育出版社,2005.

段义孚.人文主义地理学之我见[J].地理科学进展,2006,25(2):1-7.

段义孚.无边的恐惧[M].徐文宁,译.北京:北京大学出版社,2011.

段义孚.风景断想[J].长江学术,2012,7(3):45-53.

段义孚.空间与地方:经验的视角[M].王志标,译.北京:中国人民大学出版社,2017.

段义孚.恋地情结:对环境感知、态度与价值观的研究[M].志丞,刘苏,译.北京:商务印书馆,2018.

段义孚.人文主义地理学:对于意义的个体追寻[M].宋秀葵,陈金凤,张盼盼,译.上海:上海译文出版社,2020.

段义孚.浪漫地理学:追寻崇高景观[M].陆小璇,译.南京:译林出版社,2021.

樊友猛.旅游具身体验研究进展与展望[J].旅游科学,2020,34(1):1-19.

范可.灾难的仪式意义与历史记忆[J].中国农业大学学报(社会科学版),2011,28(1):28-39.

方观承.两浙海塘通志[M].杭州:浙江古籍出版社,2012.

冯宝英.江浙古海塘与民间信仰探析[J].浙江水利科技,2013,41(6):43-46.

甘永洪,陈鹰英,税依妮,等.基于视听二元感知的公园景观美学评价研究——以漳州市九龙公园为例[J].闽南师范大学学报(自然科学版),2020,33(1):81-89.

高岱.威廉·霍斯金斯与景观史研究[J].学术研究,2017,48(12):103-107,178.

高濂.四时幽赏录[C]//西湖文献集成.杭州:杭州出版社,2004.

高权,钱俊希."情感转向"视角下地方性重构研究——以广州猎德村为例[J].人文地理,2016,31(4):33-41.

耿金.中国水利史研究路径选择与景观视角[J].史学理论研究,2020,29(5):98-108,159.

耿曙.从实证视角理解个案研究:三阶段考察渠文的方法创新[J].社会,2019,39(1):129-152.

顾希佳.非物质文化遗产视野下的浙江潮[J].广西师范学院学报(哲学社会科学版),2008,29(4):1-8.

郭安禧,郭英之.旅游地魅力对旅游者忠诚影响的中介与调节作用[J/OL].海南大学学报(人文社会科学版),2023-09-05.DOI:10.15886/j.cnki.hnus.202303.0063.

郭安禧,王松茂,李海军,等.居民旅游影响感知对支持旅游开发影响机制研究——社区满意和社区认同的中介作用[J].旅游学刊,2020,35(6):96-108.

郭建勋.族群、环境、地方知识与灾难——以1786年四川大渡河地震为例[J].云南师范大学学报(哲学社会科学版),2014,46(3):65-71.

《海宁潮志》编纂委员会.海宁潮志[M].北京:中国文史出版社,2014.

韩曾萃,戴泽蘅,李光炳.钱塘江河口治理开发[M].北京:中国水利水电出版社,2003.

杭州市政协文史委员会.钱塘江海塘、钱江潮联合申遗的条件和对策[J].杭州研究,2015,2(2):49-53.

杭州市政协文史委员会,杭州文史研究会.钱塘江海塘保护与申遗论文集[C].杭州:杭州出版社,2020.

黄成林,刘云霞,王娟.旅游地景观变迁研究[M].芜湖:安徽师范大学出版社,2013.

黄婷,张怀,石耀霖.基于Boussinesq型方程的钱塘潮数值模拟[J].地球物理学报,2022,65(1):79-95.

黄向.儿童与自然的人与自然关系研究:接触、认知与情感[J].人文地理,2020,35(6):9-17,75.

黄晓,刘珊珊,沈周.《虎丘十二景图》与明代园林绘画的演变[J].时代建筑,2021,36(6):65-69.

黄旭,于萍,杨振山,等.地方感的多态与分异:不同人群对旧城街区的感知[J].人文地理,2023,38(1):36-43.

G.霍斯金斯.英格兰景观的形成[M].梅雪芹,刘梦霏,译.北京:商务印书馆,2018.

吉成名.论浙江海盐产地变迁[C]//四川省哲学社会科学重点研究基地.中国盐文化(第12辑).中国盐文化研究中心专题资料汇编,2019.

金建峰,钱学诚,张玉伦,等.基于二维涌潮数值模拟的钱塘江九溪涌潮保护方案研究[J].浙江水利科技,2019,47(6):12-17.

金卓菲,鲍沁星,黄晓.基于图像视角的钱塘观潮景观空间特征[J].风景园林,2022,29(5):116-123.

居伊·德波.景观社会[M].张新木,译.南京:南京大学出版社,2006.

孔冬艳,李钢,王会娟.明清时期中国沿海地区海潮灾害研究[J].自然灾害学报,2016,25(5):88-96.

李海静,吴蕙仪,韩曾萃.李约瑟1964中国行对钱塘江的考察[J].自然辩证法研究,2020,36(1):81-87.

李华,刘敏.恐惧景观及其在旅游地理学中的应用综述[J].热带地理,2022,42(4):642-658.

李萌,陈钢华,胡宪洋,等.目的地浪漫属性的游客感知:量表开发与验证[J].旅游科学,2022,36(2):63-85.

李容全,贾铁飞.地理学文献阅读与研究创新[M].北京:科学出版社,2011.

李雪,董锁成,李善同.旅游地域系统演化研究综论[J].旅游学刊,2012,27(9):46-55.

李彦辉,朱竑.国外人文地理学关于记忆研究的进展与启示[J].人文地理,2012,27(1):11-15,28.

李一溪,张荷,冯健.北京市老城区菜市场的地方性及其机制研究[J].人文地理,2017,32(6):65-71,103.

李云鹏,扎西端智,陈方舟.钱塘潮与古海塘遗产价值分析及申遗建议[J].浙江水利水电学院学报,2017,29(6):1-6.

李志庭,张勤.钱江潮与弄潮儿[M].杭州:杭州出版社,2015.

梁怀月,刘晓明.观潮胜地盐官古镇的景观特色解析[J].建筑与文化,2016,13(2):196-200.

梁娟.人类活动影响下的钱塘江河口环境演变初探[J].海洋湖沼通报,2010,32(2):114-122.

林炳尧.钱塘潮的特性[M].北京:海洋出版社,2008.

林炳尧.涌潮随笔:一种神奇的力学现象[M].北京:高等教育出版社,2010.

林炳尧,徐有成,龚真真.钱塘地区:建在沼泽上的天堂[J].浙江水利科技,2012,40(6):17-20,29.

林开森,沈姝筱,元晓春.国家公园游憩舒适性的探索性研究——基于生理—心理—精神—社会动态模型(BP2S)新视角[J].旅游科学,2024,38(2):102-117.

林荣茂,连榕.大学生敬畏感的现状调查[J].集美大学学报(教育科学版),2020,21(4):20-26.

林伟栋,赵西增,叶洲腾,等.涌潮运动的CFD模拟研究[J].水动力学研究与进展(A辑),2017,32(6):696-703.

林源源,邵佳瑞.乡村旅游目的地意象视角下的亲环境行为意图研究[J].南京工业大学学报(社会科学版),2021,20(2):88-99,112.

刘爱利,胡中州,刘敏,等.声景学及其在旅游地理研究中的应用[J].地理研究,2013,32(6):1132-1142.

刘建国,黄杏灵,晋孟雨.游客感知:国内外文献的回顾及展望[J].经济地理,2017,37(5):216-224.

刘洁莹.作为景观的伦敦东区——19世纪末英国的贫民窟旅游[J].文化

研究,2017(4):94-107.

刘群阅,吴瑜,肖以恒,等.城市公园恢复性评价心理模型研究——基于环境偏好及场所依恋理论视角[J].中国园林,2019,35(6):39-44.

刘苏.段义孚《恋地情结》理念论思想探析[J].人文地理,2017,32(3):44-52.

刘天曌,刘沛林,向清成,等.衡阳旅游胜地建设途径分析与体制机制建构研究[J].衡阳师范学院学报,2015,36(6):95-99.

刘婷婷,马凌,保继刚.旅游中的地方营造:缘起、内涵及应用[J].人文地理,2022,37(2):1-12.

刘为力.景观场所意象研究——基于体验的景观场所意象营造探讨[D].南京:东南大学,2019.

刘祎绯,周娅茜,郭卓君,等.基于城市意象的拉萨城市历史景观集体记忆研究[J].城市发展研究,2018,25(3):77-87.

龙迪勇.空间叙事学[M].北京:生活·读书·新知三联书店,2015.

龙江智,段浩然,张方馨.地方依恋对游客忠诚度的影响研究——基于凤凰古城的实证研究[J].北京师范大学学报(自然科学版),2020,56(1):68-77.

卢松.旅游对传统地域文化景观影响的研究进展及展望[J].旅游科学,2014,28(6):13-23.

卢松,张捷,苏勤.旅游地居民对旅游影响感知与态度的历时性分析——以世界文化遗产西递景区为例[J].地理研究,2009,28(2):536-548.

卢祥兴,杨火其,曾剑.钱塘江下游建桥对涌潮景观影响的研究[J].海洋学研究,2006,24(1):37-42.

陆小璇.初论段义孚人本主义地理学思想的形成[J].人文地理,2014,29(4):13-18,2.

吕兴洋,吴艾凌,李惠璠.基于品牌感官印象的旅游目的地差异化定位——以成都4个古镇为例[J].旅游学刊,2022,37(4):93-103.

罗吉华,巴战龙.地方知识在认知和应对自然灾害中的功能和价值——

以羌族地区为例[J].阿坝师范学院学报,2016,33(3):5-11.

罗曼,袁晓梅."观潮"与"听涛"——"钱塘潮"声景名胜化解析[J].中国园林,2021,37(3):124-129.

马蕙,王丹丹.城市公园声景观要素及其初步定量化分析[J].噪声与振动控制,2012,32(1):81-85.

马克斯·韦伯.新教伦理与资本主义精神[M].阎克文,译.上海:上海人民出版社,2010.

马凌.社会学视角下的旅游吸引物及其建构[J].旅游学刊,2009,24(3):69-74.

马天,谢彦君.旅游体验的社会建构:一个系统论的分析[J].旅游学刊,2015,30(8):96-106.

孟文光,张宏博,尚志强.特色体育赛事与城市旅游的互动研究——以钱塘江冲浪赛为例[J].浙江体育科学,2017,39(1):12-16.

苗德岁.地理学为何具有浪漫气质[N].中国科学报,2021-7-15.

牛庆燕.一种生态觉悟:从自然之"附魅"、"祛魅"到"返魅"[J].学术交流,2010,26(12):32-36.

潘存鸿,林炳尧,毛献忠.钱塘潮二维数值模拟[J].海洋工程,2007,25(1):50-56.

潘存鸿,潘冬子,鲁海燕,等.钱塘潮流速研究[J].海洋工程,2017,35(5):33-41.

潘存鸿,郑君,陈刚,等.杭州湾潮汐特征时空变化及原因分析[J].海洋工程,2019,37(3):1-11.

钱莉莉,张捷,郑春晖,等.基于集体记忆的震后北川老县城空间重构[J].人文地理,2018,33(6):53-61.

钱莉莉,张捷,郑春晖,等.灾难地居民集体记忆、地方认同、地方保护意愿关系研究——以汶川地震北老县城为例[J].地理研究,2019,38(4):988-1002.

钱塘江志编辑委员会.钱塘江志[M].北京:方志出版社,1995.

乔国恒.两宋钱塘潮诗词研究[D].南京:南京师范大学,2008.

茌文秀,林广思.文化景观价值类型研究[J].景观设计,2021,20(2):22-29.

单霁翔.文化遗产必须"活"在当下[J].人民周刊,2019,19(22):58-60.

邵培仁,林群.时间、空间、社会化——传播情感地理学研究的三个维度[J].中国传媒报告,201,10(1):17-29.

申志锋.海失故道:清至民国海宁海塘修建中的环境与技术[J].浙江学刊,2020,58(2):203-216.

沈阿四.钱塘潮形成的历史探索[J].浙江水利科技,2002,30(3):75-76.

施思,黄晓波,张梦.沉浸其中就可以了吗?——沉浸体验和意义体验对旅游演艺游客满意度影响研究[J].旅游学刊,2021,36(9):46-59.

史春云,张捷,尤海梅.游客感知视角下的旅游地竞争力结构方程模型[J].地理研究,2008,27(3):703-714.

舒珊.针对学龄儿童的恢复性声景研究[D].天津:天津大学,2020.

宋乃平,陈晓莹,王磊,等.宁夏农牧交错带村域景观演替及驱动机制[J].应用生态学报,2022,33(5):1387-1394.

宋秀葵.地方、空间与生存——段义孚生态文化思想研究[M].北京:中国社会科学出版社,2012.

宋秀葵.段义孚的地方空间思想研究[J].人文地理,2014,29(4):19-23,51.

宋正海.潮起潮落两千年:灿烂的中国传统潮汐文化[M].深圳:海天出版社,2012.

苏铭德,徐昕,朱锦林,等.数值模拟在钱塘潮分析中的应用——Ⅰ.数值计算方法[J].力学学报,1999,32(5):521-533.

汤茂林.文化景观的内涵及其研究进展[J].地理科学进展,2000,19(1):70-79.

唐弘久,张捷.旅游地居民对于"5·12"大地震集体记忆的信息建构特征——以九寨沟旅游地区为例[J].长江流域资源与环境,2013,22

(5):669-677.

唐文跃,龚晶晶,赵多平,等.旅游目的地社区居民相对剥夺感研究回顾与展望[J].人文地理,2021,36(6):19-27.

唐文跃,张捷,罗浩,等.九寨沟自然观光地旅游者地方感特征分析[J].地理学报,2007,62(6):599-608.

唐晓峰.还地理学一份人情[J].读书,2002,24(11):59-64.

唐晓峰.人文地理随笔[M].北京:生活·读书·新知三联书店,2005.

陶存焕.钱塘江河口潮灾史料辨误[M].杭州:浙江古籍出版社,2013.

陶存焕,周潮生.明清钱塘江海塘[M].北京:中国水利水电出版社,2001.

滕新贤.江南海洋文化[M].上海:上海三联书店,2023.

涂师平.钱塘江海塘文化遗产的保护和开发[C]//《中国水文化》杂志社专题资料汇编,2018.

王大学."天赐神佑":乾隆十三年钱塘江"潮归中门"的过程及其政治意义[J].社会科学,2019,41(9):149-157.

王丹.传统节日研究的三个维度——基于文化记忆理论的视角[J].中国人民大学学报,2020,34(1):164-172.

王丰龙,王冬根.主观幸福感度量研究进展及其对智慧城市建设的启示[J].地理科学进展,2015,34(4):482-493.

王加华.传统节日的时间节点性与坐标性重建——基于社会时间视角的考察[J].文化遗产,2016,10(1):23-31.

王建国.广陵观潮:中古一种文学意象的地理考察[J].郑州大学学报(哲学社会科学版),2014,47(4):120-125.

王婧.历史城镇居民的真实性感知构成机制研究[J].城市发展研究,2016,23(5):63-69.

王敏,江荣灏,朱竑.人文地理学的"视觉"研究进展与启示[J].人文地理,2017,32(3):10-19.

王敏,赵美婷,朱竑.广州河涌的自然社会构建与城市记忆[J].地理学报,2019,74(2):353-365.

王申.清代钱塘江中小亹引河工程始末——兼及防潮方略之变迁[J].清史研究,2019,29(4):98-109.

王申,岳书波,曾剑.明代(公元1368—1644年)钱塘江河口潮灾时空分布及其影响因素[J].古地理学报,2019,21(4):685-694.

王申,曾剑,韩曾萃.钱塘江河口涌潮强弱的历史变迁(1471—2001)[J].中国历史地理论丛,2020,35(2):5-13.

王向荣.景观是一部史书[J].中国园林,2020,36(10):2-3.

王晓升.对自然的恐惧与人类的厄运——《启蒙辩证法》的历史哲学观批判[J].哲学动态,2020,43(7):23-30.

王咏.从"天谴"到"科学":灾难解释主题现代性嬗变刍议[J].云南社会科学,2015,35(3):150-154.

魏伟,张轲,周婕.三江源地区人与自然关系研究综述及展望:基于"人、事、时、空"视角[J].地球科学进展,2020,35(1):26-37.

温迪·J.达比.风景与认同[M].张箭飞,赵红英,译.南京:译林出版社,2011.

翁毅,周永章,张伟强.旅游开发过程中人为因素对珠江三角洲景观演变的影响[C]//2007中国可持续发展论坛暨中国可持续发展学术年会论文集(4),2007.

吴会,金荷仙.从文化景观视野剖析中国"洞天福地"价值[C]//中国风景园林学会2019年会论文集(上册),2019.

吴蔚."阳国北门"居庸关的地理叙事和审美空间[J].北京社会科学,2022,47(1):34-42.

肖拥军,段梦怡,郑楚钰.具身视角下旅游者身心健康恢复的影响因素及组态路径[J/OL].华中师范大学学报(自然科学版).https://link.cnki.net/urlid/42.1178.N.20240228.1140.002.

谢凝高.名山风景遗产[M].北京:中华书局,2011.

谢小芹.旅游景观是如何被制造出来的?——基于黔东南州J村苗寨旅游开发的实证调研[J].中国行政管理,2017,33(1):90-95.

谢彦君.基础旅游学[M].3 版.北京:中国旅游出版社,2011.

徐彩霞,钟士恩,彭红松,等.儿童的动物园活动行为研究——以南京红山森林动物园为例[J].旅游学刊,2022,37(8):105-118.

徐国良,黄贤金,周艳,等.土地依恋研究进展梳理[J].现代城市研究,2017,32(10):1-6.

徐虹,周泽鲲.气味景观感知对乡村地方依恋的影响机制研究——兼论怀旧的中介作用[J].人文地理,2020,35(4):48-55.

徐昆,潘存鸿.求解非平底一维浅水方程的 KFVS 格式[J].水动力学研究与进展(A 辑),2002,17(2):140-147.

徐桐.景观研究的文化转向与景观人类学[J].风景园林,2021,28(3):10-15.

亚历山大·埃特金德.文化记忆中的硬记忆与软记忆:俄罗斯与德国的政治悼念[J].张佑慈,译.国际理论动态,2016,26(6):38-46.

鄢方卫,杨效忠,舒伯阳,等.乡村旅游地人居环境演变过程与机制研究——以徽杭古道为例[J].旅游学刊,2019,34(10):93-105.

盐官镇志编写组.盐官镇志[M].南京:南京出版社,1993.

扬·阿斯曼.集体记忆与文化身份[M].陶东风,周宪,译.北京:社会科学文献出版社,2011.

杨火其,王文杰.钱塘江河口异型块体抗冲稳定特性试验研究[J].长江科学院院报,2001,18(2):19-22.

杨丽婷.清代钱塘江潮神崇拜研究——兼论政府对民间信仰的引导作用[J].浙江水利水电学院学报,2019,31(4):1-6.

杨秀兰.话说盐官[M].北京:中国旅游出版社,2012.

杨艺,吴忠军.符号与景观:民族旅游社区景观空间生产研究——基于程阳八寨鼓楼的田野调查[J].桂林理工大学学报,2019,39(4):983-989.

姚成元.明清钱塘潮意象研究[J].学术探索,2014,22(4):93-96.

叶超.作为中国人文地理学鉴镜的段义孚思想[J].人文地理,2014,29(4):3-7,12.

叶蔚春.文化记忆:从创伤到认同[D].福州:福建师范大学,2019.

叶巍岭,周欣悦,黄蓉.敬畏感的复杂性及其在消费行为领域的研究展望[J].外国经济与管理,2018,40(5):69-83.

伊恩·D.怀特.16世纪以来的景观与历史[M].王思思,译.北京:中国建筑工业出版社,2011.

尤爱菊,韩曾萃,何若英.变化环境下的钱塘江河口潮位特性及其影响因素[J].海洋学研究,2010,28(1):18-25.

余晓娟,王洁.旅游者安全信息渠道整合与内容设计——以钱塘江观潮安全为例[J].旅游论坛,2018,11(3):42-57.

袁淼,陈伟,单国风,等.钱塘江三壃变迁与北沙半岛消失之关联考证[J].浙江水利科技,2020,48(2):9-12.

袁晓梅,周同月.面向压力人群的康复景观循证设计及疗愈实践[J].住区,2020(6):49-57.

约翰·吉尔林.案例研究:原理与实践[M].黄海涛,刘丰,孙芳露,译.重庆:重庆大学出版社,2017.

曾诗晴,谢彦君,史艳荣.从城市意象到街道体验——城市旅游多层级消费决策中的景观迭代过程[J].旅游学刊,2022,37(1):68-84.

张若诗,戴宇婷,孙兆昕.传统村落保护开发的多维度情感关联评估方法研究——以安徽黄山市歙县阳产土楼为例[J].建筑学报,2022,54(S1):231-238.

张舒羽,丁涛,刘进宝,等.基于文献计量法的涌潮研究动态分析[J].海洋学研究,2022,40(1):89-100.

张炜芬.中国节日志·观潮节[M].北京:光明日报出版社,2015.

张霞,林春明,杨守业,等.晚第四纪钱塘江下切河谷充填物源特征[J].古地理学报,2018,20(5):877-892.

张骁鸣.论段义孚早期的环境经验研究及其现象学态度[J].人文地理,2016,31(3):40-44,51.

赵建军,吴保来,卢艳玲.人与自然和谐的演变轨迹及原因[J].自然辩证法研究,2013,29(4):71-77.

赵警卫,杨士乐,张莉.声景观对视觉美学感知效应的影响[J].城市问题,2017(4):41-46,51.

赵小红,童薇,陈桃林,等.敬畏的心理模型及其认知神经机制[J].心理科学进展,2021,29(3):520-530.

赵政原,刘志高.演化经济地理学视角下旅游目的地研究述评及启示[J].地理科学进展,2019,38(1):101-110.

郑衡泌.民间祠神视角下的地方认同形成和结构——以宁波广德湖区为例[J].地理研究,2012,31(12):2209-2219.

郑微微.清代浙北平原的海洋灾害及其社会影响——以海宁为中心的考察[J].浙江学刊,2013,51(6):36-44.

郑肇经,查一民.江浙潮灾与海塘结构技术的演变[J].农业考古,1984,5(2):156-171.

中国大百科全书出版社编辑部.中国大百科全书·地理学[M].北京:中国大百科全书出版社,1992.

中华人民共和国住房和城乡建设部.中国风景名胜区事业发展公报(1982—2012)[R].北京:住房和城乡建设部,2012.

钟玮,韩嫣薇,庄欣,等.杭州市世界遗产申报和保护工作发展趋势研究[M].杭州:浙江工商大学出版社,2017.

周尚意.人文主义地理学家眼中的"地方"[J].旅游学刊,2013,28(4):6-7.

朱海滨.潮神崇拜与钱塘江沿岸低地开发——以张夏神为中心[J].历史地理研究,2015,29(1):231-247.

朱竑,戴光全.文化遗产转化为旅游产品:理念·原则·目标[J].旅游学刊,2010,25(6):6-7.

朱竑,高权.西方地理学"情感转向"与情感地理学研究述评[J].地理研究,2015,34(7):1394-1406.

朱竑,刘博.地方感、地方依恋与地方认同等概念的辨析及研究启示[J].

华南师范大学学报(自然科学版),2011,56(1):1-8.

朱金悦.心理所有权视角下旅游地居民地方情感与行为研究[D].上海:华东师范大学,2021.

朱静怡,张雍雍.问题导向与目标导向相结合的概念规划实践——以海宁百里钱塘国际旅游长廊规划方案竞选为例[J].浙江建筑,2014,31(9):1-7.

朱天媛,刘江,郭渲,等.城市森林公园声景感知的空间差异性特征及其影响因素[J].声学技术,2022,41(5):742-750.

朱偰.江浙海塘建筑史[M].上海:学习生活出版社,1955.

竺可桢.钱塘江怒潮[J].科学,1916,2(10):1106-1111.

邹建军.在自我经验基础上对"空间"与"地方"的科学审视——段义孚著《经验透视中的空间与地方》中的学术视力[J].学术评论,2021,41(6):4-10.

## 附录 A
# 海宁潮居民敬畏访谈提纲

  提问 1：你看过多少次大潮？一般都是怎么去的？感觉怎么样？有没有难忘的什么回忆？

  提问 2：现在这么多人来旅游看大潮，你有什么看法？会不会主动跟同学朋友介绍讲讲大潮？

  提问 3：你知道潮神吗？你有没有去祭拜过他？相信潮神吗？你觉得人们为什么要供奉他？是怕他还是尊敬他？

  提问 4：你知道过去大潮成灾吗？你会害怕吗？

  提问 5：我们应该保护大潮还是利用好它？你有什么建议吗？有一天它要是消失了，没有大潮了，你会难过吗？

# 附录 B

# 钱塘江大潮魅力度盐官游客调查问卷

尊敬的朋友:您好!我们是南京大学旅游地理与旅游规划专业的博士研究生。我们承担了国家自然科学基金项目,进行这次调查研究。本调查不用填写您的姓名和联系方式,您的隐私将受到我国法律保护。调研内容仅用于科学研究实践,谢谢!

一、请根据您的实际情况,打"√"选择,或者填写。

1. 您此次来观潮的方式是:

① 参加旅行团　② 家人/亲朋同游　③ 独自出游　④ 驴友伴游

⑤ 单位组织　⑥ 其他_____

2. 您的性别:① 男　② 女　　您的年龄_____岁

3. 您来自:① 本地人;或者② _____市(县)　您看过_____次大潮

4. 您的文化程度:① 初中及以下　② 高中/中专　③ 大专/本科

④ 研究生及以上

5. 您的平均月收入:① $\leq 2\,500$　② $2\,501—5\,000$　③ $5\,001—10\,000$ ④ $10\,001—15\,000$　⑤ $15\,001—20\,000$　⑥ $>20\,000$ 元

6. 您的职业:① 公务员　② 企事业管理人员　③ 专业/文教技术人员 ④ 服务销售商贸人员　⑤ 工人　⑥ 农民　⑦ 军人　⑧ 学生　⑨ 离退休人员　⑩ 其他_____

二、观看钱塘江大潮,请按照您的实际观感评价选择数字。按同意程度,在数字上打"√"选择。

(1=非常不同意,2=稍微不同意,3=一般,4=稍微同意,5=非常同意)

| | | | |
|---|---|---|---|
| 大潮很神秘 | 1 2 3 4 5 | 大潮本身独一无二 | 1 2 3 4 5 |
| 我对大潮充满了好奇 | 1 2 3 4 5 | 大潮很有地方特色 | 1 2 3 4 5 |
| 大潮有值得探索的奥秘 | 1 2 3 4 5 | 大潮给人以独特体验 | 1 2 3 4 5 |
| 大潮给了我不同寻常的体验 | 1 2 3 4 5 | 大潮在视觉上很震撼 | 1 2 3 4 5 |
| 大潮是值得探索的非凡景观 | 1 2 3 4 5 | 观潮胜地的环境是我喜欢的类型 | 1 2 3 4 5 |
| 我在这里玩时不觉得无聊 | 1 2 3 4 5 | 大潮反映了真实的自我 | 1 2 3 4 5 |
| 观潮给了我极好的观感体验 | 1 2 3 4 5 | 大潮我联想到自己的生活经历 | 1 2 3 4 5 |
| 观潮让我有了非同寻常的感悟 | 1 2 3 4 5 | 大潮让我回味了好久 | 1 2 3 4 5 |
| 大潮真是挺吸引人的 | 1 2 3 4 5 | 大潮让我忘了所有烦恼 | 1 2 3 4 5 |
| 大潮让我感觉良好 | 1 2 3 4 5 | 大潮代表了我期望的人格特征 | 1 2 3 4 5 |

三、倾听钱塘江大潮的声音,请按照您的实际听觉评价选择数字。按同意程度,在数字上打"√"选择。

(1=非常不同意,2=稍微不同意,3=一般,4=稍微同意,5=非常同意)

| | | | |
|---|---|---|---|
| 大潮这种声音听起来很舒适 | 1 2 3 4 5 | 大潮需要静心聆听 | 1 2 3 4 5 |
| 我觉得大潮声很吸引人 | 1 2 3 4 5 | 大潮声让人产生敬畏感 | 1 2 3 4 5 |
| 听到大潮声我觉得很享受 | 1 2 3 4 5 | 在观潮胜地我最想听到大潮声 | 1 2 3 4 5 |
| 我被大潮声迷住了 | 1 2 3 4 5 | 大潮声跟这个环境很和谐 | 1 2 3 4 5 |
| 大潮听起来令人兴奋 | 1 2 3 4 5 | 大潮声让我想象自然的神奇力量 | 1 2 3 4 5 |
| 对大潮声我很感兴趣 | 1 2 3 4 5 | 大潮声让我想在这里多待一会时间 | 1 2 3 4 5 |

四、请评价您对这次观潮的整体感受和实际想法,按同意程度,在数字上打"√"选择。

(1=非常不同意,2=稍微不同意,3=一般,4=稍微同意,5=非常同意)

| | | | |
|---|---|---|---|
| 大潮让人有所遐想 | 1 2 3 4 5 | 我觉得自己跟大潮融为一体了 | 1 2 3 4 5 |
| 这次观潮会成为我难忘的回忆 | 1 2 3 4 5 | 大潮比我原来想象的要好 | 1 2 3 4 5 |
| 这次观潮对我来说意义重大 | 1 2 3 4 5 | 我对这次观潮非常满意 | 1 2 3 4 5 |
| 观潮是其他游玩方式不可替代的 | 1 2 3 4 5 | 我想再来观潮 | 1 2 3 4 5 |
| 对我来说观潮胜地是个特别的地方 | 1 2 3 4 5 | 我会把这个观潮胜地作为游玩首选 | 1 2 3 4 5 |
| 这个观潮胜地是我游玩最喜欢去的地方 | 1 2 3 4 5 | 我很乐意主动向他人推荐观潮 | 1 2 3 4 5 |
| 我已经深深喜欢上这个观潮胜地了 | 1 2 3 4 5 | 我会跟别人分享我观潮的体验感受 | 1 2 3 4 5 |

五、请您最多用三个词或短语来描述你所认识的钱塘江大潮:_____
_____

# 后记

本书是在笔者南京大学博士学位论文基础上修改出版的。万分感谢导师张捷教授的耐心细致指导,并不辞辛苦为本书作序。

所谓"万丈高楼平地起",但本书出版是在"一穷二白"局势下急迫上马的,"知其不可为而为之","贫师化缘"虽历经艰辛,却"广结善缘"终得圆满!由衷感谢安徽工业大学副校长王先柱教授,商学院吴义东教授、武优勐博士和杨少华博士对著作出版的鼎力支持!感谢本书责编、南京大学出版社荣卫红编辑为本书出版所付出的辛勤劳动!

回首求学南大的点滴往事,八年的在宁生涯(包括一年访学)已成过往。这八年时光,是我一生中最为刻骨铭心的重要人生历程!这八年,是我最后最为珍惜的在校学习生涯!这八年,是我学术获得感最强的事业生涯!这八年,也是我几经磨难最为艰难的人生阶段!

首先,我想要感谢我的导师张捷教授和张宏磊副教授。张老师的严谨治学态度、睿智科研思维、深厚国学修养和独特人格魅力,令我高山仰止,永生铭记,"心向往之"!蒙张老师不弃,肯收留我这个又老又愚的老博士!年过四十去求学去读博,我这个习惯了"散养"做学问的"老油条",一次次被张老师宽容、批评和鼓励,最后在博士论文写作中被张老师亲切标注为"小马老麦"!在这八年的南大求学阶段,张老师和宏磊老师严谨的工作态度与钻研精神给我留下了难以磨灭的人生印记,这也时时敦促着我应不断学习、不断思考,在学术研究与社会实践中提升对于专业理论、专业技能、职业意义的深刻理解,并在一次又一次的难题解决中,成长得更为坚韧、勇敢和豁达。虽生性驽钝,且"笨鸟未先飞",我更会牢记张老师的谆谆教诲,坚持不懈,持之以恒,"驽马十驾",力求日后有所建树。

感谢张振克老师、金晓斌老师、章锦河老师对论文修改提出的宝贵意见,感谢杨桂山老师、陆林老师、黄震方老师、徐菲菲老师及章锦河老师在百忙之中参加我的论文答辩。同时,感谢章锦河老师、刘泽华老师、张宏磊老师、刘培学老师对我博士阶段学习和生活上的关心和帮助。另外,也感谢朝夕相处相互扶持鼓励的2016级地海院博士班全体兄弟姐妹们,感谢405所有的师兄师姐、师弟师妹在博士期间对我生活、学习上的关心、照顾和帮助。难忘我们在南大仙林、福建福州、浙江盐官和山东竹泉村,共同学习探讨和外出实地调研的同门往事!他们是:年四锋博士、郑春晖博士、颜丙金博士、钱莉莉博士、李莉博士、毛玲博士、彭红松博士、杨金华博士、江进德博士、仇梦嫄博士、韩静博士、Fahad Idrees博士、张晓婉博士、张迎盈博士、张卉博士、胡孟博士、曾湛荆博士、陆佑海博士、庄敏博士、沈彩云博士、徐彩霞博士、张滋露硕士、陈俊杰硕士、张家榕硕士、王再宏硕士、胡烨莹硕士、周云鹏硕士、刘伟硕士、吴珂硕士、王梦晴硕士,感谢于鹏博士、胡欢博士、高林博士在论文写作过程中提供的重要帮助。

感谢我在安徽师范大学国土资源与旅游学院的硕士生导师黄成林教授。自2008年从英语语言跨转到旅游地理的15年间,不断得到黄老师的鼓励、赞赏和教诲,我也从旅游研究队伍中的"小白"成为一名老当益壮的老将,在黄老师的不断鞭策下,我也能自信地汇报:自己的想法和创新不仅"开了花",而且"结了果"!感谢海宁市盐官旅游度假区管委会和盐官观潮公园景区在调研期间给予的帮助,尤其要感谢管委会主任沈益亮先生、朱薇女士和景区朱江峰先生。感谢"老盐官文化达人"高尔兴老人,高老可谓是盐官古城文化记忆和本书调研完满告捷的大功臣!感谢海宁市水利局书记、潮文化研究会会长张彝先生,退休教师徐海泉先生,盐官古城汐墨民宿老板苏江先生,云栖月汉服摄影馆老板刘迎生先生!感谢我所在单位安徽工业大学商学院和外国语学院的各位领导和老师,在这二十余年的工作和学习生涯中,我的不懈努力和持续成长离不开他们的诚恳鼓励和默默支持。

我的"逆袭"成长更离不开家人们的付出与帮助。首先,我最想对我的

## 后　记

祖父陈德良先生致以最深的敬意与谢意！祖父是名老一辈的乡村教师和小学校长，他深刻影响了我的童年、小学、中学和大学，祖父在家族教育时以我为傲，我也为得到了祖父的培养和教育为荣！感谢我的父母、岳父母、爱人、弟弟妹妹和其他亲人一直以来对我求学的理解、鼓励与支持，他们是我顺利完成学业的精神支柱和动力。感谢小儿明睿，他的出生、成长和幸福是我奋斗勇往直前的最大动力！

"路漫漫其修远兮，吾将上下而求索。"随着患病的亲人日益康复和顽皮的明睿逐渐成长，正像博士毕业和专著出版一样，我的人生篇章终将翻开新的一页！

陈麦池

2023 年 8 月 6 日 初写

2024 年 2 月 12 日 修改

小马商学院 401 室

## 图书在版编目(CIP)数据

基于人与自然关系的钱塘潮旅游胜地意象演变及主客情感研究 / 陈麦池著. -- 南京：南京大学出版社，2024.6. -- ISBN 978-7-305-28159-4

Ⅰ.K928.42

中国国家版本馆 CIP 数据核字第 2024U1C521 号

| 出版发行 | 南京大学出版社 | | |
|---|---|---|---|
| 社　　址 | 南京市汉口路22号 | 邮　　编 | 210093 |

书　　名　**基于人与自然关系的钱塘潮旅游胜地意象演变及主客情感研究**
　　　　　JIYU REN YU ZIRAN GUANXI DE QIANTANGCHAO LÜYOU SHENGDI YIXIANG YANBIAN JI ZHUKE QINGGAN YANJIU

| 著　　者 | 陈麦池 | | |
|---|---|---|---|
| 责任编辑 | 荣卫红 | 编辑热线 | 025-83685720 |

照　　排　南京开卷文化传媒有限公司
印　　刷　徐州绪权印刷有限公司
开　　本　718 mm×1000 mm　1/16 开　印张 13.5　字数 207 千
版　　次　2024 年 6 月第 1 版
印　　次　2024 年 6 月第 1 次印刷
ISBN　978-7-305-28159-4
定　　价　58.00 元

网　　址：http://www.njupco.com
官方微博：http://weibo.com/njupco
微信服务号：njupress
销售咨询热线：(025)83594756

\* 版权所有，侵权必究
\* 凡购买南大版图书，如有印装质量问题，请与所购
　图书销售部门联系调换